U0519515

译海逐梦录

杨武能 著

四川文艺出版社

图书在版编目（CIP）数据

译海逐梦录 / 杨武能著. —成都：四川文艺出版社，
2018.3
ISBN 978-7-5411-5049-4

Ⅰ．①译… Ⅱ．①杨… Ⅲ．①散文集—中国—当代
Ⅳ．①I267

中国版本图书馆 CIP 数据核字（2018）第 048544 号

YIHAI ZHUMENGLU

译海逐梦录

杨武能　著

责任编辑　李国亮　奉学勤
封面设计　叶　茂
版式设计　史小燕
责任校对　蓝　海
责任印制　唐　茵

出版发行　四川文艺出版社（成都市槐树街 2 号）
网　　址　www.scwys.com
电　　话　028-86259287（发行部）　　028-86259303（编辑部）
传　　真　028-86259306

邮购地址　成都市槐树街 2 号四川文艺出版社邮购部　610031
排　　版　四川胜翔数码印务设计有限公司
印　　刷　成都勤德印务有限公司
成品尺寸　146mm×210mm　1/32
印　　张　11.5　　　　　　　　　字　　数　270 千
版　　次　2018 年 4 月第一版　　　印　　次　2018 年 4 月第一次印刷
书　　号　ISBN 978-7-5411-5049-4
定　　价　48.00 元

目录

题　记

　　人之区别于其他生灵，人之所以为人，一个重要原因就在于他（她）不只会做梦，而且还会为实现自己的梦想不懈地努力，不断地奋斗，以至于九死不悔，终生不渝。

　　有梦的人生，即使头顶阴霾，脚踩荆棘，备尝艰辛，备受磨难，仍然会有光明，会有鲜花，会有劳作、奋斗、创造和收获的无穷乐趣。有为的人生——幸福的圆梦之旅！

　　念高中时便开始做一个梦，尽管这个梦既渺小又平凡。我无比珍爱自己的梦，为了实现它、圆它，已艰苦跋涉了大半辈子，而且仍将继续跋涉，旅程没有终点。

　　眼前这本散文随笔集，就是自号"巴蜀译翁"的作者六十年逐梦圆梦的实录。

第一辑

求学路上

　　上学求知，逐梦之旅的起点；走出校门，不意味着求知的结束。学无止境，梦想到此还远远没有实现。尽管如此，学校却是梦想的温床，有怎样的学校便有怎样的追梦人。

我的"家学渊源"

　　人生的第一所学校，无疑为家庭。这所学校的老师，无疑是父亲母亲。

　　从父亲起上溯八代，我家的直系亲属几乎都是种田人，连个勉强算得上知识分子的秀才乃至童生都没有出过一个。哪来家学？遑论渊源！虽加上了引号，"家学渊源"这四个散发着浓浓书香的字，这四个金光闪闪、让不少做学问的人引以为傲的字，用在小文的标题中仍然太勉强，太不好意思。

　　可我仍然坚持使用，附庸风雅（对那些出身书香门第的师友我真的非常羡慕）固然是原因，然而更重要的是我固执地认为：正是从自己连中学也没上过的父亲母亲身上，遗传给了我许多比知识和学问更加宝贵的东西，遗传给了我对上学念书近乎偏执的向往和热爱。在学校、师友和社会之前，首先是家庭造就了我，也就是说，我以为家学不该止于学识。在我的心目中，我的父亲——一个既渴求知识而又善于学习的普通人，确实算得上一个了不起的"学者"。在难以想象的艰苦环境中，他和母亲仍那样重视子女的教育，不顾亲友们的劝阻，硬是咬紧牙关让我和我的大弟弟念完了大学，真需要非同一般的见识和毅力。

　　我父亲本名杨文田，"文"是家族排定的字辈，"田"则表明我祖父为他做的人生选择或者定位，也说明我的祖上都是靠种田为生的劳动人民。父亲出生在四川省涪陵专区彭水县的江口镇（现已划归武隆县），一个极度偏远、苦寒的小地方。从前四川流

父亲杨质彬

传着一句民谣，叫作"养儿不用教，西、秀、潜、彭走一遭"。说的就是彭水那一带难以想象的闭塞、苦寒，富裕地区蜜糖里长大的年轻人只要去那地方走上一走，看上一看，便会认识到美好生活不是从天上掉下来的，人生原本也会苦不堪言，不懂事的马上就会变得懂事。据父亲讲，他小时候大冬天都没穿过鞋子，而一些更贫穷的乡亲，真是全家只有一条裤子轮流穿着出门。

我祖父名叫杨代金，可命里却未带来希望的金子，而只是石头，因此便成了当地的一名石匠，也算是个不甘心一辈子面朝黄土背朝天的手艺人。但家庭的贫穷、艰难仍可想而知，加之他又中年早逝，祖母和年幼的父亲更加生活无着，于是告别虽只出产苞谷、洋芋，却不得不赖以生存的故土，冒险跑到了长江边上的大城市重庆。

在重庆，祖母当奶妈，父亲做学徒，虽说同样艰苦却顽强地活了下来。回顾这些陈年旧事，不能不佩服祖辈、父辈由求生本能演化出来的吃苦耐劳品格和冒险进取精神。不知这与我远祖的基因遗传有没有关系。父亲曾不无骄傲地告诉我，我们是张献忠灭蜀后湖广填四川才由江西移民来的，而且属于大宋朝的忠义杨家将一脉。

我佩服父亲的还不只是吃苦耐劳和冒险进取。他对知识的渴求和学习上进精神，更给我幼小的心灵留下深刻印象。父亲从彭水出来闯世界时，差不多只是个上过三年私塾的半文盲，可到我懂事的时候，他不但已改名为杨质彬，而且还真的初通文墨，成了一个文质彬彬的城里人。他读书看报成了习惯，并把这习惯一直保持到 1986 年逝世。他的钢笔字比眼下的不少大学毕业生写得都要好，写起信来也文理通顺，在适当的场合还会抛上几句文。他甚至能够读懂古文医典，给家人和亲朋好友把脉处方，是他做电工活儿之外又一拿手的事情，一段时间竟成了"第二职业"，对拮据的家庭经济不无补益。一般的头痛脑热，对他来说简直不在话下。他特别擅长治不孕之症，我的一位同事就是服了父亲开的方子才得一千金，对他老人家真是感激不尽。

所有的这些本领，父亲都是靠自学得来的。在杂货店当学徒时，他曾有一项特殊任务：代师傅兼东家的少爷小姐做作业。久而久之，在少爷小姐们还懵懵懂懂的时候，他已变成了一个小小的知识分子。这样，父亲就可能放弃学做杂货生意，改行当有铁饭碗但必须识字的邮局分拣工。再后来，他更当起了电灯安装工。要知道，30 年代，在刚有电灯不久的重庆城，父亲这一"赶时髦"的劲头，大概不压于今日一名时装店售货员改行做了电脑技师。

大概是劳动阶级的本性使然，或者出于父亲对新事物的爱好，重庆在抗日战争时期出刊的《新华日报》成了他最喜欢的读物。从中他获取了不少新思想，也因此遭受过一段时间的牢狱之灾，所以，1949 年冬天，在解放大军开进山城之前，他便与地下党有了接触，欢欣鼓舞地做好了迎接解放的准备，就毫不奇怪了。

父亲作为一名电工，在新中国成立前多有走家串户的机会。他曾不无自豪地讲起某个夏天在歌乐山上的"林园"装灯的情形，说到林森先生亲自取来大蒲扇给工人驱暑，对这位国民党主席的平易近人很有好感。他还在"罗公馆"干过活儿，罗世文同志很随便地和工人聊天，给他留下了极为亲切的印象，然而社会是复杂的，旧中国尤其如此，当电工的父亲自然也会接触到它黑暗肮脏的一面，身上难免沾染污泥浊水，他在伪选时期给人当作选票硬拉进三青团，还参加了街道上的袍哥组织，等等。

他在去为外国领事馆和天主教的仁爱堂医院装灯时，认识了教会的神职人员，经劝诱奉了教并热心参加教会的活动，使许多家族的成员包括小子我都成了"教友"。回想起来，信奉天主教不但让我们得到了租住教产的实惠，也陶冶了我们尤其是小孩子的心灵，让我们从小就知道应该做个心地纯洁善良的好人。例行的赶礼拜和办告解，即忏悔就不说了，小子我还被选去担任过做弥撒时的辅祭，在低沉庄严的管风琴声中，提着香炉、捧着圣体钵站在祭坛上当神父的助手，真有一种身在天国的幸福神圣感觉。而今，虽然早已是一个理性的无神论者，但在感情上仍保持着儿时的美好回忆，不愿一股脑儿否定宗教信仰净化和纯化人心灵的作用。

之所以谈我对宗教的感受，是由此可以推知我父母的为人。

父亲就因为他错综复杂的经历，在新中国成立初期一度作为无产者的代表当上重庆市中区政协副主席之后，又变成一个有历史问题的阶级异己分子。开始一些年倒好，不过做个靠干活儿养家糊口的普通劳动者，尽自己应尽的本分罢了，生活虽说清苦，但还算过了一些平静的日子，更何况穷人自有穷人的幸福，五六个子女未必一个都没出息？希望总是有的呀！

平静在1958年被彻底打破，一系列"左"的运动使父亲身上的历史包袱越背越沉，不但把在思想感情上完全拥护共产党的他完全推到了敌人一边，家属子女也打入另册，莫名其妙地一下子变成了"出身有问题"的二等公民，在升学、择业、晋升、出国学习等方面大受影响。父亲自己更被勒令放下装电灯的工具，背上简单的行李，只身去长寿湖农场"自觉改造思想"，致使我母亲和五个弟弟、一个妹妹完全断了生计来源。为了嗷嗷待哺的小生命不致饿死，为了弟妹们不致辍学，母亲罗万芳能干的苦活儿、脏活儿、危险活儿全都干了。

其时，我正在南京大学念德语专业，除了尽量从十二块半的助学金里剩下一点钱，同时还学会了搞翻译挣稿费，每次十元二十元地寄回家去……

一直到新时期开始以后好几年，父亲的问题才得到实事求是的解决。从此，年迈的他算是从邓小平纠正极"左"的好政策获得第二次解放，晚年过了一段真正平静、舒心的生活，同时眼看着子女们也一个个开始交上"好运"。

对于自己曾被勒令"改造"，父亲很想得通，理由是在他"领导"下从事体力劳动的还有不少老革命。"写《红岩》的罗广斌，"父亲似乎还有些骄傲地说，"渣滓洞死里逃生的那位同志，不也和我在一个组嘛。"

十多年前母亲父亲相继去世了，没有留下财产，没有留下声名，也谈不上什么"家学"，却留给了我顽强的生命力，留给我了对念书上学的痴迷，以及在坎坷曲折的求学路上百折不回，以及乐于冒险的精神。

十三岁时小学毕业，清楚记得父亲领着我走了一所又一所中学，结果都因缴不起学费而失望地离开，我只好辍学在家，先做了一些可以挣钱的小杂活儿，包括在别人的家庭小作坊里造摔炮——现在想来似乎真该感谢上帝保佑，我这个小童工没有被炸死。后来实在憋不住了，就去上群众文化馆办的夜校，混在一帮长胡子的同学中间学习从猿变人，以及新旧社会之区别什么什么的。到了1950年春天，才听说重庆有一所育才学校，是进步教育家陶行知创办的，一般只缴几斗米的学费，真没钱完全可以不缴，但主要收革命后代和孤儿，而且入学得考试。我于是决心一搏，父亲知道后很高兴，便急忙去找重庆解放时认识的地下党负责人陈某帮忙。我因为曾经辍学，连什么是"五爱"也答不上来，考完后一点儿信心都没有，也挨了父母的埋怨，不想竟从成百上千的考生中"脱颖而出"，看样子还是当时尚属革命同志的父亲的奔走起了作用。

念完初中念高中，念完高中念大学，国家的阶级斗争形势越来越紧张，家里的日子越来越困难，关心我们的亲戚便来劝我这个老大早点工作算了，可父母亲仍然一声不吭地坚持着，没有流露出丝毫希望我中断学业去减轻他们生活重担的意思，还把弟妹也一个一个送进了学堂。

令我非常难过和愧疚的是，我工作以后又上北京念研究生，正在忙于出成果，一生辛劳的母亲却离开了人世！1986年，我已当了三年外语学院的副院长，父亲突发脑溢血，我却找不来一位大夫、要不来一辆汽车进行抢救，因为不习惯假公济私发号司令！现在想来真是对不起他老人家，特别是当我忆起下面这件事的时候：

1949年冬季，在进育才之前，父亲带着我去远在曾家岩的求精中学，看看这所教会办的学校能否收下我这个虔诚的小教友。然而没钱说什么也白费，最后父子俩只得失望地离开，拖着沉重的脚步往市内的家里走。走完大约一半的路程，天突然下起雨来，只好登上当时山城还很少的公共汽车。谁知到了买票的时候，父亲却一个子儿都掏不出来，卖票的人一个劲儿地催逼和奚落，对"拿言语"和求情一概不睬，最后父亲不得已拨出了他宝贝的钢笔，才勉强得到了那位"公事人"的通融。一贯自尊心很强的父亲，竟当着自己的儿子丢了这么大的脸，让人给当贼似的讥讽嘲骂，我想他当时心里一定在流泪，流血！

他完全是为了我能上学啊，而我呢，竟不能为救他老人家的命，违心地干一点弄权的失格之事么？当然，那时候我和弟妹们都缺乏经验，也没想到一延误便铸成大错。尽管如此我仍深感内疚。

在快结束本文时，找出厚厚的"父亲遗言"来翻阅，发现两老竟对生活的坎坷毫无怨尤。相反，子女个个都能读书上学，使他们感到极大的快慰。"遗言"里有一些算不上诗的押韵文字，虽然有着这样那样的不足，却颇能反映父亲对生活，对读书求知，对政治时事等的看法和态度。兹录两节，让它们随儿子的"大作"——我的父亲母亲肯定这样看——一块儿变成铅字。我想这是对"诗人"最好的纪念，他老人家要是能拿到样书一定高兴得睡不着觉的。

"诗"一曰：

候车忙　赶路忙

忙里偷闲　吃个馒头

上班苦　回家苦

苦中寻乐　看场电影

"诗"二曰：

共产党　重英豪

五讲四美教儿曹

万般都是为人民

唯有读书志气高

可是细细一想，就会发现我那一生仅仅是个普通工人的父亲，寒微的家境，乃至受歧视的遭遇，真是不仅未构成我求学路上不可逾越的障碍，反倒成了无形而有力的促进、推动。是的，父亲潜移默化的影响，在幼小的我身上种下了爱好学习、不怕吃苦、敢于冒险等积极向上的性格萌芽。在贫困而受压抑的环境下，这萌芽不但不肯屈服，反而更加茁壮、顽强地生长，才有了我的今日。如果说师友们的帮助、提携，是我取得一定成就的非常重要的外部动力的话，那么家庭的教育特别是父亲无言的表率，就更加深刻地影响了我人格的形成，从根本上塑造了日后我这样一个特定的人，一个特定的自我。

我衷心感激我的父亲母亲，感激他们遗传给我的好学精神，感激他们为完成子女的教育含辛茹苦，也感谢他们无意中使我受到艰辛、歧视、痛苦和磨难的历练。

父亲的晚年，儿孙满堂的幸福生活。

这篇短文没法完全说清楚，我那在今天叫作自学成才的父亲是多么重视子女的教育。一个有多达七个孩子的工人家庭，为了让子女个个上学，两个长子甚至坚持到大学毕业，父母除了拼命工作，节衣缩食，实在还有许许多多令人心酸下泪的故事。坦白地讲，我这个人今天之能成为什么什么家，除去经常讲的和想的要对得起国家民族，要对得起师友和母校以外，还有一个深埋心中的也许更加直接的动机，那就是不愿有愧于自己那贫穷、善良却不乏其志，在任何艰难环境中都殷殷期望着子女成人成才的父母。

母亲黎琼瑶

　　要问我一生的最大不幸，那就是操劳一生的慈母走得太早，以致"儿欲孝而亲不在"，徒留下无尽的思念和悔恨。

　　三十年了，母亲的音容笑貌仍活在我们心里。她的善良、勤劳、热爱生活，她对子女们无私、忘我的慈爱，还有她身处困厄、面对苦难的坚强无畏，不屈不挠，所有这些精神品格永远让我难以忘怀，不断给我以教诲和力量，成为我学习的榜样。

　　母亲早年丧父。我们做账房也就是当会计的外公逝世后，外婆改嫁给了一个码头工人，母亲于是过继到了黎外公家，并且有幸在黎家长大成人，直到父亲从黎家娶了母亲。

　　母亲本名罗万芳，过继黎家后有了一个新名字：黎琼瑶。琼也好、瑶也好，意思都是美玉。从这个名字足以看出，本身没有子女的黎家二老对养女视如己出，异常疼爱。琼瑶这个名字还告诉我们，我们的黎外公黎外婆应该是文化人。事实也确乎如此，黎外公是一位中医，黎外婆则在小学教过书。小时候我曾去他们在璧山乡下的家做过客。抗战胜利后，父亲用自己当电工和母亲做小生意积攒下的钱，在重庆和平路开了一家小电料行兼中药铺，黎外公就做了药铺的坐堂医生，黎外婆也来和我们生活了一段时间。相处的日子虽说不长，两位老人家尤其是黎外婆，却给幼小的我留下了深刻难忘的印象。

　　那时，黎外婆五十来岁，慈眉善目，皮肤白皙，体态丰腴，说起话来轻言细语，条理清晰，循循善诱，十足一位乡村小学女教员。黎外婆很是能干，我和武吉弟弟小时候戴的褡褡儿帽，都是她亲手缝的。她还会用稻草秆儿编制团扇，并给配上黑漆的竹棍儿扇把儿和黑绒的绣花装饰，其精致悦目简直就是可以摆到商店出售的工艺美术品。可惜她这两项手工技艺都没能传下来，不然就会成为我们家的宝贵遗产。

比起我们的亲外婆来，母亲和黎外婆似乎更加亲近，我和武吉弟弟也更喜欢黎外婆，原因是她温文尔雅，脸上总带着可亲可喜的微笑。反之，时不时来跟我们同住的亲外婆却总是满脸愁苦，总是絮絮叨叨，跟母亲的关系似乎不很融洽，外孙们自然对她敬而远之。现在想来，我们的亲外婆真是个苦命的女人，改嫁后生了一儿一女，丈夫却又死了，长期只得靠当用人维持生计，身心所受的困苦、煎熬可想而知，也就难怪郁郁终日，不那么讨人喜欢了。

母亲是在黎家长大的，受的更多是养父母特别是黎外婆的影响和调教，所以形象、性情、风度、气质，都一如黎家替她取的美好名字，出落得也就有几分像所谓的小家碧玉了。尽管婚后的工人家庭并不富有，母亲却仍然十分注意自身和子女形象的整饬，

作者与母亲和弟弟的合影

十分注意家里的清洁、整齐，即便在家庭经济最困窘的时候也是如此。母亲也像父亲一样十分重视子女的教育。她一共生育了十二个孩子，除去新中国成立前夭折的五个，活下来的七个全都进了学堂，我和大弟弟武吉一直读到了大学毕业，如果不是遭受极左路线的戕害，其他弟妹多半也会受到较好的教育。

更加非同寻常的是，母亲身为下层劳动妇女却异常爱好文艺。回忆起来，她生前最大的享受和最幸福快乐的时刻，就是和父亲一起充当自己家庭音乐会的荣誉观众。原来啊，在我这个老大的带动影响下，弟妹六个都能歌善舞，节假日聚在一起就吹拉弹唱，纵情歌舞。这时候，我家门口便挤满左邻右舍的大人小孩，这些不请自来的观众忘情地欣赏着免费表演，禁不住对这穷苦却快乐的一家子投来钦慕的眼光。母亲则热情邀请这个那个邻居进屋子里来，尽可能安排大伙儿入座。我心里明白 —— 我想母亲也一样，这真是那年头儿被视为"黑五类"的咱们家扬眉吐气的时候。

总而言之，在我的心目中，母亲远远不只是一位贤妻良母。她身材娇小、贤淑、美丽，却精明、强悍、果敢、坚毅，在父亲因所谓"历史反革命"问题到农场接受改造致使家庭经济来源断绝时，竟独自挑起了养育五六个孩子的重担，也就是说一个人撑起了整个的天空！

母亲晚年的肖像

细想起来，我和兄弟姊妹身上的一些优良品性，都继承自父母，特别是母亲。数量不多的老照片，还有自身几十年的见闻、体验和经历告诉我们，母亲虽出身寒微，长期处在生存环境恶劣的社会底层，却在形象、气质、性情、风度和积极乐观、贫贱不堕其志等诸多方面鹤立鸡群，给子女们树立了值得永远学习的榜样。

1980 年 3 月下旬，我在北京的研究生学业刚完成一半。一天，正紧张地伏案写作，突然收到重庆家中来的急电：母亲刚六十岁出头就突发脑溢血猝然去世了。那时候，她正和父亲一道在家里养育我的小女儿喜喜和一个弟弟的小女儿欢欢。从两老替两个小家伙取的名字就可看出，正进入新时期的国家让他俩看到了希望，真是满心喜悦。可对我们子女来说，最可悲的就是偏偏此时，辛劳一生的慈母却离我们去了。造化弄人莫甚于此！

"山那边啊好地方……"

—— 遥忆重庆育才学校

这是一首永远难忘的歌，1950年春天我在重庆育才学校学会了它。歌中所唱的"好地方"在刚解放的山城真乃一方净土，半个世纪后的今天仍是我心中的一片圣地。

我心目中的净土和圣地，人民教育家陶行知创办的育才学校，地处重庆近郊的谢家湾，校舍不大，也比较简陋。1950年春至1953年秋，我到育才的初中部住读，不但吸取知识的养料，还接受灵魂的洗礼，真是三生有幸！

进校不久，我立刻感到了育才非同寻常的校风和气氛：师生之间、同学之间的关系那么亲切、融洽，没有什么师道尊严，没有什么上级下级，贵贱尊卑，简直就像，不，就是一家人！教员不称先生老师而称大哥大姐，对待我们学生也确实如同哥哥姐姐。一开始，让我感到别扭的只是得叫孙铭勋校长"妈妈"，可实际上他却是一位五十岁光景的老头，尽管以其对全校师生的慈祥和蔼，关怀呵护，以他受大哥大姐和孩子们的尊敬爱戴，完全配得上"妈妈"这个神圣的称呼。遇上同姓的教员人数很多，年龄相差太悬殊，就得按来校早晚或年龄进行排序，必要时还在前边加上老、小、大等形容词，例如王老师便分成了王大哥、王二哥、王三哥、王四哥、王五哥，以及老王大哥和大王姐、小王姐等等。麻烦是麻烦一点，但却决不至于张冠李戴，比如一喊王老师就招引来三四位姓王的男女老师。

在众多的王老师中，我至今还记得有位瘦高个儿的王三哥——王抒情。他是我们的音乐老师，上课时多半弹着风琴教学生们唱歌，前边讲的"山那边啊好地方……"，还有老校长陶行知作词的"人生两个宝，双手与大脑……"等，都是他教会的。在我们一帮小孩眼里，他真是位音乐天才。我特别记得他，不只因为自己本来就喜欢音乐，还因为他有个挺好玩的绰号：王——三——弦儿！大哥大姐们当面这么叫他，我们背后也偷偷这么叫。为什么？他弹得一手好三弦呗！他领头的教师小乐队格外活跃呗！不管谁家有喜事，他们总会吹吹弹弹去登门道贺。在这支穿行于校园的乐队中，叮叮咚咚的王三弦儿表现得最专业，最投入，也一如他的大号最抒情。在我幼稚的耳朵和眼睛里，他简直成了音乐的化身。我后来一度梦想当音乐家，并且也能弹两下子三弦，不能说没有王三哥的影响。

比王三弦对我影响更大的，是赵大哥——赵义熙。别看他排行老大，年纪却很轻，或者总是朝气蓬勃的叫人觉得年轻，因此当了我们少先队的辅导员。半个世纪过去了，他的音容笑貌还留在我的记忆里，我敢说，他那一口微带京韵舞台腔的四川话，是我一辈子从男人嘴里听见的最优美动人的四川话。作为教员，他的本职是教化学，尽管在他手上我的化学曾得过一百分，我还是惋惜他选错了专业。他可是一位天生的演员，一位演说家啊！每次开学给学生们做报告似乎铁定是他。他给我们讲育才的光荣传统，讲陶老夫子的民众教育思想和无私奉献精神，讲重庆育才艰苦奋斗、垦荒自救的悲壮故事，讲新中国成立前师生机智英勇地与国民党特务做斗争，讲周总理、冯玉祥、郭沫若、李公仆等与育才的关系……讲得那样的绘声绘色，那样的扣人心弦！他的口齿如此清晰，情感如此真挚，表情如此丰富，动情处自然地声泪

作者的初中生时代

俱下，特别是他的笑容，更是灿烂迷人。

说到赵大哥，我还想起一位赵姐，虽然她在学校地位平常，但却是我们学生，特别是男生眼里的"一道靓丽风景"。育才当年的女老师大多是齐耳短发，女生则时兴留男化头，衣着多平淡朴素，唯有赵姐头发微微卷曲，再加一身飘飘洒洒的布拉吉，女性身段的婀娜多姿和曲线美尽显无遗，再加秀丽白皙的脸庞儿上总带着一丝忧郁，叫许多不到动情年龄的小家伙也动了情。特别记得这位赵姐，不只因为我也属于那帮坏小子之列，还因为在谁都不知道的情况下，她决定了我的未来：她是我的第一位俄语老师，我之拼命要把本来落后的俄语成绩赶上去，在下意识中很大程度上是为博取她的欢心，至少不想让她讨厌我、鄙弃我。赵姐——赵尼娜是个有着一半俄罗斯血统的混血儿。我心中的俄罗斯情结，追本溯源，最初就是她那双玉手给种下的。

言归正传，再说赵大哥。真是可惜啊，像他那样触动灵魂的讲演，那样自然生动的"革命传统教育"，我在离开育才后再没有听见过！真是可惜啊，他没有选择表演专业！

育才育才，人才济济。除了音乐家，除了演说家，还有舞蹈家，还有作家和诗人。新中国成立前从育才走出去舞蹈家戴爱莲、提琴家杨秉荪，小说家高缨等就不说啦，一说恐怕会没有完。就讲我在校时，那已经分成若干组，即专业的高中部，便有不少文艺天才。文学组一位姓戴，笔名"白夜"的男同学，是小有影响

的作家和诗人 —— 不知后来《人民日报》的名记者"白夜"可就是他？不过，我当时心目中的大诗人，却是戴老大哥——戴自安。

记得在庆祝西藏和平解放的营火晚会上，戴大哥诗兴大发，应师生要求欣然偕夫人登台朗诵自己的作品。见到业已谢顶的小胖老头儿突然激情似火，口吐珠玑，我坐在台下也不禁热血沸腾起来，第一次领略到了诗和诗人究竟是什么样子，尽管他的朗诵方言味儿很重，尽管我并未完全理解他诗句的含义。

除了朗诵和独唱合唱，还有舞蹈组的女同学万常荣和男同学尹在福等的精彩表演。虽然我看不懂他们用形体语言说明的具体是什么，但健康、优美、潇洒、欢快，却是我实在真切的印象，也就难怪，育才舞蹈组后来成了重庆市歌舞团的台柱子。

当晚的营火晚会以及第二天的庆祝游行，完全是师生自发举行的，富有革命传统的育才学校，以此表现了自己的政治敏感和政治热情。

讲到了游行，我更抑制不住内心的激动。一大早，我们便排着队，唱着歌，举着旗 —— 国旗、红旗以及育才蓝底白图的校旗 —— 精神抖擞、意气风发地向着大约十公里以外的市中心走去，不时地还跳起大秧歌。育才大秧歌！育才的游行队伍！在解放初年的重庆城，育才的游行和育才的秧歌乃一大景观，所到之处真叫万人夹道，市民们老也看不够。我记得游行的组织者是跳大秧歌的高手，后来当了重庆市政府副秘书长的贾培基。至于队伍中不起眼的我，也学着像马驹子撒欢儿似的尽情蹦跳，在围观民众赞赏、欣羡的目光中，心里洋溢着育才学校学生的无比自豪。

"山那边啊好地方 ……"在唱起这首歌的时候，当年山城重庆的普通老百姓想必跟我一样，多半首先会想到大坪和杨家坪之间的谢家湾，想到那儿的育才学校，想到育才的那些会跳秧歌、活泼可爱、聪明伶俐、知书识理的"共产党娃娃"。因为延安太遥远啦，解放区很少有谁见过，共产党的干部和解放军虽说平易近人，政治、阶级、改造、专政等毕竟是严肃而深奥的事情，普通老百姓感兴趣、搞得懂的毕竟不多。

然而 —— 这可怕的"然而"，总是在劫难逃的"然而"，害苦了国家、民族以及我们个人的"然而"，很快便出现了！

也许就由于育才革命传统太悠久，政治敏感性太强，总是自发地走在全市的前面，显得过分地独特了吧！竟然还有什么陶行知教育思想！竟然还有自己的精神，即陶老夫子"捧着一颗心来，不带半根草去"的奉献精神！于是，在举国批判《武训传》的自上而下运动中，"山那边啊好地方"的晴朗天空突然阴云密布，曾经的净土和"小解放区"立即被重庆市委工作组宣布为"独立王国"，孙铭勋校长 —— 我猜他肯定是位老共产党员 —— 则被打成有反党倾向的极端个人主义者，他实在想不通便用刀子对准自己的喉咙，"堕落为了自绝于人民的党的叛徒"。

这些发生在党内，或者学校领导层和教职工中的情况，我们学生娃娃自然只是依稀听到一点点。我们只是奉命冒着大雨跑了数十里，进城看了一场《武训传》，看后只是觉得那个叫花子主人公一脸鼻涕口水的演得挺像，挺好，挺可怜。怎么也想不通工作组说他是财主的走狗，不，甚至自己就是大地主！还有他靠乞讨办义塾，跟我们育才，跟我们陶老夫子的民众教育主张又有什么关系？难道是因为都不赚学生的钱，都不嫌弃穷人家的孩子，都以苦为乐么？

想到这里我直想哭，不是育才收容了连几斗米也缴不起的我，哪能圆自己的读书梦？

岂止圆读书梦而已！入校时，尽管才十三岁，我仍难免多少受到乌烟瘴气的旧社会污染，是投入育才母亲般温暖、圣洁的怀抱，才不知不觉恢复了纯真、无邪。从前，跟着家里信奉天主教，常常自我反省和办告解，甚至还不止一次在神甫做弥撒时当过辅祭，想的也只是做个纯洁善良的好人，育才却进了一步，告诉我应成为一个对大众有用的人！从前，父亲教我记住了"吃得苦中苦，方为人上人！"这个格言，育才却帮我修正了它，使其变作了"吃得苦中苦，方为人中人！"别看仅差一个字，可是关系着一个人的人生观，关系着一个人活着和吃苦的目的。

正是在育才精神和陶老夫子教育思想的熏陶下，我立下了早日成才，服务社会的志愿。那时大家都相信列宁说的"苏维埃加电气化等于共产主义"，我于是立志当一名电气工程师，幻想去参加修建当时已经提起的三峡水电站……

育才啊育才，我想不通你怎么一下子就变坏了呢？你不仅挨批判，还被迫改名换姓，从独特的唯一，变成了几十所市立中学之一！要重庆的市民忘记你么？要从师生们的心中挖去你么？办不到哦，至少在我这样受惠多多的穷学生这里办不到！半个多世纪过去了，我仍清清楚楚记得"山那边啊好地方……"，仍常常怀念育才，怀念我们每天早餐的煨黄豆下稀饭，怀念我们的大哥大姐还有孙妈妈——听说他自杀被抢救过来了，却在后来的"反右斗争"中又遭了难——怀念王三弦和他的小乐队，怀念民众节日般的育才游行和潇洒奔放的育才秧歌，怀念啊怀念！无尽的怀念！

1953年，西风吹落黄叶的季节，我带着失望，带着怅惘，带着伤痛，离开自己生活学习了两年半的母校。其时心爱的育才已经面目全非，我当电气工程师的梦想也已破灭——体检显示我是先天色弱，只能学多数人都不屑的文科了。

新学年开始的时候，我扛着简单的行李到沙坪坝的重庆一中，我生命之舟的另一个港湾报了到。入学后的相当一段时间，十五岁的我终日没精打采，好像丢了魂儿似的，尽管一中也是一所非常不错的学校。

惜别育才数十年后，同学们再聚。

附记：

育才更名为了重庆第二十中学，不但排名老后，还合并进来了一所真正普通的中学，"掺了沙子"。原育才已分专业的高中部完全遭打散，音乐舞蹈组成了市文工团的班底，文学自然组的同学则多数转到了一中等重点学校。到了改革开放的新时期，陶行知及其教育思想恢复了名誉，二十中也改名育才，虽说丢失了的特色和传统已经永远丢失，对伟大的人民教育家陶老夫子在天之灵和我们当年的育才师生，改名之举仍不失为一个安慰，如此而已。

歌声和友谊陪伴我们长大

—— 难忘的一中岁月

一条小路曲曲弯弯细又长，

一直通向迷雾的远方，

我要沿着这条细长的小路，

跟着我的爱人上战场……

悠扬、婉转、深情的歌声，从一幢三层红砖教学楼底层角落上的一间教室里飘荡出来，领唱的是三五个女生和一两名男生，最后两句的反复则变成了全班的合唱。

那间教室正对着重庆一中有名的刘家院。这座古色古香的院子当年是女生宿舍，而今已改作行政中枢。一中在全市的中学里排名老大，不但因为名声响亮，是一所历史悠久的公立中学，而且规模大得也确实少有学校可比。单单我所在的高中一个年级，就多达七个班，每个班有学生五十多名。七个班中两个为俄语班，五个为英语班，我们育才考来或者说转来的约二十个人，都集中在一个俄语班即高56级一班里。与其他班相比，这个班有着多才多艺的特点，多数同学都爱唱歌，特别爱唱当时流行的苏联歌曲，如上面说的那首《小路》。每每一到课间休息，尽管只有十分钟时间，只要有一人起头，全班便会跟着引吭高歌起来。一首不过瘾，便再来一首，再来一首，直至上课铃声响起。

歌啊，悠扬、婉转、深情的歌啊，你给了一个正值青春期的多愁善感男儿，给了生命之舟又一次迷航搁浅的我多少抚慰，多少寄托！就拿《小路》来讲吧，我和同学们都格外钟爱它，难道不是因为它表达了我们对远方的思念 —— 即与乡愁相反的德国人所谓 Fernweh，也表达了我们当年对于英雄业绩的向往，也表达了我们朦朦胧胧的对于爱的渴慕么？这样一些情感，对远方的思念 Fernweh 人皆有之，向往英雄业绩带着时代的特点，对爱的朦胧渴慕则为摘下了红领巾的我们所特有。而我，由于已述及和将述及的原因，不自觉地深藏于心的这些情感都格外强烈，因此也就格外需要在歌唱中寻找寄托，从歌声中获得抚慰。

德国获诺贝尔文学奖的作家赫尔曼·黑塞在小说《纳尔齐斯与歌尔德蒙》中塑造了两个典型人物，一个为献身宗教的学者、思想家修道院长纳尔齐斯，一个为他的学生和好友雕塑家、流浪者歌尔德蒙。黑塞称理性的、学者型的前者为"父性的人"，称感性的、艺术家型的后者为"母性的人"，说照耀在前者头上的是太阳，照耀在后者头上的是月亮和星星 ⋯⋯年轻时不自知，其实从种种迹象看，我应该属于后一类型，即更多地富有艺术气质和流浪汉心态的、歌尔德蒙式的"母性的人"。这种人 Fernweh 特别强：小时候，坐在长江边上，心常常随江水流向远方，想象着那儿会有一个多么美妙奇异的世界。这种人多愁善感，重友情，泪腺特别发达：说起来很不好意思，上小学，有个要好的男同学因生活所迫辍学了，送他离校时人家自己好好的，我却哭得成了"泪人儿"。这种人对文艺特别是音乐有天生的接受领悟能力：我从小爱唱歌，在上育才学校时同学中只有两个好朋友，两个都有音乐爱好，其中一个当时比我高一个脑袋的叫张泽民，会拉二胡，因为父亲就是教二胡的音乐教授，我们在一起除了听他拉琴，就是一块儿坐在池塘边静静地钓鱼。

了解了这些情况，就不奇怪重庆一中高 56 级一班领唱的男声经常是我，在课间休息时要么弹三弦，要么起音带大家唱歌的也是我。特别是在一二年级，我完全沉迷在音乐里，当不成水电工程师就把当音乐家视为自己的人生理想，于是学乐器，练声，学简谱和五线谱，节衣缩食地去听音乐会。到重庆来演出的刘淑芳、楼乾贵、郎毓秀、杨汉果等，都是我倾慕的对象，因此非去听他们的演唱演奏不可。那年头，穷学生能学的乐器唯有二胡、笛子，但即使这些看似简单的乐器，想学好也不能光靠自己努力，必须有专业训练。听说市八中，即树人中学有位音乐教员二胡水平很高，我便自己跑去拜师。我告诉他我是红绿色盲，他不懂，问："看谱纸该没问题吧？"

记不清什么原因，多半由于连一把自己的琴都没有，拜师学艺的事不了了之。

我参加了学校的乐队，解决了没二胡拉的问题。岂止是拉二胡，我还学会了比较稀罕的三弦，不，甚至当上了乐队的队长，为适应"工作需要"竟什么都能来两下子。我取得的最大音乐"成就"，仅止于在文化宫的舞台上用板胡领奏《步步高》和《金蛇狂舞》，以及率领校乐队为参加全市大中学生会演的校舞蹈队伴奏。正是后者，帮助我认清了自己是怎样一位"演奏家"：会演后选拔进京参加全国会演的伴奏员，身为一中乐队队长的本人自然属于考察之列，而一考便考得我彻底泄了气，但是，我知道并非自己缺少音乐素质，而是完全没有学习的条件。尽管又一次梦想破灭，我仍一如既往地热爱音乐，因为它不只继续给我抚慰，让我的情感得到发泄，而且为我赢得了友谊。

啊，要是没有音乐，没有友谊，正处于青春期而又连连遭受打击的我，已不为自己低文化水准的父母亲理解的我，不知会多么迷茫，多么凄惶，多么萎顿，多么可怜……

俄罗斯的广袤无垠的大草原，夜色朦胧，四野茫茫，远方随风飘来声声野狼的嚎叫，孤独的流浪者脚步沉重，心思迷乱，哪里是他今晚栖身的小木屋？他该走向何方？正当彳亍，惶惶不知所终时，突然听到左近的夜空中回荡着隐隐的歌声，几近绝望的流浪者犹如听见教堂里传出的圣歌，黑暗的心中立刻出现了光明，随即加大步幅向歌声奔去，虔诚的灵魂充满了对仁慈上帝的感激。因为他知道，哪儿有歌声，那儿就有明亮的篝火，哪儿有歌声，那儿就有善良的人们，哪儿有歌声，那儿就有爱，就有友情。

已记不清是何时何地，从哪本书上看来了这个故事。不过用它来说明我初到一中时的境遇，却异常贴切。我也正是在惶惶不知所终时，找到了歌声，又找到了篝火一样温暖身心的友谊。

全班五十多个无一不单纯善良，其中有二男二女是我特别要好的朋友。他们不嫌弃我这个吃助学金的穷同窗，也容忍我因遭

重庆一中高56级一班毕业照

遇挫折而变得格外倔强，有时甚至乖戾的脾气，不，不只容忍，对我的"个性"还隐隐约约地流露出欣赏，对我有志于成为音乐家更是予以帮助和鼓励。我这些好朋友中有一位是大高个儿的北方人，普通话比较标准，便常常教我朗诵诗歌。

那时候，在我们中学生中流行的是鲁藜、绿原等人的小诗，像前者的"老是把自己当作珍珠／就时时怕被埋没的痛苦／／把自己当作泥土吧／让众人把你踩成一条道路"，后者的"人活着／像航海／／／你的恨，／你的风暴／／你的爱，／你的云彩"。这样一些琅琅上口、易诵好记然而不乏人生哲理的诗歌，极适合当时我们中学生，特别是我个人的心境。外国诗人我们最喜欢的当然就是普希金。他那首《假如生活欺骗了你》，就好像是专为我写的一样。

除了朗诵诗歌，我们还爱读小说，尤其是俄罗斯作家的作品。我尤其喜欢屠格涅夫的《贵族之家》《前夜》和《罗亭》，对这几部小说优雅、传神的译笔非常欣赏，因此少有地记住了丽尼和陆蠡这两位译者的名字。陆蠡的身世从语文课上就了解到了，丽尼却是很久以后才偶然在一篇文章里得知本名叫郭安仁，和陆蠡一样系左联的成员，本身便是一位有成就的散文家。难怪他们的译笔那么动人！看来当一名作家兼文学翻译家也挺不错哩！我心里朦朦胧胧地闪现这样的想法。五六年之后，我真的尝试翻译文学作品，由于倾慕丽尼，便取了一个响亮却不无女性味儿的笔名"金尼"。随后又觉得女兮兮的不好，便矫枉过正接受变性手术成了"蜀夫"，明显地取四川大丈夫之义，尽管如前所述我是个"母性的人"，再说一米六的"三等残废"身量离伟丈夫的标准天远八远。

金尼、蜀夫乃后话留待讲南京大学再叙。先说我念高一第二学期的班主任王晓岑。王老师教语文，不但我逐渐明朗起来的当作家、翻译家的考虑要感谢他，我们整个班级，包括多数有幸考理工的人，对学好语文的积极性，也是他给调动起来的。我自知在他眼里是个孤傲、乖僻的学生，并不为他赏识，却真是盼着上他的语文课。我的作文尽管在他手下没有得过最高分，却很欣赏他每一次都近乎征文评奖的字字斟酌，分分计较，因此也格外看重他留在我作文本上的那些圈圈儿叉叉。

王老师，您老人家不觉得在个性孤傲、乖僻这点上，其实我和您最相像么？您老人家大概更没料到，真正继承您的衣钵，为您多少争了一点光的，竟是敢于顶撞您的犟拐拐吧？尽管如此，我仍要向老师您赔礼道歉，希望您原谅学生的年少气盛，不知好歹，不懂事。

衷心感激您，王老师，是您用手无意之中轻轻一拨，我再次陷入旋涡的生命之舟又驶上了航道。然而，使我奄拉着的风帆又鼓起来，给了我加速前进的动力的，却是比您年轻，我与他也更合得来的安德列·许。

安德列·许是我到一中后的第二位俄语老师，本名许文戎。高二的新学年开始不久，他像个皮球似的突然跳到了我所在的班上，一脸和蔼可亲的笑容。开口便是"日德拉斯捷，达瓦里席！玛娅　发睐里亚　许，玛哟　伊米亚　安德列！"（同学们好！我姓许，名叫安德列！）那安德列的"列"由舌尖从嘴里脆生生地弹出来，一下子就把我们镇住或者说迷住了。从此，我便盼着上俄语课，很快便成为了安德列·许的得意弟子，并且在他指导下与一位苏联姑娘通起信来。在育才学校已种下的俄罗斯情结，经过普希金、屠格涅夫的雨露滋润，早就发芽破土，现在更迅速茁壮成长起来，使我终于下决心报考俄语专业，先当翻译家，再做作家。于是，在我作为班上的文娱委员组织的"理想晚会"上，在贴在教室里的班级漫画像上，多数同学都以科学家、工程师的面目出现，我却被描绘成了一个手持放大镜，趴在一堆字母块儿上的书呆子。

把我搞成这德行的"元凶"，安德列·许和王晓岑二位老师，是性格截然不同的两种人物。人物二字既可以从典型性理解，也可以从独特性理解。他俩的故事，比如说王老师的孤傲、乖僻，许老师的像个皮球，都值得以后单独拟一个题目详细讲讲。

既已明确学习目标和人生理想，活着便有了意义，有了欢乐。这时我已是十七岁的小伙子，在生命的寒秋和严冬熬过以后，在无忧无虑的心境下，自然便生出对春的向往和渴求，更何况身边早已红绿一片，春意融融。

要是没看漏掉，全班五十多个同学最早闹恋爱的，就是我的几位好朋友。海涅诗云："情况紧急，警钟长鸣，/唉！我已然头脑昏昏，/春天和一双美目/正合谋对付我的心。//春天和一双美目/使我的心陷入新的迷惘，/我相信玫瑰和夜莺/也参与了它俩的勾当。"诗人为自己春的迷惘找了很多肇事者，美目呀，玫瑰呀，夜莺呀，等等。我和我的朋友们大概还可以找出一个来，就是文艺，就是文学和音乐，讲得更具体一点，就是《小路》这样情意缠绵的歌曲，就是屠格涅夫的《初恋》《春潮》等小说。

一位我要好的女同学深深爱着与我同样要好的一个男同学，于是我便充当她传书带信的邮差，以及借同寝室之便观察"敌情"的哨兵。另一位要好的女同学暗恋年轻的历史教员，被他英俊潇洒的外表和球场上矫健的身手给勾去了魂儿。可惜因为某个历史"污点"，该教员不久便遭到隔离审查，最后不知给发配去了哪里。我最要好的男同学则与班上的女运动健将公开恋爱，素有绅士风度的他对大而化之的她真是百般呵护，在全班同学眼前实实在在充当了一回多情而高尚，可佩却可笑的骑士角色。

本人呢，消除了前途渺茫的心理重负，十七岁本已情窦初开，加之生性多愁善感，自然不会仅仅做一名旁观者。老实交代，一些年以前，甚至还在小学快毕业的时候，心中便暗暗对这个那个小女孩产生过特殊的好感，不过也仅此而已，不清楚心中的异动意味着什么，不明白自己对人家到底怀有什么希望，更没有发展到对她朝思暮想、魂牵梦萦的程度。

这一回可不同了！她是我的初恋，因为她，我第一次尝到了爱的酸甜苦辣。

她与我同年级但不在一个班，学期中虽然经常见面却从来没有机会讲话。全校成百上千个女同学，我偏偏让不在一班的她给吸引住了，现在想来，可能主要是她最符合我心目中温柔、美丽、端庄这样一些女性的特征，就像我从屠格涅夫的小说和苏联电影中看见的那样。她身材适中，不像我身边要好的女同学似的高大壮实。她有着很好看的头型和脸庞，五官虽无特别迷人之处，却端正而匀称，两条大辫子总是油光水滑，衣着朴素，但格外干净、整洁，尽管常穿着当时流行的列宁装和肥腿长裤，却掩掩不了腰肢的柔软、婀娜，以及步态的流动、轻盈。正是：一万匹马的马群里，最漂亮的有一匹；一万个人的人群里，最可爱的姑娘就是你……这是歌剧《草原儿女》中的一首情歌，我用它来赞美她，只将原歌词里的"聪明"二字以"可爱"代替。相反，在她眼中我肯定貌不惊人，外表没有任何引得起女孩子注意的男子汉特点。结果可想而知！

今天回忆我们，特别是我自己失败的、苦多于甜的初恋，一来因为它是我们高中时代一个不容忽视，也无须讳言的重要经历，没有它，青春不够充实，不够美丽，二来因为对那位曾经让我爱得很深也烦得够呛的女同学，我仍怀着深深的感激。

几次面对面地站在一起，我从她眼里和脸上读到的，虽也有无可奈何的苦恼，但更多的却是同情和怜悯，就像一个姐姐看着自己生病的弟弟。是的，在她看来，我真是个有病的弟弟，真是个还没长醒却胡思乱想的孩子。因此，我虽然给她平添了许多麻烦和苦恼，她却报以理解、宽容和同情。这尽管不能满足我的渴望，却也并未增加我的难堪和苦恼，因为她完全不声张，也没有去告发我，更无丝毫沾沾自喜的表现。她的善良、温柔、厚道，于此表露无遗。试问，面对类似的情况，有几个女孩能如此善待她讨厌的"病人"呢？为此，难道我还不该永远感激她么！

少男少女们一边体验着，或者幻想着苦而甜的初恋，一边开始高考的准备，大多数考理工，一部分直接保送进了军事学院，考医的三四个，只有我和一个要好的女同学考文科的外语：她是出于爱好和志愿，我则迫于命运的安排。事实表明，命运像位父亲，看似对我十分严酷，在心眼儿里却对自己先天不足的儿子格外疼爱。

难忘的一中岁月，用歌声与友谊、理想与奋斗、幼稚与荒唐，还有初恋的苦乐装点成的如花年华啊，虽然也有遗憾和愧疚，但无怨无悔，相反，随着韶光的流逝，你将越发显出自己的美丽、珍贵！

三进三出不解缘

―― 我与四川外国语学院

　　1956年初秋时节，让一辆迎接新生的大货车拉上北温泉背后的山坡坡，十八岁刚高中毕业的我进了西南俄专。原来梦想的是上北京大学，后来得知成绩也蛮够格，却不知怎么竟给"撸"进了这所名不见经传的专科学校，一开始心里的窝火就甭提啦。

　　进校以后，很快便认识了好像是管人事的王志同志，大高个儿，下江人。记得是他主动来找的我，以便核实一下从重庆一中转来的我的家庭情况。就这么一点儿不算手续的手续，我便享受了全额助学金，解决了多少年来在求学路上的后顾之忧。不用说，对王志和西南俄专我开始有了好的印象。至今还回忆得起同学们在竹棚子食堂围桌进餐，饭菜尽管粗糙，吃起来却格外可口、有味。

　　比起吃来，学习当然更重要，学成后当一位文学翻译家尤其重要。由于在中学学俄语就特用心，很快便对俄专一年级的启蒙教育失去了耐心和兴趣。一天午饭后，年少气盛的我找到了松林坡上的王耀祖校长家里。大概是正准备午睡的王校长拥被坐在床上接待我，显得既随便，又亲切，听罢我的呈述便说："你想跳班就考考呗。考上了，跳！"一副战地指挥员的口吻。

　　于是就考了。于是就在大操场边上的布告栏张榜公布校方的决定。于是我就从宫铁燕老师教的三十七班，跳到了蒋锡淮老师教的三十二班。事情就这么简单、顺利，今天想起来真是难以置

跳到二年级后与班上同学同庆 1957 年新年

信。不过，也容易理解：那些年正是俄专的黄金时代，也是我们共和国的黄金时代呀！

接下来就是 1957 年的政治风暴，就是牢不可破的中苏友谊破裂，就是俄语人才过剩，小小的俄专恰如被踩了一脚的蚂蚁窝，空气突然十二分地紧张，平素和睦相处的人们一下子也变得脸红脸黑起来。由于"缺乏政治敏感，不关心斗争"，而且还老跟杜品治这个准右派在一起练习会话，我让一贯待自己像小兄弟一样的调干生班长逼着，连夜写了一份"检讨"。

过剩了的俄语学生获准转入其他大学学习，转学时按入学成绩排序挑选教育部规定的学校和专业。我在北京外贸学院和南大德语专业这两个名牌院系中挑了前者，结果教务科李俊仁科长义正词严地告诉我，不能选外贸，因为是涉外专业 —— 学校领导显

初春时节与同班同学合影于北温泉

然已把我的政治敏感度当成一个不大不小的问题。这真给了年轻懵懂、除了读书什么也不懂的我极大的震动。不过现在想来，却打心眼儿里感激忠厚的老李同志和当时做出有关决定的校领导！是他们，堵住了我贸然入仕做一名外贸官的险路，让我选了事实证明非常适合我的南京大学外文系德语专业。

再见了，北温泉！再见了，三花石！再见了，俄专校（当年三花石的农民如此称呼我上的第一所大学）！在你的怀抱里，虽说只待了短短一年，却感受了人间的冷暖，初识了社会的复杂，政治的险恶。对于少不更事的我来说，这短短的一年，乃是人生长途上的一个重要转折！

在北碚区的中心邮局门前，我提着一口小皮箱，在一位亲戚帮助下爬上一辆邮车的副司机座，下意识地最后回头望了望远方美丽的北温泉，然后便沿着凹凸不平的渝碚路，向着命运为自己安排的下一个驿站颠簸而去……

前身为国民党中央大学的南大乃名师荟萃的一流大学，尽管教授讲师们不像俄专的教员似的兢兢业业，教学质量却是高的。由

南大毕业后二进川外，当了一名德语教员。

于已有大学二年级俄语的扎实基础，新学德语对我真是小菜一碟。尽管如此，革命导师列宁的一句名言，即"学习，学习，再学习"，仍是我生活的全部内容。须知，在多数来自上海和江浙的同学面前，一年到头都穿着补疤衣服的小四川佬唯有一点点可以自负：哼，本人德语比谁都棒！

那些年啊，想好好学习同样不容易。没完没了的运动不说了，还怕戴上"白专"帽子，所以本人就有了在乡下搞"四清"时大冬天蹲在野外的厕所里偷偷背德文的丢人事。

好不容易等到了敬爱的郭影秋校长号召同学们"坐下来，钻进去"，却又开始了吃不饱的困难年代。可吃不饱照样得抓紧最后的时机拼命学，结果没有想到，第五学年便住进了南大的肺结核疗养所。更没想到的是，毕业时我一个人被留下来待分配。尤其没想到，待了半个月却莫名其妙地回到了三花石，回到了已升格为四川外语学院的西南俄专。更万万想不到，这中间还有一段自己很久以后才知道的曲折动人的故事。

也好也好，我当时想，毕竟去的是生我养我的故乡，回的是小虽小却富有部队传统、不乏同志温情的母校。心境平静了，生活有家人关心，再加上身处缙云山麓北温泉的优雅环境和清新空气中，肺结核很快痊愈了。随即便走上讲台，顺顺当当地开了一门又一门课，教了一个又一个年级。

再说那故事，您猜到了，跟古往今来所有缠绵悱恻的故事一样，是发生在一对痴情男女之间。可巧就巧在这男的正是在南大管我分配的年级辅导员，这女的正是川外的一位才貌出众的年轻女教师。他俩真叫千里姻缘一线牵，结果南大外文系和正需要德语教员的川外一拍即合，拿对我的特殊处理既成全他俩的好事，又满足了川外对于德语教员的需求，敢情在做出关系我前途的决定之时，还提到这是对有病的异乡游子的照顾吧。

三进川外，从社科院下调回来，变身为分管教学科研的副院长。
图为接待来访外宾德国国际交流中心主任舒尔茨教授。

几十年前的往事啦，再说在一切服从党安排的那年头儿又算得了啥，何况心中的一点怨气也早已给温暖的友情抚平了。提起来仅仅为了表明：我与川外还真有缘分似的！

从1962年回到川外，凭良心说是一直受重用，但却始终得不到信任。原因在"反右"和大跃进之后，自己原本没问题的工人出身一下子变得有了严重问题，于是遭遇到种种不公正的待遇。到了1978年，报纸上早已把"出身论"斥为反动，可川外的某些单位，对所谓出身不好的人仍然歧视。于是一怒之下，不顾年已四十可能考不上成为笑柄，硬是报考了中国社会科学院冯至教授的研究生。

感谢教务主任群懿同志没有为难我。现在想来，以他自身的处境、经历和心胸，当时也应该是很理解我们的。

于是第二次从川外出走，不过比二十年前那次更加悲壮，因为抛妻别女。

随后便在当时被戏称为"翰林院"的中国社会科学院研究生院苦读了三年。回想起来，那些年物质生活虽然差，精神生活却是异常的自由和丰富。老研究生们几乎个个学习主动积极，再加上师高弟子强，不等毕业不少人已成为国内有一定名气和影响的学者。例子不胜枚举，至于本人，不算突出，毕业后留在外文所，第二年就随导师去德国出席了国际学术讨论会，再过一年更获得了联邦德国原本只授予有博士学位学者的洪堡奖学金。说实话，要是继续留在北京拼搏，生活可能会差一点儿，事业的发展却绝对更加海阔天空。

都怪陈孟汀这个好老头，怪其他与好老头心往一处想的院领导，也怪一些好心的同事和本人故土难离的家属，他们早就在一起密谋策划，软硬兼施，如死卡住我的工资不转，编制还在外文所就破格违规地提我当副教授、副院长等，于是我又不很情愿地第三次把户口和工作关系迁进了川外。

整整当了七年副院长，又第三次从川外出走了。走的原因之一，实话实说，的确又是感到 —— 也许是错误地感到 —— 受了不公正的对待，虽然仔细想来，还可能有更重要和更深层的主观原因。过去几十年，在一种歧异的社会气氛下，大家，包括我自己都不得不讲假话，习惯了讲假话，要讲真话、听真话反倒感到很困难了。可尽管如此，为了不让多少年一直关心自己的川外老上级、老老师和老同事们耿耿于怀，我还是要鼓起勇气讲一讲真话，不当之处敬请海涵。

别看我当年走得似乎很委屈、很恼火，连一些本该提的要求也没有提，连一些本该得到的待遇也没得到，其实呢我心里是蛮有数，也蛮想得通。我当时想，像川外这样的高校全国数以千计，能当川外院长、副院长的人就在本院教职工中少说也有几十个，只是多数人没有碰上机遇或者说知遇罢了。你当上什么长，并不意味着此长非你莫属，而是因为你刚好碰上了陈孟汀，或者张孟汀、李孟汀。要是让教职工来投票选举，你一定行吗？再说，一个学校只可能缺少名教授、大学者，却不会缺少什么什么长。你能耐，就去努力当个名牌大学的名教授试试！实话实说，就是怀着这样的想法，拖家带口，在秋风吹黄法国梧桐树叶的 1990 年 9 月，我又最后一次，也是第三次，离开了自己前后工作生活了二十多年的川外。

经过近十年的努力，目的似乎有望达到而尚未达到。尽管如此，我仍然要感谢我的母校西南俄专和四川外语学院，感谢所有的领导、所有的老师和所有的同事、同学们，不管他们曾经对我怎样，都教育了我，帮助了我，都有意无意地，或从正面，或从反面，促进了我的成长。须知，每进出川外一次，我都像顽铁似的受到一次冶炼，都像蜕了一层皮似的变了一个人，一个更加成

利用副院长这个平台，发起并主持中国外语界第一个大型国际学术研讨会，引群贤毕至，众星云集，为小小川外争得小小荣誉。

熟、强壮和练达的人。从这个意义上讲，小小的川外是我的摇篮，我的熔炉，我的保姆！尽管如今在被自己称为乐园的成都生活得很开心、很潇洒，尽管自由自在、天南海北到处跑，我和全家都仍然经常怀念重庆歌乐山麓的川外，怀念自己曾经住过的、背靠着一丛丛绿色翠竹的斑马楼，怀念曾经一起打球、跳舞和一起开会、争吵的老朋友、老同事。

"过去的事情就让它过去，我们并不叹息，让行军路上的战斗友谊温暖我们的心房，嘿，道路伸向前方！"一首苏联歌曲如此唱道。我呢却还有一个希望，希望什么时候生活之路还会第四次引导我走进川外，哪怕只是短暂地，临时地……

事实上这个愿望已经实现，我不但时常回川外讲学，还在德语系建系 40 周年时应聘做了该院的客座教授。

艰难时世　蹉跎岁月

—— 严寒酷暑忆南大

　　1962年暑假的一天午后，阳光火辣的南京古城，一辆公共汽车途经鼓楼广场慢吞吞地向着下关码头驶去。渐渐地，乘客们的目光都让站在过道上的一对青年男女给吸引住了。男青年又瘦又小，脸色苍白，鼻梁上架着在当年还算时髦的黑框眼镜，整个儿一副可怜巴巴的书生像。站在他旁边的女青年虽说相貌平平，个子也不怎么高，身材匀称、窈窕，并且透着一股名门闺秀的高雅气质。乘客们一看他俩，便知是今年刚毕业的大学生，因为男的一个身边摆着行李，还断定他们准是一对儿即将分手的恋人，因为男青年一上车便开始无声地流泪、哭泣，车越接近下关码头越是哭得伤心，越是泪如泉涌。

　　是的，他俩确系当年南京大学外文系德文专业的应届毕业生，她也确实是来给他送别，只不过，他俩并非一对恋人。他之所以感情冲动，当众抹泪，固然也因为要与她这位与自己情同姐弟的同窗挚友分别，但他如此伤感、痛哭，还不仅仅为这一点。随着滚动的车轮，他生活、学习了五个寒暑的母校正渐渐远去，再过几个小时，当一声悠长的汽笛响起，他搭乘的轮船便要溯江而上，把他送回到五年前来南京求学的那座山城去。他在此挥泪告别的，是他奋发的大学时代，是他宝贵的青春年华，是他在艰难的岁月里拥有的不多一点欢乐，是他在异乡所经受的无数磨难、痛苦，特别是他那些同样备受痛苦、磨难，却仍给了他友情温暖的老师和学友！

自然我就是当年那个感情脆弱和好哭的男青年。有智者讲，苦难之于人乃宝贵的财富。自身的经历让我相信智者的话，但我同时却认为，这只是对那些能够熬过苦难者而言，还有不少人，比如我在南大的一些同班同学，便让苦难给吞没了。和他们相比较，我所经受的痛苦又算不了什么，我可真是个幸运的人……

　　1957年秋天，我在重庆朝天门码头乘船顺江而下，途经武汉到南京大学继续学习。同行的是原西南俄专的两位学长，男的叫何平谷，与我同班念德语；女的叫刘芳，念法语。他们都曾经工作过，因此是带工资上学的调干生。

　　南京历史上有过六朝金粉的繁华，新中国成立前又曾为中国的首都，比起我们前此所在的三花石来，自然是个不可同日而语的大地方，甚至可以讲是花花世界，但是对于当年的特困生我来说，这一切真没有多少意义。记忆犹新的只是那儿的夏天比重庆热，冬天比重庆冷，穷小子的异乡寒夜实在难熬。常常在半夜里

初春时节在南京郊外

给冻醒了，年轻的我迷迷糊糊地裹紧被子又睡去，但也有怎么睡都睡不着的时候。夏天，不得不留校过暑假的我多半铺床席子睡在较通风的宿舍过道上，半夜里也常常醒来，但主要不是因为热，而是身边爬满了一串一串吸血的臭虫！然而，比起严寒、酷暑和吸血的臭虫来，更加可怕的是家庭的穷困和不幸，是那些年酷烈的政治和社会生态环境。

我们班前后有过三十多名同学，除了四五个直接考取的应届高中毕业生，多数都是像我一样曾经学过俄语的转学生，其中调干生又占了多数。经过从反右开始的一个个运动的淘汰，到毕业时全班只剩下来不到二十名：一位姓马的同学被打成右派送回了山西老家，一位姓汪的同学因写匿名信表示对大跃进不满而进了监狱，一位姓张的同学因念初中时与所谓"托派"有过牵连而自杀，一位姓陈的同学因笃信基督教无法安心学习而退了学，还有一位姓陈的共青团员因在报上发表豆腐块文章时犯了抄袭的错误，给组织一批就神经失了常，等等。

即使是我们熬到了毕业的近二十个人，相当一部分也受到这样那样问题的困扰。不说一位姓常的同学因为父亲是右派和他本人莫须有的问题而被开除了团籍，不说一位姓张的同学在勤工俭学时招致伤残，就讲与我一道从西南俄专转到南大的何平谷吧。在整个五年的学习过程中他都心事重重，晚上熄灯以后还常常靠在自己正对着我的床上一支一支地抽闷烟，显然背着什么沉重而无法解脱的思想包袱。直到"文化革命"结束后好多年，同学们才在一些写志愿军战俘的报告文学里发现他的名字，才了解他在战俘营坚强不屈地与敌斗争的英勇事迹。可他在极左路线猖獗时期，一直被当作有问题的异己分子受到内控。问题倒是终于澄清了，可由于长期精神抑郁，何平谷没过几年舒心日子便离开了人世。

比起何平谷等同学我算是幸运多了，尽管生活极度地穷困，政治上却未受到歧视和压抑。这都多亏南京离重庆太远，学校的党组织对我家庭在 1957 年以后发生的变故还未掌握。在入学的政审表上，我如实填写的家庭出身为工人，谁知到了大跃进的极左年代，我父亲已成为内控的历史反革命分子。虽然当时我也不知内情，却能清楚感觉到家庭经济的进一步恶化，不然长期只管家务的母亲怎么会突然拖着一群弟妹去火车站做小买卖，怎么会实在没米下锅时靠自己去卖血来养活孩子们呢？

总之，到了南大以后，随着整个国家苦难岁月的来临，我再也没有中学时代的天真单纯和无忧无虑，再没有生活的欢乐，再也没有表达青年人对友谊、爱情、幸福和英雄业绩向往的歌声。开始的一年多，心灵唯一的寄托只是专业学习，唯一的安慰只是现在就读的学校比以前的西南俄专好得多，除此真正别无想头。

在校办工厂勤工俭学

课余生活

就这样，还在二年级，我便开始从《国际展望》等东德报刊翻译一些短文去投稿，从长远来讲是为实现自己当文学翻译家的理想做准备，但更迫切的是解决自己乃至家庭的经济困难。很幸运的是，我投出去的稿子基本上都得到了诸如《漫画》《体育报》等报刊的采用，一篇不足千字的短稿也能赚个八块十快钱，相当于一个普通学生大半个月的生活费，对经济极为困窘的我实在不是个小数字。特别记得有一天，我正站在我们住的南园三舍旁的报栏前读报，也在读报的同班女同学舒雨突然惊喜地冲我叫起来：

"杨武能！快来看，你小子的译文登出来啦！"

舒雨是地道的北京人，称比她稍稍年轻一点儿的我为"小子"，表明她与我的关系很不一般。那个使她感到如此欣喜的发现，不过是我译的一篇短短的非洲童话，题为"为什么谁都有一丁点儿聪明？"稍稍显得不一般的只是，这篇习作竟发表在1959年3月27日的《人民日报》上，其时我还在念二年级。

这一点点原本微不足道的"成就"，确实给了初试身手的我莫大鼓舞，但是，给了我更大鼓舞和更多帮助的，却要算我的朋友舒雨和我的老师叶逢植。关于他们，将另行撰文分别详述。这里只想交代一下，舒雨就是本文开头那位替我送行的名门闺秀，而才华横溢的叶逢植老师，不幸已于四年前离开了人世。

在南大总共度过了五学年九个假期，唯有三年级上期的一个寒假，我用自己挣的稿酬坐慢车回过一次家 —— 并非不想远在山城重庆的父母兄弟，实在是没有路费啊。就因为钱少，不得不坐每个小站都停一阵的慢车，来回在路上整个颠簸了六七个昼夜不说，还须在徐州、西安、成都一次次地签票转车，而每次转车后的最大愿望，就是能抢到一个靠窗的座位，好在夜里可以靠着打打瞌睡。显然是一路太疲劳了，结果一回学校便大病一场，住进了紧邻学校的鼓楼医院，平生唯一一次享受了吊盐水的待遇。

大力士

第五学年，我染上了肺结核。现在回忆起来真是感激我的母校南京大学，感谢当时以郭影秋校长为首的学校各级领导。他们没有抛弃像我一样的带菌之身，让患了传染性结核病的学子们休学回家了事 —— 有的学校就这么做 —— 而是让我住进了设在金银街五号的肺结核疗养所，使我能一边治疗一边学习。在那物资极度匮乏的年代，全国大多数人都吃不饱饭，我们病员却保证每天半磅牛奶，还享受了差强人意的"营养伙食"。设若不是这样，学校把我遣送回了家，我真不敢想象结果会多可怕：家庭本来就一贫如洗，大小六七口人挤在一间房间，已经变成肺痨菌源和经济重负的我，还忍心拖累父母弟妹？还有脸活在这个世界上么？

郭影秋校长领导下的南京大学，金银街五号，我的再生之地！我将永远记住你，记住你那幢不起眼的小楼，记住你给予我和我的病友们母亲般的呵护和关爱！

就是在吃不饱饭乃至身染恶疾的情况下，我仍痴迷于文学翻译，在叶逢植老师的鼓励和指点下大胆向当时全国唯一的外国文学刊物《世界文学》投稿。蒙该刊的编辑不弃，于90年代初也就是我在四五年级的时候，以金尼、蜀夫等笔名以及本名连连发表译作，而且所译的已是莱辛、施笃姆、迈耶尔、亨利希·曼等大家和名家的作品。

在五六十年代，做文学翻译的人很少，发表译作也极为困难，在其他方面不幸的我很是幸运，大学还没毕业已经登上译坛，为实现自己毕生的理想打下了基础。后来我才知道，当初给予我宝贵支持的《世界文学》编辑，正是毕生也从事文学翻译工作且卓有建树的李文俊和张佩芬夫妇。

终于毕业了。毕业时我的肺结核尚未痊愈。在宣布分配方案时，只有舒雨和我留下来待分配。以她的学习成绩和家庭背景，肯定会等待来好的结果，而我却吉凶未卜，也可以说凶多吉少。果不其然，待了半个月后又莫名其妙地回到了重庆北温泉后边山上的三花石，回到了已升格为四川外语学院的西南俄专。舒雨小时候随父亲老舍住在北碚，知道我又要回到那个闭塞的地方，为了宽慰我，在题赠给我的纪念品上替我取了一个雅号：北泉山翁！

南京大学北大楼前的毕业照

挥泪痛别了与我一同熬过五个严寒酷暑的古城南京，痛别了抚育我艰辛成长的母校南大，痛别了视我如兄弟、伴我度过苦难年月的好友舒雨，躺在溯江而上客船四等舱里，经过一两天的航程，心境慢慢地平静了下来。特别是船过三峡，再次置身于两岸雄奇险峻的山峰之间，面对着奔涌滔滔的扬子江水，亲历了一次次"山重水复疑无路，柳暗花明又一村"的释然和欣慰，心中似也豁然开朗起来：是的，苦难终有尽头，一旦熬过来了，何愁前面的路不更加广远，更加光明，更加灿烂！

　　我毕竟还年轻啊，所以盲目乐观。须知对于我们的国家和民族，对于我自己和我的家庭，苦难还远远没到尽头，还有新的考验、新的磨难在等待着我们，须要我去应对，去克服。

在北方，升起美丽、迷人的希望之星

—— 奋发的社科院研究生院纪事

1978年10月，怀揣着社科院研究生院的录取通知书，我又一次离开了川外。英语系的牛抗生考取了北大杨周翰教授的研究生，成了我北上的旅伴。我这次也不用再乘遇站必停的慢车，而是上了京渝特快，只不过两天两夜坐硬座，现在想来对四十岁的人也够辛苦的。然而我们却一路上有说有笑，吃着车上供应的份饭外加牛兄的贤妻张坚贞给带的卤肉和泡咸菜，真觉得是莫大的享受。我们心中都充满希望，充满憧憬，我们正逃离褊狭，逃离歧视，奔向自己的理想……

与冯至老师合影

与恩师同游莱茵河

在"人才难得"的呼唤声中匆匆筹建起来的中国社会科学院研究生院，说是全国文科的最高学府，有人甚至径称其为"翰林院"，其实当有幸被录取的老书生们兴冲冲地从全国各地赶到北京报到时，才知道它连个自己的窝儿也没有，只好让"人才"们寄人篱下，借住在北师大六人一间的学生宿舍里。条件要说多简陋有多简陋，然而各学科的导师却是绝对的一流，院长更由大名鼎鼎、位高权重的中共中央宣传部副部长周扬出任，管常务的副院长、副书记温济泽，则不但是一位资历、遭遇都让人敬佩的老革命，而且热心教育，爱惜青年，既善于用美好的前景鼓舞大家原已有些低落的士气，也带领工作人员实实在在地改善学员们的学习生活条件，因此他老人家深受学生们的爱戴。

回想起来，我们当时的物质生活虽然挺差，精神生活却是异常自由和丰富。温济泽副院长和岑明教务长带领下的行政人员，的的确确是在为学员们服务，的的确确把我们当成了国家的宝贝和栋梁之材。房子是一下子建不起来，设备却可以尽量地好，生活也可以安排得尽量丰富多彩。于是，每个寝室都配了一台那年头儿还挺稀罕的黑白大电视，让我们及时地看了《于无声处》和《阴谋与爱情》等话剧的演出，了解了正打得不可开交的两伊战争的进展。于是，我们就冒着风雪，去某家指定的电影院夜以继日地，一部接一部地，观赏尚不对外公演的美国电影《根》。

对于功不可没的老院长温济泽，学员们真是打心眼里深深地敬爱。他中途不知什么原因给顶替了，而顶替他的另外一位老革命，对老书生们却明显地少了爱护、尊重和平等相待，多了居高临下和颐指气使。尽管如此，我仍相信老同志他看不惯这帮知识分子是习惯使然，并不怀有什么恶意，甚至也是为了学生们好。只可惜他忘记了所处的年代，忘记了打交道的都是"人才"，而非唯上命是从的"奴才"，因此在他当着温济泽老院长的面又一次训斥我们以后，便上演了在他和我们都可能是终生难忘的一幕：他训完话后，会场里静如死水，老书生们个个面无表情，好像什么也没听见似的，相反温老院长一走到讲台前，一开口向大家问好，会场上便响起了真正是"暴风雨般的、经久不息的掌声"，老书生们个个神情激动，就像受委屈的孩子见到了久别的亲人，见到了疼爱自己的爹娘！

如实记下中国社会科学院研究生院历史上这在我看来惊心动魄的一幕，并非因为对老同志个人有多么不满，事情早已过去，他仍然是我们的领导和师长。想以此表示对温济泽同志的怀念虽是事实，但也并非全部目的，更多的，还是希望让读者感受一下当时研究生院特殊的精神气氛。

在这样自由、自主的气氛下，学术研究无疑十分地主动、大胆、活跃。

至于本人，真叫如鱼得水！从上大学算起，没有任何时候过得像眼下这么舒畅。只要专心学习，认真做事，不违法乱纪，就没有任何人来干涉你干什么，怎么干。当年研究生院似乎只有为大家服务的工作人员，没有专门来管人的政工干部，但就这样却没听说有哪个同学出了问题。大家都忙得一塌糊涂。拿我来说，就是忙着跑古籍所内的科学院图书馆和北图柏林寺分馆，忙着为出版社译书，忙着替报纸杂志写文章，忙着访问学术界的前辈和朋友，忙着撰写 1981 年夏天之前必须提交答辩的硕士论文，忙着为 1982 年的歌德逝世 150 周年提前做准备，还有，忙着挣钱供养父母，给我不在时借了债的妻子还贷。

一句话，人到中年的我不但肩上责任重大，还深感过去损失太多，要弥补回来时间十分紧迫。物质生活嘛，全然无所谓！下雪了，上旧货市场花两块钱买顶有护耳的棉军帽戴上；嘴馋了，用家里带来的纸炉子煮碗鸡蛋面吃，还不行就到北师大新开的"乐群食堂"啃一盘排骨。从来没有无聊寂寞的时候，拜访师友，去人民文学出版社和《读书》编辑部，也必定有什么要请教或者要交涉的事情。

社科院新职工宿舍

那些年，除了社科院外文所，我去得最多的是傅惟慈先生和冯亦代先生家，以及我在南京大学的好友舒雨的家。前两位无论怎么讲都是我的老师，可他们却把我当朋友，特别是性情豁达、散淡的老傅更对我关怀备至，令我终生难忘。还有当时的人民文学出版社和《读书》编辑部，也让我感到家的温暖。

作者拜访《读书》副主编冯亦代

研究生院三年，正因为忙，忙得一塌糊涂，到毕业时前后我已出版《少年维特的烦恼》《德语国家短篇小说选》《特雷庇姑娘》

《纳尔齐斯与哥尔德蒙》《施笃姆诗意小说选》等一系列有影响的译著，文学翻译工作可算上了一个不低的台阶，已有望实现自己青年时代的梦想。不过这还仅仅是看得见的变化和收获，无形的变化和收获更加重要，更加巨大。杰出的导师冯至对我的耳提面命另有述及，除此还有机会受教于田德望、杨业治、张黎和朱虹等老师，其中特别是学识渊博、仁厚慈祥的田先生，更是给了我不少的帮助，还有宗白华、朱光潜、季羡林等我过去只能遥遥仰望的学界名宿，我也有了或多或少地亲炙其谈吐和风采的机会，获益也不可谓不多。

也是在念研究生期间，有了两次做以前从来没资格做的涉外工作的机会，而且一"涉"便"涉"的是地道的德国大学者、大作家、大名人。

第一次，杰出的文学理论家和批评家汉斯·迈耶访华，我奉派独自陪同，他在京、沪、宁三地做精彩讲演，指歌德、托马斯·曼、卡夫卡为德语文学不朽的三巨擘，给我国正在兴起的卡夫卡热加了一把火。他天马行空的讲演全由我即席翻译，使我接受听说能力检验的同时，也大大地"出了风头"。汉斯·迈耶在中国有不少曾留学东德的位高爵显的弟子，因此特别受到尊敬。在近十天旅行中，我算是领教了他老人家的脾气。不过我仍然十分感激他，他对我实际上比对很多人都好，后来还给了我可贵的帮助。

全程陪同德国大批评家汉斯·迈耶

第二次，参加对外友协接待一

个德国作家代表团，有机会见到周扬、夏衍、巴金、冯牧、杜宣等中国文学界的顶级人物，对当时刚刚复出、和我一样全程陪同代表团的王蒙，更留下了很好的印象。这是一次高规格的接待。德国作家总共七八人，中方的陪同、翻译还有领队加在一起就有五人之多，结果却小摩擦不断，原因是忽视了中德价值观的差异。具体讲，德国代表团里最有名望、在文学界地位也最高的是诗人恩岑斯贝格，他和一同来的萨尔瓦多是好朋友，并且都曾参加60年代的"左派"运动。一路上，二位老兄净在闹别扭，似乎还没改掉造反派的脾气。咱们的领队和翻译每天在凑情况时，都数落一大堆他俩的毛病，比如不守时啊，胡走乱跑啊，但却拿他俩没办法，因为人家是贵宾，再说也仅仅是不拘小节罢了。不才对问题的根子心中有数，却不便喧宾夺主，何况即使说了出来，领队未必能接受，接受了未必能解决问题。

问题在哪里呢？在咱们待人接物的官本位积习！该代表团的团长某某，一个民间文化交流机构的负责人，也许从汉学系才毕业不久，所谓团长不过是今天我们见惯了的旅行团导游兼领队，名不见经传，与团里的任何一位作家相比地位都要低一点。可这个小年轻顶着个团长头衔，就处处被我们当成了"官"，当成了作家们的真正领导，你想恩岑斯贝格这样的大牌作家，萨尔瓦多这样的造反派，能服他的气，能不闹别扭么？

言归正传。在北京读研究生的三年，是我一生中最奋发、最充实、最快乐的三年。三年里增长的见识、学问和才干，远非以前的任何时期可比。三年后，"北泉山翁"已经变成"北京学者杨武能"（德国《慕尼黑日报》语），已经变成"杨武能教授"（香港《大公报》唐琼先生如此称呼）。

说实在话，这一切有形无形的收获和变化，这所有或大或小

接待西德作家代表团

的成绩和成就，我这个人之所以有今天，饮水思源，都得感谢改变了国家和民族的命运、也改变了我个人命运的伟大革命家邓小平，都是拜我各个时期的师长特别是我最后也是最重要的一位恩师冯至先生所赐，同时也不能忘记我的父母和妻子以及我的众多朋友。缺少了他们任何一方面的教导、鼓励、支持和帮助，我都不可能走完自己漫长而又坎坷曲折的求学之路，都不可能实现自己成为一名文学翻译家的理想，尽管它说起来是那样地微不足道。

至此，写完了我的"学习时代"。现在，可以了却自己多少年来的一个愿望，就是来讲讲自己的一些老师，一些朋友。

第二辑

| 师友情浓 |

　　学校什么都可以缺少，都可以差劲儿，唯独教师不能缺少，不能差劲儿。老师，何等尊贵的称号！老师不只学校里有，也不都是长者，朋友同样给人教益。我生何幸，竟有如此多的好老师，好朋友！

牛奶与提琴

高高的个子，挺直的身板，后脑勺却扁平如一块乒乓球拍，一看就是下江人，不，更准确地讲北方佬。北方佬一般都豪爽、大度，不像我们南方崽儿那么小气，肚子里有那么多的"弯弯绕"。

上高一时班上有五十多个同学，不知怎的他竟与我成了最要好的朋友。也许是他在我孤傲、乖僻的外表下发现了一颗善良的心，也许是他钦佩我能拉会唱小有音乐天赋。

别看北方佬比我高一个脑袋，短跑、跳高、打篮球都不是我的对手，可又特别喜欢体育，就成了班级体育比赛的热心观众，于是就"爱乌及屋"，成了班上一位女运动健将的忠实"侍从"，虽然最后不得不与人家分手，却表现出了真正的骑士风度。

豪爽大度也好，身手笨拙也好，骑士风度也好，我想统统与他的家庭环境有关。他肯定从小生活优裕，不像我似的受过那么多锻炼、摔打，但另一方面却养成了清高的气质秉性。

北方佬姓任名正伟，正直的正，伟大的伟。乃父任栋梁是一位工程师，据正伟讲曾为一度联俄联共、倾向进步的新疆王盛世才所倚重。后来盛世才反了水，新中国成立后他麾下的工程师也受了点影响。正伟的母亲是位教师。总而言之，家庭情况比较优越。

在一般同学面前，他似乎也不无一点儿优越感，可对穷小子我却例外。当年重庆一中旁边的大广柑一分钱一个，他买来多少我总照吃不误。上晚自习两人常偷跑出去玩耍，多半先在小摊上吃一碗老油条泡面，再进当时还是竹棚木条凳的沙坪电影院看电影。一次看完《新儿女英雄传》溜回来，让查教室的班主任逮个正着，结果狠狠挨了一顿批评。

其时从市里到沙坪坝的交通工具主要是马车，吃助学金的我则几乎完全步行。一次，回校路上途经还是一块土坝儿的大田湾，便去邀约家在旁边一所中专的任正伟。到了任家，他在该校教课的妈妈亲切地招呼我坐下，他则去端了一玻璃杯豆浆什么的来。我喝了一口，觉得味道有点特别，一问他才告诉我不是豆浆是牛奶。

牛奶，牛奶！长到十五六岁终于尝到了你的滋味，在我的好朋友任正伟家。

别看任正伟块头儿大，性情直爽，心眼儿却异常细。通过一段时间接触，他知道我立志学音乐，却苦于一把二胡也买不起。

一天，从操场走回寝室，突然听见吱吱嘎嘎的拉琴声。我好生奇怪地跑进去一看，大块头儿任正伟正下巴夹着把小提琴，正用弓子在琴弦上使劲儿"锯"。看着他那笨拙的样子，想起他虽爱唱歌却有点左声左调，便不禁哑然失笑。随后这把琴很快成了我的专有物，我终于明白，它原本就是为我买的哦！

还用得着讲，这一声不吭地为我准备的提琴，包含着正伟对朋友的多少深情！多少厚爱！多少期望！纵然我终于没能学音乐，没能成为演奏家，这把琴永远珍藏在我的心里，永远鸣奏着人间最美好、最温暖的琴音。

高中毕业，依依惜别。正伟上了北京铁道学院，我却辗转进了南京大学。大概是我毕业前罹患肺结核的时候，突然有一天正伟出现在我面前。他是专程从已迁到北京的家里来看我。分别时，我把他送到了江对岸的浦口车站。

"文革"中他音信杳然，1980 年才从他来信中得知也跟我一样变成了"黑五类"，在北京的父母遭到抄家批斗，房产充公。他自己则在白云鄂博的铁矿里"下放劳动"。写信时他已因照顾爱人关系调到苏州轧钢厂任电器技术员，只是父母亲的问题仍然没有解决。

好人终有好报！90年代初在成都又见到了正伟，虽然此时他已满头白发，却成了苏州林业机械厂的厂长，父母亲不但完全恢复了名誉，还于1988年应邀在儿子陪同下到苏联访问，正伟当工人的儿子也破格成了莫斯科某大学的学生。

你猜怎么着？原来正伟的爷爷是个老老革命者，十月革命时曾经当过列宁的卫士，被前苏联和现俄罗斯视为革命的功臣！难怪正伟的爸爸与一度亲苏的盛世才有了关系，难怪这北方佬具有不一般的气质、秉性。

在川大喜迎老友来访

正伟很为他朋友我取得的一点点成就自豪，我却对他怀着深深的感激。老同学最近一次相聚，我提起四十多年前的那杯牛奶，那把提琴，这北方大块头儿不知怎么竟红了脸，就像当年在跳高比赛中踢飞了横杆，在一帮四川小机灵鬼儿面前怪不好意思一样。

多才多艺　可佩可叹

—— 怀念恩师叶逢植

尽管一生中经历了不少坎坷，我却自认为是一个很幸运的人。我甚至相信，世间像我这样的幸运儿，实在不多。

说自己幸运并非别的原因，而只是我一生中有过许多的好老师和好朋友。我在南大学习德语和做文学翻译的启蒙老师叶逢植更叫我不能忘怀，因为他不仅和冯至先生一样是我的恩师，而且还是与我有着深情厚谊的知心朋友。

青年时代的叶老师

大约 1960 年，在一般报刊上已经发表十来篇长长短短的译文以后，我开始考虑是不是该译一点正儿八经的文学作品。其时正值困难时期，父亲"自觉"下乡改造后家里断绝了主要经济来源，靠母亲做一点小生意实在是度日维艰，为了帮助母亲和弟妹，也须多挣一点稿费。这时已对我另眼看待的叶逢植老师便讲，可以为《世界文学》译一些东西。说罢就递了几册 64 开本的小书给我，说是东德著名作家贝希尔的诗论，《世界文学》约他选译几千万把字，我如乐意不妨代他译一部分，将来以一个共同的笔名发表。

我当然求之不得，但却不想光靠老师扶着走，于是便在南大外文系的读书室里东翻西找，最后自定选题，译了一组莱辛的寓言和一篇捷克作家扬·聂鲁达的小说《更高原则》，请叶老师与贝希尔的诗论一并寄去。

《更高原则》不幸撞了车，"已有劳荣同志的中译文，收在《沉默的防御工事》一书里"；莱辛寓言倒是准备采用，但发表还得等相当长时间。我却并不气馁，紧接着又译了亨利希·曼的著名中篇小说《格利琴》自行寄去，结果倒先在《世界文学》的 1992 年 1 月和 2 月号登出来；以彭芝为笔名的贝希尔《诗论选译》，也刊于同一期上。其中，《格利琴》算是我发表的文学作品"处女译"吧。紧接着，《世界文学》3 月号发表了莱辛的《寓言八则》，11 月号又发表了丹麦德语作家尼克索的《童年》。

南京大学的德文专业有着做文学翻译的悠久传统和良好条件，但在当年，对学生搞翻译虽无明令禁止，却显然是不赞成的。记得有一家杂志来函了解"译者杨武能同志的情况"，结果就给泼了一头冷水。接受这个教训，发表《格利琴》和《寓言八则》我都用的是笔名"金尼"，发表《童年》时又改为"蜀夫"。

为什么改？一是因为当年发表译作的刊物仅此一家，初出茅庐的"金尼"一年三亮相自己也觉得多了，有些不好意思；二是因为"金尼"这个出于对前辈丽尼的景仰而取的名字太女性，想表明自己是个有阳刚之气的四川人，我于是变成了"蜀夫"。

就这样，还在大学时代，我可以说是连跑带跳地冲上了中国的译坛。用第一批一百八九十元的丰厚稿酬，我不仅接济了贫困的家庭，还破天荒地改善了一下自己的形象，在鼓楼附近的服装店替自己买了一件灰色的夹克衫，但是，现在看来，名利的收获只是暂时的，还不最重要，更重要的是我的文学翻译事业有了一个良好的开端，从此我真正走上了圆梦之路。

作者发表习作的刊物《世界文学》

路尽管是自己在走，但我却不能不打心眼儿里感激我的老师、知己和领路人叶逢植。虽然他没有把着我的手教我如何做翻译，却鼓励我、信赖我，可以讲领着我来到了《世界文学》的门前，把我交给了后来才知道名字的责任编辑张佩芬、李文俊夫妇。还有，叶老师以自己发表和出版的不少译作，如西德剧作家魏森堡的《白血》，席勒的叙事诗《伊比库斯的仙鹤》和《人质》等，为我树立了学习的榜样。一句话，在我事业的起步阶段，叶老师对我的帮助真是再大不过。除此而外，我们师生还在生活中相互关心。困难时期他先患了肝炎，我去看住在病房里的他，把家里剩下来支援我的粮票给他用，因为他更需要营养。后来我得了肺结核，他也没少关心我。可以讲，我们就是这样相濡以沫，熬过了那些艰难岁月，因此，他不但是我的恩师，也是患难与共的知心朋友。

1962年毕业后，我们一直保持着通信，直到重新见面。

那是"文革"即将结束的1976年夏天，地点在武汉。当时我们都带着学生在武钢新从德国引进的轧钢生产线实习，一别多年，他乡重逢，真是喜出望外。互相讲述了"文革"中的遭遇，话题很快又转到了文学翻译上来。我慨叹刚刚上路就被迫止步，而且这没有文化的可悲局面不知还有没有尽头，何时是尽头！

言谈间，我语气、表情一定是十分地抑郁和悲伤。

"唉!"叶老师叹了口气，歇了一歇。突然，他以欢快的语调继续讲："嘿，我现在正有一本书要翻，你参加怎么样?"

"是吗? 什么书?"我心存怀疑，因为几乎所有外国文学都成了封、资、修。

叶老师不慌不忙地告诉我事情的原委，原来那几年也需要一点对研究马列文论有用的书，如他前不久出版的拉萨尔写的剧本《弗朗茨·济金根》等。现在，北京又指名约他翻敏娜·考茨基的小说《旧人与新人》，如果我愿意，他可以让一半给我。

还有不愿意的，饥不择食的我更加求之不得！

"不过没有稿费，也不署译者的名字，就像《弗朗茨·济金根》那样?"他带着询问的口气补充。

哪样都行喽，只要有东西翻，只要翻出来有用！

回到重庆，我就偷偷摸摸地干起来。山城的冬天，歌乐山麓的穷教师寒舍才不是爬格子的好地方，妻子女儿又进城过假期去了，晚上实在冻得受不了，就把即将熄灭的烧饭炉子搬进房来夹在腿下，说什么也得坚持翻下去，一直翻到深更半夜。现在想来也不禁失笑，这样地呆傻，既无名又无利，还不能让人知道，何苦呢！

我承当的半部译稿 1977 年早春已寄给叶老师，心想书一定很快会出来。谁知等了一年又一年，他的前半部始终完不成，令我很是纳闷，但又不便催他问他，因为我知道人民文学出版社的程代熙先生也急等着出这本书，叶老师肯定心中也挺着急。

1981 春夏之交，我跟冯至先生念硕士毕业前夕，叶老师来北师大看我。我们师生坐在校园里，我拿自己刚在人民文学出版社出版的《德语国家短篇小说选》给他看。翻阅着这部算我编选和主译的厚厚实实的书，他不无欣羡地说："真的，能这样出一本书倒也挺像样！"

我心想，老师啊老师，学生不都是跟你学的吗！你真要想出，又何止这样的呢？

当时我突然觉得，才华横溢、出道很早的他连不过十来万字的半部小说也完不成，多半是有什么不便言明的原因或者心理障碍，不必再问他这件事，但可以给他一些帮助。于是对他说，德国大作家莱辛非常重要，特别是其论著《拉奥孔》和《汉堡剧评》堪称西方古典文论的精华，如果由他来主编一个比如五卷本的《莱辛选集》将很不错。叶老师当即同意这个建议，说上海译文社的韩世钟 —— 他的同班同学 —— 一定乐意出这套书。随后我们便基本上确定了选目和译者，剩下的就是他这位主编去动员组织各方面的人了。然而，想法虽好，他却没能实施，我又一次感到纳闷儿。

再往后见面主要都是在德国。第一次，1982 年一起在海德堡开会，我随冯至老师专程从国内去的，他其时正奉派在慕尼黑大学教中文。第二次是 1983 年，我旅游途中去看他，他住在学生公寓里，条件还算不错，记得 Hausmeister（宿舍管理员）颇有些钦佩地告诉我，从 Herr Ye（叶先生）的房间里总飘出来很美的音乐声。第三次是 1991 年，他和师母都已退休，他仍在慕尼黑大学教中文，可居住的条件就太差啦。租的是一间私人的房子，底层，无厨房，无暖气，眼看冬天快到了，一位德国朋友送他台电取暖器，由我与他一块儿乘另一位德国朋友开的车去唏哧唏哧地搬了回来。

面对着自己的恩师，面对着一位中国大教授如此狼狈的生活状况，不禁悲从中来，同时又一次感到纳闷儿：叶老师为什么老愿意待在德国，而不肯回自己在南京大学的条件本不太差的家呢？

1982 年与叶老师同游海德堡哲人之路

嘿，他就是喜欢待在德国，待在那座叫慕尼黑的城市，也许是为了那儿浓重的艺术气氛，也许是为了贝多芬的音乐，也许是为了……

又过了四五年，突然传来叶老师客死异国的噩耗！令他的学生和忘年之交的我热泪盈眶，悲痛难抑，唯有遥望西天，祝

他 —— 我不愿称他老人家，因为他比我大不了多少！ —— 在贝多芬的音乐声中，灵魂能得到永远的安息！我深感惭愧，枉称他的知己却并不真正了解他，因此只有一次次地纳闷儿。现在，我唯有尊重他对那个叫德意志的国家的深情，不再去探究他为什么一定要在那里才舒心，才快乐。

我只是感到异常悲痛和惋惜，一个天才就这么无声无息地消失了，在才能没有得到像样发挥和施展的情况下消失了。

是的，我认为我的老师叶逢植是位天才。请听我继续讲这位天才的故事，以及我对他的天才没能发挥的想法。

叶老师可能出身书香门第，哥哥也是一位大学教授。他教德语中国学生们都喜欢，教中文德国学生同样很喜欢。他还会法语等其他语言，还作为世界语者在南京享有盛名。他酷爱文艺，搞文学翻译很早就出了名，受到了出版社和中国作协等部门的重视，因此经常来约请他做事。他同时擅长摄影，对音乐也有着很高的造诣，至今还记得他指导我们欣赏贝多芬《第九交响乐》的情景。他能拉小提琴，但更令人惊叹的是他还会教琴，不，岂止是会教，简直可称是一位教授小提琴的大师！因为在他亲自指导下，他的大儿子不仅成了南京前线歌舞团的提琴手，得了奖，甚至还坐上了德国一家歌剧院乐团的首席。

他给我讲教儿子学琴的经过，听起来真富于传奇色彩。

在中国的乐坛上，小提琴家盛中国可算一位家喻户晓、蜚声国际的人物。他出身音乐世家，父亲盛雪是南京音乐学院的小提琴教授。这位教授之享有盛名，一个重要原因就是他把自己的孩子都培养成了一流的小提琴手，其中最突出的就是儿子盛中国和女儿盛中华。

我的老师叶逢植有幸与盛雪教授生活在同一座城市，且都是高等学校教师。为了教自己的儿子拉琴，懂行的叶老师知道光靠自己那两下子不行，于是不知通过什么方式结识了盛雪教授，得到了盛雪教授的信赖。遇上盛雪大师教琴，他就去旁听和旁观，并很快做到心领神会，当堂消化，然后回到家马上热炒热卖，教自己的儿子叶林。大概是由于时间不合适等等原因，叶林不便去直接跟盛大师学，然而，就在自己具有音乐天赋和学、教天才的父亲培育辅导下，孩子很快成了一名有造诣的小提琴手。父亲会教琴的事也传开了，一些由于种种原因没法送孩子去盛雪大师处学习的家长便转而来求他这个"二传手"，叫本来就很忙的叶老师苦于应付。

　　讲到这儿我想已触及一个叶老师未能在自己本行出类拔萃，一展长才的主要原因：他多才多艺，旁骛太多。

　　更重要的原因，可能还在恶劣的生存环境。我们可以把叶老师当作中国一代知识分子的典型来看待，他之所以没有像同时代的多数人那么熬过来，尽可能地发挥自己的聪明才智，恐怕就在于他生性太敏感，太柔弱了。和我一样，叶老师也是个黑塞所谓的"母性的人"。他不仅多才多艺，还多愁善感，生性忧郁，别看他对学生老是笑眯眯的，心里却经常有着愁烦。他额头上一道竖着的大褶皱，恐怕与此不无关系。

　　再者，我猜想，他酷爱音乐，原本也是像我一样想当音乐家的，只是由于某种原因未能实现自己的梦想，因此才把希望寄托在他的爱子身上。他之学德语，他之在德国乐不思蜀，多半也因为那是一个音乐的国度吧。

　　关于这位恩师我已经说得很多，然而言有未尽，还有一些"谜"尚未能解开。作为弥补，我破例地附录他在1962年给我的两封信。收到第一封时我还在南大待分配，收第二封时我已回到重庆四川外语学院。这两封对我极其珍贵的信，可以说明的问题很多，很多。

附信 1

武能：

我们已于 8 月 2 日安抵北京，在航院家里住了几天，昨日搬来作协招待所住，这儿比较方便些。

我们到家后，因为小孩无人代看，只好整天待在家里，星期六打电话给张佩芬①，他们问我为什么不去编辑部报到。于是我在星期一去《世界文学》编辑部。他们非常客气，叫我们全家住到招待所来。张带我去拜访了陈冰夷②同志，他向我介绍了编选卢卡契文集的意义和工作进展情况。看来党中央对此工作十分重视。现在参加的人仅严宝瑜（他是北大外文系副主任，是实际上的系领导，因为系主任冯至只挂挂名而已）、张黎（文研所的，也是留德回来的）、张佩芬和我，冯至是顾问。他们已开始进行选材工作，说是把"最艰难的"审校工作交给我来做。今天已拿来一部分译稿。经常开会讨论，陈冰夷、冯至等人均参加。本来打算 9 月底告一结束，但照目前的进度来看，恐怕还要久一些。我大概在开学时可以离开。因为他们还未和学校联系。作协与大学组织系统不同，公文来往颇费周折，正式调人很麻烦。所以我也只好借假期的时间帮帮忙。这整个情况请勿向外人提及，免得发生误会。③

你的稿子已交给编辑部，用笔名的事我也说了，他们说即使只用一个

---

① 张佩芬，德国文学研究家、翻译家，当时是《世界文学》的编辑。
② 陈冰夷，资深翻译家、作家，当时是《世界文学》副主编。
③ 想调走，顾忌多，说明叶老师在南大的环境不令他舒心。

笔名也没有关系。他们对你的译笔表示称赞，希望你更加努力。魏纳特①的稿子何时能用尚未决定，一有消息就告诉你。至于调你来工作的事，目前比较困难。陈冰夷同志（他是这里的实际负责人，也是作协的外国文学组的领导）说现在人员不要减缩，不能增加。我想你也不要着急，等着瞧吧。即使分配不到工作，你也可以译点东西，自己进修也是好的。生活问题总好解决。

我们现在请了一位保姆帮忙带孩子，每日 1 元工资，另外还要给她 2 角车钱，一个月 36 元，相当可观，但另外又找不着人，只得如此。

你近来身体如何？我觉得 T. B.②不是什么可怕的疾病，只要心情开朗，不把它放在心上，很快就能痊愈。首先是在思想上把握自己，不要多顾虑。分配问题等等根本不必去想，因为想了也没有用，反而对身体有害。有力气就多看些书多译些东西。

别的下次再谈，祝

好！

逢植

给 Lange 写信时千万不要提起关于选译 Lukács 的事。③因为这在目前还是内部的事。

我的地址是：北京东单东总布胡同 5 号作协招待所 1 号房间。

----

① 魏纳特是德国著名的无产阶级革命诗人，我从他的诗文集《同志们》中选译了一组反映 30 年代西班牙内战的作品，《世界文学》本已决定采用，后因政治形式的变化，具体讲东德也变成了"修正主义"而搁置，最后稿子不知所终。

② T. B. 即 Tuburkulose（肺结核）的缩写。

③ Lange 是当时与我通信的一个东德女朋友。Lukács 即匈牙利用德语写作的马克思主义文艺理论家，当时中国作协"内部"组织选译他的作品，多半是"反修斗争"的需要，故得保密。

附信 2

武能：

18 日来信收悉。知道府上情况逐渐好转，你身体检查结果良好，在校工作顺利，我们高兴极了！你说舒雨已回北京，怪不得好久没有见到她。[①]你附在她信中的信恐怕也要等她返校后才能拿到了。

托老马爱人带来的糕点和沱茶均早收到。因为听她说你有信来，所以我等着，一直没有写信给你。你真是太客气了！为什么要这样破费呢！倒教我们惭愧不已！糕饼滋味甘美，我们享受了好几天，沱茶是名贵特产，我留着慢慢品尝或款待客人。王曼云[②]需要我在写信时向你道谢！

那篇 Plautus[③] 稿子早已寄给世界文学，我也告诉了他们你分配到四川的消息。前天已去信把你家里的地址转告他们，以便他们直接和你联系。你若有空，也可先主动写信给李文俊或编辑部。我在前次去信时，曾问起 Weinert 的译稿有未找到的事，但他们回信（张佩芬来信总是只谈她现在经手的 Lukács 事）未提及。你的底稿最好不要遗失，免得在他们找不到时无法补抄一份。

我在这里仍是很不痛快，问题也不在于我看不看得顺眼。你离开南京后，我这儿冷静了不少，我时常有惆怅之感，尽管那时你来的次数并不多，而且每次都是小坐片刻，事务性事情办完后立即离去，生怕耽误我的时间。想起你在宁时我不曾在生活上照应你，我们也没有一起出去玩玩，摆摆龙门阵，（这恐怕要怪我有个 Familie）真是悔恨不已。虽说如此，我们之间仍然已经建立起 Freundschaft，这也是令人高兴的事。我想我们将

---

① 舒雨当时也在待分配，但不是因为有病难找单位，而是准备"外放"。她后来分到了北京。

② 王曼云是叶老师的夫人，南大化学系教师。

③ Plautus 指瑞士作家 K. F. 迈耶尔的历史小说《普劳图斯在修女院中》，拙译后来发表在《世界文学》1963 年第 2 期。

来叙面畅谈的机会一定还是有的。①

　　我宿舍地址是：鼓楼二条巷南大十五舍 332 号。来信寄系里或家里均可，但钱千万不要寄来，我现在够用，而你初次工作，开销一定比较多，何况你还要负担家里呢！

　　这封信写了好几天，因为最近会多，其他事务也繁，加上保姆生病，弄得头昏脑涨。开始写信时是星期一，而现在结束时已是星期六了。抱歉之至！

　　别的下次再说，祝

健康！

逢植
12 月 1 日

　　Meine Frau läßt Sie grüßen!② 小家伙③现在会叫爸爸、妈妈，吃过饭拍拍肚子，也会举手敬礼了。可惜还不能独立行走。欢迎你拍了照寄来，我们的照片下次寄你。

　　张佩芬前次来信说他们领导在考虑调我到北京工作的事，成不成功还无消息。看样子希望很小，因为一则添人困难，二则南大也可能不让。真是倒霉！

又及

　　我用旧底片印了一张小照附上，全家的照不知怎的找不着底片了，找到后再印送。这封信拖延了几天，请原谅！

---

　　①　Freundschaft，友谊（德语）。如小文所记，叶老师和我后来有过多次促膝畅谈。

　　②　德语：我爱人问你好！

　　③　不会走路的"小家伙"叶林后来由父亲一手培养成了小提琴家！

我的老师张威廉

　　我的老师张威廉与德国历史上的几位大皇帝同名，1923年毕业于北京大学后即从事德国语言文学的教学、研究和译介工作，极易被人想象成一个洋派十足的教授先生，实际呢，却是一位博学却平易近人的典型中国老学者。在我的记忆里，老师总是一身中山装加布鞋，言谈举止文质彬彬，朴实无华，要形容他的整个风貌气度，最恰当莫过于儒雅二字。就是这样一位土生土长的中国老学人，以自己非凡而实在的成就，赢得了另一个远在万里之外的伟大民族的敬重，先后获得了德意志民主共和国颁发的歌德奖章和德意志联邦共和国授予的总统大十字勋章。

　　说到张威廉老师的成就，人们自然首先想到他是当今译坛的一位巨匠，并列举出诸如维利·布莱德尔的《亲戚和朋友》三部曲、席勒的《威廉·退尔》和《德国名诗一百首》等影响广泛的译品来。其实，老师的著译远远不只这些，他还编纂和审定了大量的教材、工具书和语言学书籍，还翻译过歌德、霍夫曼、格林、豪夫、施笃姆等名家的不少名著。记得前些年我在研究歌德与中国的关系时，发现一本1933年版的《歌德名诗选》和一部1936年版的《德国文学史大纲》，都出自一位张传普之手，可怎么也弄不清楚这位前辈同行为何许人。后来偶然问到老师，只见他不动声色地莞尔一笑，答曰："嘿嘿，张传普就是我。"

　　毫不夸张地讲，张威廉老师早已著译等身。尽管如此，我却认为，这只是他对祖国文化建设贡献的一个方面，还有一个更加

师生留影于北大未名湖

重要的方面是：他半个多世纪一直做着诲人不倦的教师工作，培养了一代又一代德语工作者。我国的德语教学主要有两大源流，即北京的北大和南京的南大（原中央大学），现今二十多个大学的德语专业很少不是从它们衍生出来的。老师一直任教于南京大学，因此，年已九十的张威廉教授堪称德语界的一大宗师，在我国的各条战线，乃至世界的许多角落都不乏他的徒子徒孙，而且中间没少出卓有建树的教授、学者、翻译家、外交家和名记者。

嫩柳如烟、桃李竞妍的四月，我趁在南京出席学术会议的机会，在一天清晨叩开了鼓楼附近那座十分熟悉的小楼的院门。其时老师已静坐在他的小书房中，而且碰巧读的正是我新近出版的一本小书《歌德与中国》。一个老学生突然登门，又来自千里之外，自然令他非常高兴，然而我却没法久留，多多聆听老师的教诲。老师坚持要送我一程，因为我实在不肯，他才在大门外和学生依依握别。看见九十高龄的老师仍旧思路清晰，行动自如，我深感欣慰，并且想：一个知识分子，最好的养生之道莫过于潜心学问，仁厚谦和，与世无争。

此文草成之时，正值母校南京大学在隆重庆祝老师的九十华诞。我不能躬逢其盛，只好求东流的大江之水，向龙盘虎踞的石头城，送去一个学生的殷殷感激之情，送去最真诚、最美好的祝愿！

作者与《世界文学》老编辑张佩芬和张威廉教授的合影

离1992年写成上面这篇短文八年过去了。这些年来，每当看见挂在客厅里那幅老师在"九十又五"时送给我作"补壁"的水墨山水画，眼前总会出现一对慈眉善目、潜心佛理的老寿星身影。再过一年多，到2002年5月，母校南大将庆祝建校100周年，也恰逢张威廉老师百岁寿辰，我和同学们现已期盼着那双喜临门的日子到来。

小三姐

在老舍先生的四个子女中她排行老三，加上年龄又比我大那么一点点，只那么一点点，所以我私下里便叫她小三姐。

小三姐出生那会儿正下着雨，她爸干脆就用雨作了小闺女的名字。

"舒雨，舒雨！"在同学面前，我毫不含糊地用四川话这么喊她。她呢，叫起我的大名来则京味儿十足，能就是 neng，而不像我的土老乡那样 len 那 len 的，更可气的是经常还在后边加个"儿"音，好像杨某人永远都长不大似的！

我很羡慕小三姐有个会起名字的作家爸爸，更羡慕她有位会刻印章的画家妈妈。她的那枚上面蹲着只生肖的小铜章令我爱不释手，多少次想让她请老太太给我照着刻一枚都不好意思。我毕竟知道自己是什么人，小三姐认我这个弟弟，她家里却未必，同学多得很，都这么攀，别人大作家、大画家还干不干事！

说起"攀"，须要声明，最先倒不是我去攀她这位名门闺秀，因为当年像上海人说的小瘪三一样的我，实在自惭形秽。恰恰相反，是她首先向我手里塞纸条，而且上面是笔迹清秀的一首诗！

诗的内容还完全背得，它对我太宝贵啦。在我一生中最困难的时候，它鼓舞了我，引出我与小三姐近乎姐弟的数十年情谊，使我在南京大学的艰难岁月有了一些阳光。

那是在开始"大跃进"，我父亲成为"历史反革命"以后。从弟弟的来信，我知道失去了经济来源的家里已快揭不开锅。这时

在南大的合影

什么都讲集体主义的班上，偏偏规定谁都得去看一部叫《海鹰》的电影。我本来性子就暴烈，心理又窝着火，当班长硬将票塞来时，我不仅一把抓过来撕了，还大骂了那臭电影一顿。

这下可不得了啦，公开闹个人主义，还攻击什么什么！于是就对我开批判会。会后，本来就是丑小鸭的小瘪三，更变成了可悲、可怜却无人搭理的落汤鸡。正当整天愁眉不展、形单影只，舒雨悄悄给我手里塞了张条子。

至今仍不完全明白，我这个人脾气乖张，个子瘦小，本来还算清秀的脸面架上一副近视眼镜后也丑模怪样，却偏偏能招班上一些挺有品位的女同学喜欢，高中如此，大学也如此。是可怜、同情我？一开始舒雨可能有点儿，但主要可能是喜欢我至今未改的怪脾气，执拗、倔强、要强，乃至像一匹野马似的桀骜不驯，认准了目标便不回头地奔上去，同时心眼儿不坏，而且特义气和重感情。一句话，是个典型的重庆汉子。是啊，我生在重庆，长在重庆，是重庆养育了我，塑造了我的灵魂！五十多岁了，第三次从四川外语学院出走，离开爬坡上坎、汗流浃背的重庆，落户在了平平坦坦、悠悠闲闲的成都，可是仍不能忘情于自己的故乡，忍不住在一年多后的 1992 年冬写成一首诗：

故乡呵　是座火炉
火炉　母亲的肚腹
母腹中　儿子发育生长
心性 —— 沸腾的岩浆
脾气 —— 易燃的爆竹

故乡呵　是座大山
大山　父亲的身板
父膝下　儿子蹒跚学步
眼睛　向往着山顶
腿脚　习惯了登攀

故乡呵　是座半岛
滔滔大江将你环绕
睡梦里　儿子追逐江水
漂啊　漂啊　漂向
远方　把幸福寻找

三年五载儿子
萍漂四海流连异域
可纵然上了月球　火星
儿子还是儿子父母还是父母

故乡呵　已溶进我的血

故乡呵　已化作外的骨

　　我在高中和大学时的好友，包括后来在北京等地的忘年交，几乎清一色的下江人，这没准儿都与他们喜欢我这典型的重庆男人性格有关。舒雨恐怕还多了几分重庆情结：抗战期间山城成了她全家的避难地。她曾给我讲小时候，她哥舒乙怎么背着她上北温泉，她家有个重庆乡下来的保姆如何忠实重义，吃苦耐劳，如何与东家同甘共苦了许多许多年……

　　回到正题。舒雨成了我在南京大学后四年的知心朋友。除了假期她回家去，平时在校我俩经常形影不离。一同出去看电影，听音乐，吃馆子，钱一无例外地、自自然然地都由她掏。在三年肚皮和精神都吃不饱的困难时期，这可不是小事！甚至当我患了肺结核，甚至当我在病灶的驱使下狂热而愚蠢地爱上了一位外系的小女生，她仍然像姐姐一样地伴着我、护着我，甚至迁就我，我也由衷地喊她小三姐。

　　我俩纯洁的友谊自然也为一些人所侧目和訾议；这些人要么不了解内情，要么心术不正，心怀妒忌。并不是说本人就是百分之百的君子，或者自认穷小子一定配不上名门千金，而是我知道她心中早有一位未来的三姐夫。彼此的绝对信任和尊重，乃是无私而长久的友谊的基础。在我们之间，始终便保持着这样的信任和尊重。

　　"文革"中，舒雨家遭受了大不幸，远在重庆北泉山上的我也分担着一份悲痛。"四人帮"垮台不久后的1977年11月，小三姐突然寄来一页刊登着老舍两首遗诗手迹的杂志，还题写着"武能存念"和"舒雨敬赠"等字样，算是郑重其事地通知我，严冬已经过去。

说来凑巧，三姐夫老潘也是个有着浓重四川情结的人，吃起绝大多数外省人都受不了的花椒来比我见过的所有人都凶。于是，我家便成了他一家祖孙三代的朋友，特别是现已九十多岁的老奶奶，真恨不得有我这样个干儿子。因为有个小的，大的不听话时老妈妈至少多了个申说数落的地方。我当然还是给潘兄留面子，奶奶说什么都只管点头称是，虽然她老的绍兴普通话我常常听不懂。

舒雨家庭合影

　　在结束本文时，不能不交代当年舒雨塞进我手里的是一首什么诗。它和50年代我们都背诵过的《假如生活欺骗了你》异曲同工，只是更加简练，更加切合我的心情：

　　　　心，我的心，你不要忧郁，
　　　　快接受命运的安排，
　　　　寒冬从你那儿夺走的一切，
　　　　新春将重新给你送来。

为你留下的如此之多，
世界仍然这般美丽！
一切一切，只要你喜欢，
我的心，你都可以去爱！

这首诗出自伟大的德国诗人和思想家亨利希·海涅之手。当年小三姐把它赠给了我，我现在再转赠给你们，转赠给我认识和不认识的朋友，相信它会鼓舞你生活和奋斗的勇气，特别是当你失意、失落，以致生趣全无的时候。

厚实温暖的大手

—— 冯至师杂忆

　　每次进北京，第一件事总是去建国门外看望我的老师冯至。

　　我问候老师的健康、起居，老师关心我的工作、学习。半小时最多一小时的对坐倾谈，然后便起身告辞。老师每次都要送我至宅门边，亲自扭开门锁，接着便用他那温暖厚实的大手握着我的手，殷殷叮嘱：有时间再来，下次一定来。

　　实在忘不了，永远忘不了老师那双又厚实又温暖的手呵！这双手，指点我、扶持我、帮助我在四十岁以后开始了新的人生，使它增添了几多美好，几多光彩……

　　四十年前，还在念高中时的语文课本里，我已读到选自他《东欧杂记》的两篇散文，从此，冯至这个名字就像他文中描写的"克里姆林宫塔顶上红星的光芒"，永远地闪亮在我幼小的心里。

　　进大学学习德语和德国文学，他翻译的《海涅诗选》和《哈尔茨山游记》成了我们必读的经典，冯至这个名字更时常挂在我们嘴边，回响在我们耳际。

　　可是，冯至当时对我来说恰似一座高耸入云的山峰，一颗闪烁夜空的明星，只容仰望，不可接近。万万没想到，他和我竟有一段师生缘；万万没想到，是他用自己那双温暖厚实的大手，重塑了我的形象和内心，改变了我的命运。

　　第一次见到冯老师是 1978 年 10 月。那天清晨，我们十多个来自全国各地的"年轻"学子焦急地等候在北京建国门内五号一幢破旧的楼前，准备接受社科院外文所德国文学专业研究生考试的面试和复试。八时许，冯至先生来了，一些本已认识他的北京考生立刻迎上前去，有的向他问好，有的自我介绍。从偏远外省赶去的我颇有些自惭形秽，只站在一旁默默打量这位自己景仰已久的大诗人、大学者，听着他和考生们随和地谈笑。他说："嗨，前些年我做梦都想不到还能研究外国文学呵！"又说，"不管发生什么情况，这辈子我再也不会去批判什么人性论，人道主义了！"

冯至先生这两句意味深长的话，当即给我留下深刻的印象，叫我永生难忘。之所以如此，现在想来一是因为发自先生的肺腑，二是因为它们表现了冯至先生严于解剖自己和为人的坦诚。要知道，他面对的只是一群对他仰慕得五体投地的后生小辈啊。唯其如此，我更觉得他可亲可敬，更坚定了要成为他弟子的决心。

我同样清楚地记得，那天早上冯至先生壮硕的身上整齐地穿着一套深灰色旧呢中山装，头戴一顶同样质地的干部制帽，虽然手拄拐杖，却步履沉稳。

到了考场中，冯至先生更端坐如泰山，左右两边还有一些巍峨肃穆的大山高峰拱卫着。所幸渺小的我一点没怯场，复试结束，我成了冯至先生正式收下的两名研究生之一。

当今中国，搞外国文学的七十岁以下的学者谁不以当冯至的弟子为荣？我之能有此荣幸，除去命运的安排和自身的努力 —— 1978年中国恢复研究生制度，年已不惑并当上讲师的我抓住了最后的机会 —— 很大程度上还得感谢冯至先生，感谢他老人家重真才实学和不拘一格地选拔人才的眼光和魄力。其时，刚组建的社会科学院研究生院尚寄居北师大篱下，一个外地户口的大龄考生自然被视作累赘，何况备取者大有人在，且条件不错哩。后来，一位在外文所工作的女同志告诉我，冯先生硬是"固执己见"，说什么"杨武能没宿舍住可以住我的所长办公室！"这样，我才终于高高兴兴地赶赴北京，从此便按照我们四川人的习惯，即尊敬又亲切地称冯至先生"老师"。

不知自己的感觉对不对，老师对我这个四川学生很有些偏爱，也许是因为他和浅草社时期的好友陈翔鹤、陈炜谟、林如稷等均为四川人，或者另有缘故，我说不清楚。事实总归是事实，而我呢，扪心自问，在研究生院的三年真不是个守本分的好学生。

我跟老师研究德语古典文学，专攻歌德。如此确定专业方向，而不去赶时髦，可谓颇有心眼儿。要知道老师是享誉海内外的歌德专家，能得他亲传和继承发展他的研究成果，在学术界占据一席之地只是早迟而已。谁知我却急功近利，旁骛甚多，抓住那几年的大好时机发表文章和出版译著，并没怎么深入进行歌德研究。这一来，虽然我很快在学术界和翻译界小有名气，却实实在在难逃"不务正业"的指责，去冯至先生面前戳我背脊骨的好心人恐怕也不会没有。一贯对人对己严格要求的老师对此倒始终保持沉默。不过，在老师的沉默中，我看到的绝非赞许，而只是理解和宽容——一位胸怀博大的长者和智者，对他那人到中年还离乡背井的老弟子的理解和宽容。

是啊，为了夺回虚度的年华，那几年我真是没冬没夏、争分夺秒地译呀写呀。其时，对我来说，老师的理解和宽容至为重要。缺少它们，长期离开亲人又生活艰苦的我，又不知要加重多少精神负担。

老师不仅仅以沉默表示宽容，有时候还伸出他那温暖的大手来扶持我，提携我。例如1982年歌德逝世一百五十周年，他就把中央人民广播电台的约稿让给我来完成，结果我的一篇纪念文章经著名播音员林茹朗诵并配乐，化成电波后连续几天传到了祖国的各个角落。再如，为我申请在世界上享有盛誉的德国洪堡研究奖学金，为我破格晋升教授，老师都写了很有分量的推荐信和评语。就这样，前四十年历经坎坷的我，终于由一双巨手托举着，抓住了那只我比作命运的美丽小鸟儿。

还有一件关系我个人生活的事，更表现了冯至先生和我深厚的师生情谊，令我刻骨铭心，永志不忘。

那是 1980 年 3 月下旬，我的研究生学业刚完成一半。一天，我正紧张地伏案写作，突然收到重庆家中来的急电：我操劳一生的母亲刚六十岁出头就患脑溢血猝然去世了。悲痛万分的我慌慌忙忙赶去导师家里请假，但见到的只是师母姚可崑教授。姚教授安慰我，叫我放心回去就是。不想到了宿舍外边的街上，正碰见老师迎面走来。我赶过去将母亲病故的事告诉他。这时候老人家便用他那厚实温暖的手握住我的手，过了好久才语气沉重而恳挚地说了句话，仅仅一句话："希望你还回来！"听了他这句出乎我意料而又意味深长的话。我强抑了一两个小时的泪水终于夺眶而出。

这短短的一句话啊，它不仅表达出老师对我的深切理解和同情，似乎还包含着歉意和内疚，但更多的却是作为业师对于弟子和传人的殷切而巨大的期望。我呢，办完母亲的丧事，没有丝毫犹豫，又回到了老师身边。

1981 年夏天，我毕业后留在老师任所长的外文所工作。为解除我的后顾之忧，严于律己的老人家可以说是破例地托人去走了一次后门，想把我的妻子调进北京外语学校教德语。然而后门没走通，我却在两年后离开了外文所 —— 其时老师已改任名誉所长。离开一方面是不得已 —— 那一年社科院突然"左"了一下，凄然，或愤然离去的第一届研究生不只我一个；另一方面，也怪我经不住重庆方面的"诱惑"——我不但有妻女生活在那里,而且人还属社科院,四川外语学院已破格让我当了副院长和教授。

现在深感歉意和内疚的是我了。老师在治学和做人方面都教了我许多许多,我却到底离开了他,辜负了老人家的期望。

正是这负疚的心理,使我在六年的繁重行政工作中,始终坚持工余和节假日从事歌德研究,并且终于下定决心,于1990年夏天调到四川大学当教授,以便潜心学术,也就是说,精神上,我还是留在了老师身边。对此,他老人家似乎相当满意。最近五六年,年过八旬的老师腿脚更不灵便,头脑却仍然敏捷好使。我每次去看他,他总放下正在看的书或写的文章,随便地和我谈话。从前寡言少语、不苟言笑的大学者和大诗人,面对千里之外来看自己的老弟子,话变得多了,简直可谓谈笑风生。1992年最近的一次,我坐飞机从成都为他带去一束鲜花,其中有几枝难得见到的橘黄色"十三太保",真把老人家高兴得不得了。告别的时刻,一样地送我出门,一样地握着我的手,但却多了许多依依惜别之情。

与老师留影

老师签名赠给我的艺术剪影照

1993 年三月一日，甚至没来得及选购一束鲜花，我便匆匆飞往北京。第二天下午，站在身着深灰色中山装安卧在花丛里的老师遗体前，我又一次泪如泉涌。我又像失去母亲那年一样地悲痛难抑，却只能对着不再言语、不再吟唱的大学者、大诗人深深三鞠躬。敬爱的老师，我是多么希望再握握您那厚实而又温暖的大手啊！

"吉人天相"忆绿原

古语云："吉人自有天相"。我相信此语，不过这天，在我看来既非老天爷，也非上帝，而是一个个我们在人生旅途中偶然遭遇，但却给我们的成长以巨大助力，叫我们终身受惠、感恩的人。回首生平，这样的人，这样的"天"，幸运的我遭遇的真是不少。对于他们，我始终怀有无尽的感激，而越到老年，眼见自己这些恩人、这些亲人一个个故去，胸中的感怀之情越加浓烈，越加汹涌难抑……

1993年3月，冯至老师溘然长逝，我含泪写了一篇《厚实温暖的大手》，回顾老人家对我的教诲、提携、奖掖。今天撰写此文，则为怀念于我亦师亦友的绿原，继叶逢植和冯至两位恩师之后，他是给过我最多温暖和阳光的"天"啊。

20世纪50年代初，还在念高中的时候，我就和喜欢文学的同窗一起诵读过绿原的诗作，对这位印象中的民众诗人心存敬佩。后来之有幸遭逢绿原，竟缘起于诗人生命中的一次大灾难、大不幸，叫我不能不诅咒造化弄人！

为所谓"胡风问题"身陷囹圄，复旦大学外文系出身而精通英语、法语的绿原又自学了德语，重获自由后不能再放声歌唱，改行当了人民文学出版社的德文编辑。春风乍起的1978年，憋了多年的我忍不住给该社写了封自荐信，希望领取一点儿译介德语文学的任务。6月12日接获回函，称"你给孙玮同志的信，收到了"，并希望我坚持自己的翻译计划，还讲"我们计划编印一部德国古典短篇小说……您手头如有适当材料，希望能为我们选译几篇"，云云。孙玮，即编辑室主任和著名翻译家孙绳武，而回函人却不知是谁，因为在署名处只盖了个圆圆的红色印章。

那年头儿，能得到国家出版社的认可和约稿，可不是小事。受宠若惊的小子我不敢怠慢，立马给不知名的编辑同志寄去十来个选题，并且不知天高地厚地提出：是否把整部书的编选和翻译工作全交给我？

约莫一个月后，我忐忑不安地拆开了回函，欣喜的是编辑同志并未对我的冒昧和"贪婪"表现出丝毫讶异，而只是讲："……谢谢你的帮助。经过研究，我们原则上同意这个选目。不过，这个选题在我们这里，要到明年才开始编辑，目前只是约稿和集稿阶段。最后究竟落实到哪些作品，还得看明年的集稿情况如何。希望你把你准备翻译的和已经译出的篇目告诉我们，并立即动笔翻译下去。……"

两封回函都言简意赅，口气平和，笔迹工整，整篇未见哪怕一丁点儿的涂抹和删改。我不由想，肯定是碰见位道行高深、行事谨严的文场高手啦，心里遂对未曾谋面的编辑同志生出了几分敬畏。

半个多月后的 1978 年 10 月，到北京参加社科院硕士研究生的复试，顺便拜访了心目中的圣地人民文学出版社。在朝内大街 166 号二楼一间简朴的小办公室，出来接待我的是位五十来岁的瘦小男同志，一身洗得泛白的学生服，脸上架着副黑框近视眼镜，整个人平凡简朴得一如他所在的办公室。他言语举止的平易近人，顿时消解了我心里的敬畏。他自我介绍就是那个跟我通信的编辑，名字叫绿原。

"绿原？诗人绿原吗？"我惊喜地问。

1978 年在人民文学出版社工作的绿原

"不敢不敢，犯错误啦。"语气平和、含蓄，却难掩些许的无奈和尴尬。兴奋莫名的我却信口背诵了一首误以为是他的短诗，他呢只淡淡地应了句：

"嗯，这是鲁藜的作品。"

诗人显然不乐意流连诗的话题，我们随即言归正传，谈起了德国古典短篇小说的选编和翻译。谈完，应我的请求，我用事前从北京老同学处借来的相机给他留了一张影。三十多年来，绿原这张毫无虚饰的写真，便一直珍藏在我的相册里和心里。

又过了大约一个月，我正式成为社科院外文所所长冯至教授的及门弟子，住进了研究生院从北师大借来的学生宿舍。从此便经常与绿原面对面商谈编书、译书事宜，通信反倒稀疏起来了。直到第二年 4 月下旬，小说选的集稿和翻译接近尾声，才又有一封"进城望来一谈"的短信，结尾没了公章，而署了"绿原"这个名字。

按照我的提议，小说集定名为"德语国家短篇小说选"，共选收了德国、奥地利、瑞士三国的德语短篇小说 34 篇，其中 20 篇系我自行翻译。看着面前的一大沓稿子，绿原提出得有一篇序言，并要我说说这序应该如何写。我有条不紊地讲出自己的想法，心里却琢磨，这序嘛肯定该由他或其他权威、前辈执笔，问我想法只为做做参考罢了。谁知绿原听完立即说道："好，这序就由你写，你已经考虑得挺周到、成熟了嘛！"语气一改平素的委婉、平和，坚定而且果决，似乎根本不存在商量的问题。

乍暖还寒的 20 世纪 70 年代末，学术界盛行论资排辈，人们遵从权威近乎迷信。我虽年逾不惑，却仍是德语文学圈里的一个小毛头，做梦也不敢想能替国家出版社一部厚达 700 多页的大作写序，须知那可是僭越呀！然而转念一想，既然也属前辈的绿原决定要我写，我又何必推诿，遂以初生牛犊不怕虎的心态和架势，接下了这个本该由某位师长来完成的任务。

序很快交了稿，书也在一年多后的 1981 年 2 月印出来了。我做梦也没想到的是，不仅序署了我的名，而且书的编选者也成了杨武能！

在出书相对容易的今天，对于已是所谓"著作等身"的我来说，此事应该讲稀松平常，不足挂齿，可在"一本书主义"尚未过时的当年，却真个非同小可！要知道，编选该社同一系列的英国、美国、法国短篇小说的选者，都是王佐良、罗大冈、朱虹等大权威。还记得书刚出版的 1981 春夏之交，我在南京大学做文学翻译的启蒙老师叶逢植来北师大看我。他翻阅着厚厚实实的《德语国家短篇小说选》，就不无欣羡地说："真的，能这样出一本书也挺像样哦！"

紧接着，我又斗胆向绿原要求重译郭沫若译过的世界名著《少年维特的烦恼》，同样得到了他和孙绳武同志的认可，并顺利地在 1981 年问世了。事后我发表过两篇短文，记述绿原鼓励、指点、帮助我译《维特》的情况，在此只想说一下：成功地重译和出版《维特》，对我个人实在关系重大，自此我便在译坛"崭露头角"，译著成了各出版社争取的对象。

《维特》之后，仍是绿原任编辑，我又自告奋勇地编选和主译了上下两册《德语国家中篇小说选》，并在 1984 年 4 月由人民文学出版社出版。对我而言，这套书虽不如《维特》影响大，但与前面的《德语国家短篇小说选》合在一起，却开了我国系统介绍德语 Novelle 这一特殊体裁的先河，因而在德语文学汉译史上占据了自己的地位。

作者系统译介德语文学独特的 Novelle 体裁的作品

我上述三部堪称厚重而具有一定文化学术价值的著译，真不知倾注了绿原多少心血，但却没有留下他个人的丝毫印记。只有在我心里，永永远远地活着他那对工作兢兢业业，对后学循循善诱、大胆奖掖，对名利淡泊无私的高尚形象。我相信，受过编辑同志绿原恩惠者当不止一个杨武能。人们都知道他是杰出的诗人、翻译家和学者，却很少有人道及，他还是一位堪做楷模的文学编辑。人们都称赞和敬仰绿原的才华、学识，我却以为，他更值得我和所有"文人"追慕、效法的，是他为人处世的坦诚、无私，是他高尚的品行和人格。

2001 年作者与绿原合影

　　回到"吉人自有天相"。按我的理解，吉人乃秉性善良，且能不断奋发向上的人，就像德国大文豪歌德理想中的浮士德博士。绿原无疑也是位吉人，他在坎坷艰难的人生长途中自然也得到了"天"的眷顾和呵护。在京学习期间，我曾随绿原去过他在地坛附近的家，见到了他的夫人罗惠。从罗惠的言谈、顾盼，我感觉出这是一位温柔、贤惠、聪明、坚强的女性，一位能给予丈夫温暖和阳光的妻子。我相信，正是有这样的妻子在他身边和心中，有这样的女性眷顾、呵护、引导，身处逆境的诗人才得以不断"向上、向上"，自我实现……

2010 年 3 月　四川大学远望楼

师恩难忘

—— 缅怀钱锺书先生

无缘也没资格做钱锺书先生的入室弟子，经常领受他老人家的耳提面命。只是从 1983 年到 1992 年，我有幸从与先生的接触交往和先生给我的一封封书信中，得到了他无比亲切的教诲和满怀热情的鼓励。在我的心目中，和光耀了我人生道路的业师冯至先生一样，钱锺书先生也是自己的一位恩师。

我这一代知识分子的成长过程可谓充满艰辛与坎坷，如果说其中也还有些幸运儿的话，不才大概可算一个。我一生最大的幸福，就是在自己成长的各个阶段，不管是念中学、上大学、攻读研究生，都遇上了一些学识渊博、人品高尚的好老师。钱锺书先生无疑是我老师中最令人钦仰的一位，他在治学和做人两个方面，都永远是值得我等后辈努力学习和效仿的榜样。

1978 年至 1983 年，我在北京整整学习和工作了五年，虽说与钱先生同在中国社会科学院这个大单位，却无缘与他见面。再说，八十年代初"钱锺书热"已渐渐兴起，社会上盛传着他老人家种种闭门谢客的故事，我区区一个研究生做梦也没想过什么时候去登门求教，毛遂自荐，更何况自己学的似乎是与先生关系不大的德语文学专业。虽然，还是在十多年前的"文革"时期，我已从亡友林春山的藏书中反复借阅过《围城》《人·鬼·兽》《写在人生边上》和《谈艺录》。这些独具风采的作品及其作者，给我留下了异常深刻的印象。可以讲，对于作家和学者钱锺书，我真是心仪已久。

是两次与友人闲谈，使我走向钱先生，让我有幸成了他的一名私淑弟子——

1982 年的某一次会议期间，《译林》杂志的总编李景端先生告诉我：他在拜访该杂志的顾问钱锺书先生时提到了我，问他"对杨武能这个人印象怎样？"钱先生回答，"听说这个人很能干"。对老李的话，当时我并不在意，心想钱先生多半是随口重复从社科院同事中听来的说法，或者甚至只是望"名"生义罢了。须知，本人颇以自己这个名不副实、剑拔弩张的大号为羞，已多少次想弃而不用，无奈它乃家父按照字辈取的，而且已经给人叫得习惯了，要改也并不容易。

另一次谈话却大大触动了我，使我鼓起了接近钱先生的勇气。那是 1983 年的早春时节，我在北大燕园邂逅已留校任教的四川学友张隆溪。他邀我到他宿舍小坐，闲谈中提到，钱锺书先生读了我在刊物上发表的研究歌德与中国关系的文章，觉得不错，并让转告我，在北大的《国外文学》上有先生的一篇文章，也涉及了这个问题，不妨找来看看。听了隆溪兄的话我既惊喜，又感动：小子我何德何能，竟受到前辈大师的如此关心和青睐！到了这个份儿上，如果我再如四川话说的老是稳起，傲起，岂不是太不知天高地厚了吗？于是，我便托隆溪兄便中把后来在三联书店出版的拙作《歌德与中国》的油印稿带给先生，并表示希望有机会听他老人家当面批评指教。

没想到钱先生很快就让人带话给我，约我在"五一"以后去他家里面叙。我听了十分高兴，但又感到为难，因为我已准备四月底回重庆探亲，只好硬着头皮打电话据实相告。出乎意料的是先生并未因此不悦，反倒于二十日夜写了一封信给我，说"等你八月底来京后，约期畅谈"，"并祝旅途安稳，团聚欢乐！"使我一下子改变了老先生难于接近的印象，心想这位大学问家原来也是个善于体谅人的蔼然长者啊。

倒是我自己出尔反尔，很快又因故推迟了行期 —— 当时我已知道自己即将调回重庆的四川外语学院。钱先生得知后于二十六日夜即写信给我，说"能够认识你这样一位新起学人，很高兴。'五一'假期午后二时半在舍恭候你和隆溪同临，请通知他，因上周我曾和他在电话中约定你们'二妙'偕来。"有意思的是，这封信一开头便为上次的信里把我的"大名"武能写成了无能认真表示歉意。其实先生不知道，我心中更加喜欢他老人家为我想的这个名字，因为它既表现出虚怀若谷的气度，又蕴含着哲理和禅趣。

记不起隆溪兄让什么事情拖住了，如期我只得一个人前往钱先生在三里河南沙沟的寓所。应声来开门的正是先生本人。他把我让进了宽敞的客厅。只见厅内的陈设简洁得不能再简洁，根本没有一点时下所谓的装修。除了我们坐的正对着房门的沙发，引起我注意的只是左手边靠墙而立的一个矮书柜，因为书柜顶上摆放着一套德语原文的《歌德文集》，而且正是我十分熟悉的汉堡版。先生戴着一副黑框近视眼镜，身着蓝色中式便装，显得儒雅而又朴实。那时候他虽已年逾古稀，精神却异常健旺，看上去差不多要年轻十岁。

落座之后，我们便围绕着歌德与中国这个课题，开门见山地、无拘无束地交谈起来，完全没有多余的客套和寒暄。杨绛先生也只是从内室出来见了见面，就又回去忙自己的事了。钱先生娓娓地和我谈了不到一小时，给了我许多的鼓励和指点，临别还特意走到右前方的书桌旁，给我写下了常安尔的德文名字（Tscharner），告诉我他曾是这位著名瑞士学者的学生，要我在挑选德文参考书时别忘了他老师的有关著作。

遗憾的是不久后我就调出北京，虽说在重庆原来的工作单位确实受到重用，却远离了在京的师长。尽管如此，我仍时常以通信的方式争取获得他们的教诲、帮助，每有成果出版都寄去请他们批评指正，钱锺书先生处自然也不例外。

　　这方面的情况，尤其值得一提的是，1985 年 4 月我斗胆在四川外语学院主持召开席勒与中国国际学术讨论会，因为当时它算得上是我国外语界的第一次大型国际学术活动，事前还经过了高教部和国务院的批准。为了使一个省属非重点学校能办好这样一次盛会，减少自己这个主持人的心理负担，我便想请几位前辈大师前来压阵，于是也贸然致函钱锺书先生，邀请他老人家出席指导。钱先生于当年 2 月 24 日复我长信一封，先恳挚地详述不能"破例游蜀"的原委和理由，后又鼓励我道："'三流学校'云云，乃君之过谦。'山不在高，有仙则名；水不在深，有龙则灵'；校不在小，有武能则行！万勿妄自菲薄也！"

钱锺书与作者的通信

这可以讲是我有生以来从师长辈得到的最直率和最亲切的鼓励和鞭策了，照理已应该感到满足。不明白已过血气方刚之年的我当时为何并不罢休。于是，钱先生在 3 月 11 晚又给我复了一封信："得信，盛情至诚，使我这个木强人也感动了。破例写了几句，遵命航寄。我提你的大名，因为'冤有头，债有主'，表示我是为你破例，他人无此交情，不得援例，一笑。"随信附来了给讨论会的整整一页题词，实际上已是一篇言简意赅却不乏见地和学术性的发言。

钱锺书手札

记不起当年在信里胡写了些什么，竟"感动了"以懒于交际应酬著称的老先生。也许因为他发现了，这无能小子也有一点儿像他自己，也是个外冷内热、执着诚恳的人吧。

现在想起来真是深感内疚，我给钱先生添的麻烦实在太多了：办个小报要请他题写刊名，出了书要请他指正，还引荐朋友去向他讨教，就连自己晋升职称、调动工作这等小事也向他报告。对所有这些，他老人家都做了迅速、热情的反应。如此持续了相当长时间，直到1991、1992年，已届八十高龄的先生不幸疾病缠身。这时候，他赐给我的信上已不再是悬腕直书的、笔力遒劲的毛笔字，而代之以钢笔或圆珠笔的横书，且字迹也显示出手指痉挛的迹象。他在1991年1月10日写道："贱躯数年前大病以来，衰疾相因，已成朽废，乃承远念，极为愧荷……杨绛亦多病，自然规律，逃避无方。唯望足下年事方强，著译日富耳……"在1992年6月3日写道："我衰病与年俱增，头脑不（很）便使用，万事懒散……附来计划，我怕阅览，即览亦不会动脑筋提出意见。务请原谅……我已久不见客，因一见比较生疏的人，便终夜失眠。现在最畏人过访。大驾来京时，万勿枉驾，也请勿来电话，因我闻电话铃声，辄心惊也。以兄过爱，故敢以苦衷相告……"

念完最后这封信，我不禁沉默良久，悲从中来，热泪盈眶，脑海里出现了两老正忍受病痛折磨、熬煎的苦况。我当即狠下决心，断绝与先生的一切联系，让他们得到所希望的安静休息，从此不再写信，不再寄书、寄贺卡，更别说打电话，因为我知道，钱先生和我认识的所有老前辈一样，始终保持着中国传统知识分子礼尚往来的美德，我实在不忍心看见他老人家再带病为我提笔！

在与病魔抗争多年之后，敬爱的钱锺书先生还是走了。万众痛悼失去一代鸿儒，海内外同声哀婉叹惜。我犹豫再三，不知该不该写一点儿文字，表示对自己心目中这位恩师的感怀之情，不知这样做是否有违他老人家的心意。可我还是忍不住动笔了，因为以我的浅薄渺小，固然不配对先生世所公认的博大精深再说些什么，但是，我却想用自己亲身的经历和感受，展示先生精神品格的另一个侧面，即他对晚生后学的关心爱护和平等相待。在待人接物方面，世人津津乐道和传媒大肆渲染的，多是一个恃才傲物、冷面示人的钱锺书 —— 先生年少气盛时也许确实可称狂狷孤傲，却不知他也有平易近人的时候，也有一颗火热的、感情丰富的心，这颗心中饱藏深蕴着对于国家民族、对于事业、对于师友、对于后生学子无比赤诚的爱！

王水照先生 1960 年进社科院文学所就被分配接受钱先生的指导，在先生身边学习、工作了三十多年，堪称先生的及门弟子，比起我这个硬充他老人家学生的家伙来对他的了解该真实、深刻多了。王先生在 1 月 2 日的《文汇读书周报》发表的一篇缅怀钱锺书先生的长文，印证了我与钱先生交往的感受，让我坚信先生确实是个性情率直、胸怀坦荡、心地善良、高尚的人。最后让我引用王文中的一小段作为结束语，为钱先生对不才受之有愧的关心、青睐和奖掖加一个注释：

　　钱先生对后辈的呵护、提携和奖勉并不仅仅着眼于某一个个人，实是对整个民族学术文化传薪的期待。他晚年常常自叹'老年炳烛余明，著书愈不易'，而把满腔热情投注于后辈晚生：'年事方壮，如日中天，不朽事业，有厚望焉。'这可以视作他对我们晚辈学子的学术嘱托。我们这一代人的责任不轻。

1999 年 1 月 8 日　四川大学

"图书管理员"陈铨

　　不得不从俄专转学到南京大学，对立志当文学翻译家的我确实是因祸得福：一所单科性的语言专科学校，无论硬件或是软件，都远远无法与南大这所综合性大学同日而语，甚至就连前者某些在当时显得优越的地方，现在想来，也并非真正有利于学生的成长和发展。

　　举例来说，有部队传统的俄专教员可谓兢兢业业，几乎每天晚自习都要下到各班的专用教室进行辅导，学生呢因此也必须一起规规矩矩坐在教室里学习。这样一来，便养成了学子们被动、依赖的习惯，窒息了主动、积极的学习精神。南大完全相反，课后学生学习完全依靠自己。我自然求之不得，一有时间就赶去图书馆或自修教室占一个好座位，在那里不受任何干扰地要么读书，要么为投稿而搞翻译，也就是"种自留地"，而今回忆起来，仍感觉如鱼得水似的畅快。

　　诸如此类具体而微的特点、长处，在南京大学可谓比比皆是，乍看也许并不起眼，却是这所名牌老校自由学风的生动体现。除此而外，南京大学自然还有不少一般院校缺少的优越条件。

　　凡是从事文学翻译者都深有所感，原文书籍的获得和从中挑选出有价值的作品，实在是第一件大事，没有可供翻译的原文，真叫"巧妇难为无米之炊"。作为南大学生，我可谓生在福中，得天独厚：师生加在一起不过百人的德语专业，拥有自己的原文图书馆不说，而且还对师生一律开架借阅。这图书馆的藏书装满了西南大楼底层的两间大教室，真个一座敞着大门的知识宝库啊，我则犹如不经意便走进了童话里的宝山。

青年陈铨

这宝山也有一位充当看守的小矮人呐！别看此人个子矮小，可却神通广大，不仅对自己掌管的宝藏了如指掌，而且尽职尽责，开放和借阅的时间总是坚守在自己的位置上，还能对师生的提问——给予解答。从二年级下学期起，我跟这小老头儿几乎每周都要打交道，都要接受他的服务和帮助。我敢断言，像他似的既学识渊博又有求必应的图书管理员，恐怕很难找到第二个了。我对此既感叹又庆幸：自己进入的这所大学真是个藏龙卧虎之地！

日后我才得知，这位其貌不扬、言行谨慎的老先生，名字叫陈铨。他虽然精通德语和德国文学、文化，却上不了讲堂，原因据说不仅历史有问题，新中国成立前写过一部"甚至得到蒋介石赞赏"的剧本《野玫瑰》，而且还是个"大右派"！尽管如此，我发现我的老师叶逢植、张威廉却异常尊敬他，不像某些人似的对他直呼其名，而总是称他"陈先生，陈先生"。

离开了母校，随着学识的增长，我才惊异地发现，这位陈先生可是了得。他1931年便在德国的基尔大学拿到博士学位，比我的恩师冯至先生还早好几年，无疑算得上是中国日耳曼学的一位开山祖师。他的博士论文《中德文学研究》译成中文后一版再版，被公认为中国比较文学特别是中德比较文学研究的一部奠基之作。他还是一位思想深刻的哲学家和著作丰富的文学家，20世纪40年代有影响的所谓战国策派的主要代表人物，因此在我国的思想文化史上也占据着自己的地位。可遗憾的是他当时被打入了另册，我由于无知和怕遭牵连，则放过了向这位大学者，向这位有"富顺才子"之称的乡贤、乡长更多求教的机会，只把他当成一位图书管理员，从他手中，我接过了一本本的原文图书，获得了初登译坛必不可少的帮助。

感念秦牧

秦牧静静地睡了，永远地睡了。神驰南粤，难抑心中无尽哀思，万千感慨。

我与秦牧无缘相识，却视他为人生道路和文学事业的一位导师。古人有"一字师"之说，大散文家秦牧教给我的，何止字词！

50年代是理想闪光的年代，"共产主义等于苏维埃政权加电气化"的预言，鼓舞了不知多少年轻人。谁料初中毕业，一纸体检表击碎了我去建造世界第一的三峡水电站的美梦。几经彷徨，我终于跨进外语学院的大门，为的是成为文学翻译工作者。

目标既已确立，我就奋力向它奔去，在学好外语的同时大量阅读文学作品，提高自己的语言和文学修养。这时，我遇上秦牧，并由于他而对散文这种体裁，产生了特别的爱好。

秦牧阅历丰富，学识渊博，在他的《花城》里亲切自然地对我说古论今，谈天讲地，在我惊诧迷蒙的眼前展现出一个广大、斑驳而又奇妙的世界。那些生活"在遥远的海岸上"的老华侨，那些残而不废的英雄志愿军，他们的故事不仅感动得年轻的我掉泪，更激励我勇敢地向未来走去。

《花城》之后是《艺海拾贝》。在这本谈艺录中，秦牧用大自然和日常生活中丰富多彩然而为我们熟视无睹的事物，通俗又生动地阐明了许多文学艺术的重要原理。他那一则《摔坏小提琴的故事》，我终生难忘，使我数十年如一日地坚持文学基本功的学习。

为学习写作，锤炼语言，最好是多读名家散文。读小说尤其是长篇小说常使人沉溺于情节中，读诗歌常使人浮游在感受里，都没有多少具体的东西可以把握。读散文，一篇好的散文，花时间不多，却能够慢慢地分析，细细地品味，让有心人或在立意构思，或在谋篇布局，或在修辞炼句及其他方面总是有所发现，有所得获。

我从秦牧那儿，真是获得了不少东西。他 60 年代初的两本散文集，至今为我珍爱，虽然也曾为我惹来祸事。

"文革"开始，刚二十八岁还一无所有的我便惨遭火烧，一天夜里"赤卫军"们来把我的《花城》《艺海拾贝》以及《燕山夜话》等全抄了去，而"藏毒贩毒"，确系我真正坐实了的一条罪状。

所幸形势很快变了，"毒草"物归原主。为预防多少年后"再来一次"，也为了发泄自内心的愤怒，我提起毛笔在它们封面上一律写了"仅供批判"几个大字。

最近几年，我在做文学翻译和学术研究之余，也开始创作散文。不止一位朋友还告诉我，连我的学术著作都带着浓厚的散文味儿。这是好是坏，一如我创作的散文是否成功，姑且不论，但这无疑是我长期喜爱，乃至偏爱散文，尤其是秦牧散文的结果。

顺便说一句，时下所谓学者散文、书卷气散文颇吃香，还被称为"大散文"什么什么的。一位擅长写这种文章的学者也成了文坛的风云人物，我觉得这一切都没有什么不好，但是，请别忘了，更早甚或也更好地运用这种文体 —— 我不敢妄言创造了这种文体 —— 写出了传世之作的，一如有识者已经指出，不是别人，正是秦牧，也就是说，秦牧还不只是我的老师，不光应受到区区的感谢。

秦牧静静地睡了，永远地睡了。一生辛劳、经历坎坷的他该当有此善终。只是我仍不时翻开他那两部饱经沧桑的散文集，重温他那些美妙动人、含义深刻的故事，神游于渐渐久远却难以忘怀的年代……

旷达、潇洒傅惟慈

——"我在北京的老哥们儿"之一

他们不是直接教过我的老师，不是老师却胜似老师；他们多数都比我年长，原本不好意思与他们称兄道弟，却又硬是拗这帮长者不过，只好老老实实地当人家的小兄弟。

傅惟慈

傅惟慈在北京的老哥们儿中资格不算最老，名气不算最大，但与我关系最深、最密切，因此也对我最重要。已经记不确切是什么时候开始来往，只知道上大学时就读过他译的书，对这位前辈同行早已怀着敬意。读研究生进了京城，一大收获是结交了不少高级别的文化人，傅惟慈怎么也算一位。不过，此级别非彼级别，不是由上头任命或曰恩赐，也非经什么什么委员会评定，而完全为自身的人格、学养和生活品位所标注，所展现，所表明。

说傅惟慈与我关系最深、最密切，是我在读研究生时就常上他在四根柏胡同的家里去，他也不止一次屈尊来我住的北师大看我。记得一次是我生病了；另有一次是暑假，他来时我正一个人打着赤膊在寝室里翻译赫尔曼·黑塞的小说《纳尔齐斯与歌尔德蒙》。他见了既感慨又感动，感慨于我们这些"翰林"生活、工作条件之艰苦，感动的是我这么用功、勤奋。可他不知道，就是这部我冒着暑热，用两个多月时间夜以继日地译成的书，在1983年经译文出版社推出后，竟成了我仅次于《维特》的最受欢迎的译作，特别是一些爱好文艺的青年更是喜欢它：著名旅德画家程丛林告诉我，当年他们在四川美院的同学排着队等看这本书；《四川日报》的记者李中茂一下竟"抢购"了十本，为的是公诸同好。

岂止是青年呐，在流传甚广的《文化苦旅》中有这么一段让我喜出望外的文字：

> 什么时候，那一位大手笔的艺术家，能告诉我莫高窟的真正秘密？日本井上靖的《敦煌》显然不能令人满意，也许应该有中国人的赫尔曼·黑塞，写一部《纳尔齐斯与歌尔德蒙》(Narziss und Goldmund)，把宗教艺术的产生，刻画的如此激动人心，富有现代精神。(《莫高窟》)

也就是说，大学者、大作家余秋雨也被这部小说感动了，看来多半还是读的拙译，尽管他没有忘记在括号里抄上原文书名。遗憾的只是，余先生惜墨如金，或者根本就不觉得应该注出译者的名字。即便这样，我也并不特别对余先生有意见，因为他并不像傅惟慈先生似的看见我曾挥汗如雨、夜以继日地爬格子，做翻译，更何况在当今的中国知识界，不尊重翻译家劳动的情况多着呐，相反倒要感激他赏识我长途搬运来的精神产品，有意无意地为它做了"广告宣传"，尽管他眼里全无一路艰辛的"苦力"。在尊重翻译家这个问题上，顺便讲一讲，我最欣赏和佩服已故的王小波。他的《我的精神家园》里有一篇《我的师承》，我读了确确实实异常激动，感动。

作者与冯亦代、董乐山、傅惟慈的合影

言归正传，傅惟慈见我这么亡命地译书，也许因此想起了自己的青年时代，惺惺惜惺惺吧，对我便格外地好起来。我呢，觉得他旷达、随和、好交游，也就不再拘束、见外，成了他家的常客。一开始，我仍理所当然地跟研究生院的同学们一样称他"傅先生""傅老师"。他当然对我直呼其名，在信里却称武能兄，多次指责我叫他老师太见外，太客气。叫他惟慈兄吧实在不好意思，就干脆来个折中叫"老傅"。

说傅惟慈先生或老傅对我最重要，一是其他的哥们儿多半都是他给我介绍的，比如我一定要写到的董乐山，二是1983年我离开北京以后，他就成了我在北京的联络员，比如要去拜见老大哥冯亦代，总是由他先电话联系。还不止此，老傅的小院简直成了我在北京的半个家，说半个是因为还有另外半个在我的老同学舒雨家里，前些年进京总是在他或她家落脚，倒不是为了省旅馆费，而是住起来随意、安全，有人说话不寂寞。1998年夏天去德国前，我竟全家进驻老傅家，好在他家里房间还够。

老傅是老北京，满族 —— 怪，跟舒雨一样！对北京的情况了如指掌，没少领着我这个在北京混了五年还摸不着北的小兄弟到处逛，去游雍和宫，去拜访他的亲家叶君健先生，去看另一位说算哥们儿也算哥们儿但来往不多的梅绍武，等等。反正，只要我提出上哪儿，老傅总是有时间。

从多少次的闲谈中，从他悼念乐山兄的文章中，我大致了解了老傅的身世。祖上看来是有产有业的旗人，他现在住的绿荫匝地的小院就是上一辈传下来的。很长一段时间背负着他所谓了不清的"旧账"，在任职的北京语言学院被剥夺了上讲台的资格，只能在资料室里一杯茶、一支烟和董乐山一起打发光阴，但是，一个有才华的人绝不肯白白地浪费生命，同时精通英文和德文的老傅便潜心译事，即使在那个既无稿费也不能署名，甚至还要冒"贩毒"挨批风险的时候。然而，功夫不负苦心人，等到知识不再无用的1980年代，老傅已卓然成家，和乐山兄一起成了中国译协的当然理事。

不说他从英文译的格林、毛姆，以及与董乐山、梅绍武等合译的《马克思和世界文学》什么什么的了，就讲他译自德文原文的《布登勃洛克一家》和《臣仆》这两部大名著，这两部现代德语文学的经典，就已经很了不起！它们分别是大文豪托马斯·曼和亨利希·曼的代表作，谁要译出其中一部，就足以在中国的现代翻译文学史上留名。我这位老哥译得是那样好，不但令我这个Germanist（德国语言文学学者）佩服，还使在重译或复译成风的今天，至今没人敢动另起炉灶的念头。也许就因为译得太好了吧，个别德语同行竟在背后嘀嘀咕咕，怀疑是从英文转译的。对此，老傅当着我只淡淡地说了一句："谁译得更好，就请吧。"老实讲，对于德语界开会从来不请卓有建树的德语文学翻译家傅惟慈（他还译过布希纳尔等等），我是有看法的，尽管他自己一点不在乎。

他好像同样也不怎么在乎的是，语言学院迟迟没解决他的职称问题。差不多十年前他退休时，他对我避而不谈此事，我估计仍然没解决。尽管如此，人家都叫他傅教授，因为论学识谁都认为他该是教授。就拿德语来讲吧，他两次应聘到德国大学教中国语言文化，像我的某些同行那样讲起德语来结结巴巴的行吗？今天有几个语言或外语学院的教授，能像他这样精通两种语言，翻译两种文字的文学经典？

不管是对待使自己遭受委屈的"旧账"问题，还是对待职称之类的名分问题，老傅真可以讲十分地看得开，十分地旷达。

旷达的老傅退休后过起了潇洒、随意的日子，但是并不清闲。在家里他是老太爷，饭来张口，衣来伸手，贤惠的夫人 —— 我仍尊敬地称她段老师 —— 一味由着他，惯着他，辛苦了一辈子嘛，该！每次去他家暂住，也跟着享受老太爷待遇，实在不那么心安理得。

说老傅潇洒、随意，是指他不再唧唧哝哝地当"苦力"，爬格子搞翻译做长途的文化搬运啦。一辈子译了那么多，除了社会名声什么也没带来，再多两本又能怎样！明说吧，要译就得赚钱快，不然宁可歇着。

说不清闲，是他又迷上了其他几件事，又有了一些个雅好。

老傅的第一个爱好是听音乐，而且是真正地听，入迷地听，在我的哥们儿和朋友中是他第一个玩起了激光唱机，十多年来一次又一次地升级换代，称得上是个发烧友，但决不属于那玩纯器材的一类。每次朋友对他的高、新设备发出赞叹，老傅总解释："女儿孝敬的""儿子寄钱买的"，反正没得说，好福气！

老傅的第二个爱好，整修房子。自从"文革"中硬派进来的邻居搬走以后，他便不断请人整房子，或维修，或改建，或扩大，暖气和卫生间更改了又改，我每次去都发现有新变化。而今，无论寒暑春秋，坐在他那小院里是既惬意又有看头啦。尽管如此，老傅看来似乎仍然还不满足，还不肯罢休。

最近一些年，我在老傅家里常常发现有些奇异的访客。他们大多独来独往，行色匆匆，通常操外地口音，而且手里无不拎着个大提包，一来就给老傅让进另外的房间里，然后开始密谈，谈个十多二十分钟又很快离去。对这些人，老傅从来一副公事公办的样子，从来不讲虚礼客套，更不留人家吃饭。后来我才知道这些人与他的第三个雅好有关，原来都是他的"币友"，也就是说要么是集币爱好者，要么是币商。老傅告诉我，他搜集钱币系家传，只不过在退休以后多花些时间在上面罢了。然而等他特许我参观了他的藏品以后，我才知道他这个"只不过……罢了"颇不简单，收藏颇富不说，恐怕珍稀品种也不少。老傅往往拿着一枚滔滔不绝地在那儿介绍，我却听得莫名其妙。老傅发挥自己会多门外语之所长，借他和亲友经常到国外的便利，专门集外国钱币，很快就成了公认的专家权威，不但当选为中国钱币协会的学术委员，而且几年前就开始了著书立说。刚才那些来自全国各地的币友、币商，都是慕名上门来要么向傅教授讨教，要么求傅老先生调剂余缺。傅老先生于是便来个"以币养币"，于购进调出之间赚一点银子。老傅不无嘚瑟地向我透露，他每年在此项上的收益相当于译一本三四十万字的书，可是费力少，又好玩儿，而且自己的收藏也于不断的补充和更替中越来越上档次，越来越丰富。

看来我这位老哥们儿真快富起来啦，但不是通过教书、译书、编书，不是通过干苦力活儿，也非靠政府提高知识分子的待遇，而是通过玩儿，玩儿可以生出钱币来的钱币。

若问老傅不断赚钱来干什么？维持他的第四个爱好，即旅游。

在熟人朋友中，甚至所有中国人中，我敢说像老傅似的旅游家屈指可数。他不但在国内外跑的地方多，而且全是自费。他总是一个人独行，而且毫无功利的目的。现代化的欧洲国家就不说了，他还去了文明古国希腊和埃及；国内则偏爱一些边远古镇，四川来过至少三趟，最后一次住在我家里，为的是去看僰人悬棺。古稀之年背着个小包满世界跑，去的经常是人烟稀少之地，宿的多半是鸡毛小店。若问傅教授怕不怕遇上坏人？不怕，因为他的样子就像个一贫如洗的老流浪汉。

1988 年夏天，老傅流浪到了我客居的波恩，一进屋就毫不客气地要小弟给他煮碗汤面吃。等到一大盆蹄花汤和面条稀里呼噜下了肚，这才慢慢点上一支烟，边抽边给我讲旅途见闻，并让我看他拍的照片。第二天早上吃过早点，他又拉着自己的小拖车不慌不忙上了路。

说到拍照，这可是他流浪的一大内容，一大收获。他用的是很高级的尼康相机，拍出来的真正是一些艺术风光照。在展示他那些角度特别，剪裁也特别的照片时，老傅又不无骄傲地告诉我，他的摄影作品已有不少公开发表了。

这篇小文暴露了老傅的不少"军事机密"，旷达的他想必不会太在意。再说，他已经七十开外，也不至于做多久的独行侠，更何况老先生久在江湖，对付拦路抢劫之类早有屡试不爽的绝招和置敌于死地的秘密武器。

退休后的老傅实在潇洒是不是？潇洒来自旷达，老傅正因为潇洒又旷达，所以身体特别健康。比他可能还小一点的乐山兄前年就走了，其他老哥们儿几乎都住过医院，唯有他还在玩儿，还在流浪，真是令人羡慕。

小兄弟我决心过两年也学学老傅。可旷达也好，潇洒也好，是学得来的么？

作者与傅惟慈和张佩芬的合影

钱春绮传奇

中等个儿，平头，须发俱已斑白，经常身着一套洗得褪了色的灰色学生装，举止洒脱机敏，眼睛经常笑成了一条缝，讲话带着浓重的上海人所谓的江北口音，走在他家所在的上海南京路上，尽管圆脸上架着副近视眼镜，充其量也只会被人当作某家小理发铺的老师傅，或者某所小学堂的老教员。谁也不会想到，这就是今天在我国读书界享有盛名的翻译家 —— 钱春绮先生。

1983 年 4 月 15 日上午十时许，在北京大学图书馆一楼的大会议厅中，正举行我国第一届"歌德学术讨论会"的开幕式。大会主持人对出席的学者、专家、教授和外国朋友一一作了介绍后，特别加重了语气宣布说："今天，我们还邀请到了近年来在德语文学的介绍方面做出了巨大贡献的著名翻译家 —— 钱春绮先生!"这时候，听众纷纷交头接耳起来，不少脑袋开始转动，希望一睹这位自己倾慕的翻译家的风采。

然而，能找到并认出他的人却极少，因为他并未如人们想象的那样，跻身于坐在前排的名人和贵宾中，而是混迹在普通听众里，坐在大厅的一个远远的犄角上。再说，本文一开头所勾勒的那个形象，在读书界和翻译界知者寥寥，虽然钱春绮的名字在五十年代就很响亮，而且近几年越来越响亮。对于我们不少搞德国文学的人来说，这个名字甚至带着几分传奇色彩，有时简直像个叫人猜不透的斯芬克斯之谜 ……

1960 年前后，我在南京大学学习德国文学，开始做一些文学翻译的尝试，当时最爱阅读并引为楷模的就是钱春绮先生翻译的《德国诗选》和《民主德国诗选》，对钱先生相当钦佩。在同学们中传说，他原本是上海的一位开业医生，于是在自己的脑子里，便时时出现一个戴着金丝眼镜、革履西装、言谈举止派头十足的洋 Doktor 形象。他那么棒的德语，无疑是长期生活在德国学来的吧？大家纷纷猜测，他要么在做开业医生时赚够了钱，要么家有巨产，所以才肯扔下手中的铁饭碗，不，金饭碗，来搞搞翻译，过悠哉游哉的文士生活……说实话，当时在钦佩和嫉羡之余，穷小子我对于"洋大夫"钱春绮是颇觉不可亲近的。

十年"文革"，百无聊赖之时，朋友们聚在一起常常以怀旧的心情谈起昔日翻译界的情况，总免不了提出这样一个疑问："咳，上海的钱春绮现在不知怎样了呢？"语气中虽带着一点儿对自愿丢弃铁饭碗、硬跻身文坛的"洋大夫"的幸灾乐祸情绪，但更多的却是关心和同情。那年月，我脑海里时时出现一个满脸愁苦的老头，即使不挨批挨斗，也不知该如何挨过那坐吃山空的日子，打发那无所事事的时光啊。

"文革"终于过去。不久，又见到了重版的钱先生的译著，听见了他还健在的消息，大家都松了一口气。

去年秋天我因事到上海，经译文出版社的韩世钟同志指点，以后学身份登门拜访了自己仰慕已久的钱春绮先生，希图解开他这个斯芬克斯之谜。

"欢迎，欢迎，杨武能同志！"他应声迎出门来，亲切地握着我的手说，大概译文社的同志已预先告诉他我要去。

我随即说明来意，告诉他我早就希望有机会结识他这位翻译界的前辈。

"不敢当，不敢当！你们才是正统，我不过……"说时眼睛笑成了一条缝，态度是那样谦和。

随后，他把我让到房里，在一把藤椅上坐下，自己则动手为我沏茶。趁此机会，我观察了一下他的房间。那是一栋小楼第二层的一间角室，狭长狭长的，拦腰被一排高低不等的书架隔成两个小间。外间摆着床铺、桌椅等十分简朴的家具，里间摆着写字台，台上摊着雪白的稿纸。显然，我的到来打断了钱先生正在进行的工作。

室内安静，敞亮，除了三面墙壁上贴着一些未经裱褙的国画，堆在书架和书柜里的大量书籍文稿，便没有任何引人注目的东西，也看不见一个人。

茶沏好了，主客二人相对而坐。他那谦和的态度解除了我的一切顾虑，我便接二连三地提出了多年来一直藏在自己心中的问题。

"钱先生，您是怎么成为翻译家的?"

"我从小欢喜作诗，诗做不好，当不了诗人，译译诗聊以自慰吧。"回答是那么干脆、实在。我明白了，钱先生为什么译的多半是诗歌。

"钱先生，什么原因使您放弃原来的职业，走上了文学翻译的道路?"

"我原来在医院工作（呵，不是开业医生!）。我这人不善于和人打交道，还是不当医生为好。1956年纪念海涅逝世一百周年，我译了他的《新诗集》交给出版社，结果被采用了，以后便继续翻译其他东西，适应社会的需要罢了。"话说得仍然是那么实在，毫无虚夸之意。

"您翻译的作品可不少啊!"

"哪里! 不过就仅仅……"

我当即扳着指头为他算了算，从德国的中古史诗《尼伯龙根之歌》到海涅的四部诗集，从一大本《德国诗选》到上、下两卷《浮士德》（当时《歌德诗集》尚未发行），全部加在一起已在十种以上，而且都是德语文学中的名著，多半还是些"硬骨头"，没有高深的德文和中文造诣很难译出来，更别提译得好了。

　　"钱先生，您大概在德国住过很多年吧？"我想当然地说。

　　"不，我没去过德国，我只是在东南医学院学医时念了几天德语，半路出家啊。"

　　我默然了。事后才听熟悉钱先生的同志讲，他不仅精通德语，日语、英语也不错，所以翻译时多半有后两种文本作对照、参考，而注释、题解也常常采自其他语种的译本。

　　谈话停顿了片刻。我环视着他那简朴的居室，思路转到了另一个方面。

　　"钱先生，'文化大革命'中我们真为您捏了把汗，稿费没有了，生活一定够苦的吧？"话刚出口，我又有些后悔了，心想何必去揭人家的疮疤呢。

　　"也没有啥。"他淡然地说，"咱们中国知识分子有句古训，叫作：安贫乐道。你看，靠我老伴的工资有碗稀饭喝，不也就挺过来了么。"

　　好个"安贫乐道"！我沉吟着，咂摸着，环顾了一下那安静简朴的居室，瞅瞅面前这位理发师傅模样的老翻译家，想想他为读者提供了那么多、那么好的精神食粮，我似乎悟出了某些道理。

　　"可是，"我又开了口，"您大概也被他们……"我正斟酌着适当的措辞，在"横扫了一下""整了整""批得够呛"之间摇摆不定，不想他却打断了我的思路，那眼镜后的一条缝变得更细了，嘴里同时迸出响亮的笑声：

"哈哈，没怎么样，没怎么样。'革命闯将'闯到我家里来，可我一非地主、资本家，二无政治历史问题，再说本身已经躺在地上，普通里弄里的居民一个，所以用不着劳驾他们再将我打倒，并且踏上一只脚了。只可惜我的那些书籍文稿！已译成的《浮士德》上部卖了废纸、化了纸浆。"

他说话时的态度如此洒脱，好像讲的是与己无关的故事，然而我这听者心情却变得沉重起来。要知道被卖了废纸、化了纸浆的不是别的什么，而是半部《浮士德》的译稿，是数千行译者用自己的心血熔铸成的诗句啊！

第二次见到钱春绮先生，是"歌德学术讨论会"开幕前夕，在他下榻的北大勺园招待所里。

如果说，去年在上海我和他已经一见如故的话，今年重逢我们两个更成了忘年的知己。我们半躺在他房里相对的两张单人床上，随随便便地聊了起来。谈了他新近出版的两大本《歌德诗集》，谈了拙译《少年维特的烦恼》第一版后记中的一处疏漏，最后话题转到了从事翻译工作的苦与乐上。

"我们这些搞翻译的人也是浮士德，"我感慨地说，"一迷上这件事，就像也把灵魂卖给了魔鬼一样，要想停下不干都不行了。"

"是的，"他回答，俨然过来人的口气，"严格地讲，一切文艺都是梅菲斯托，都有不可抗拒的魔力，要我们为它受苦，为它牺牲，不过，受苦和牺牲也自会带来乐趣。"

以后，从无数次的交谈中，我了解到钱先生是江苏江都人，1983年时六十三岁，老伴健在，二女一子俱已成人。为了赢得一个不受干扰的安静环境和大量的自由支配时间，专心从事翻译工作，他不仅于50年代末主动丢弃了当医生的铁饭碗，成了一个完全靠稿费为生的无固定职业者，而且现在离开子女和老伴单独住在一个地方，吃饭也在亲戚家搭伙。如此一心扑在事业上，他取得的成就是惊人的。去年出了他译的《浮士德》上、下卷，今年出了两厚本《歌德诗集》，明年后年还会出他译的《席勒诗集》《华伦斯坦》……一部一部，以至于十部二十部；一个字一个字，以至于数百万字，近千万字！所谓著作等身，对他将不是一个带有夸张意味的套语。

在整个讨论会期间，钱先生始终坐在一个不显眼的角落里，一言未发，只是认真地阅读着别人的发言稿。直到闭幕前的最后一次讨论会上，他才从座位上站起来，对会议主席鞠了一躬，简简单单地讲了几句话。他的话的要旨是：在我们的东邻日本那么个小国，已出版歌德等重要作家的全集不止一种，而以我国幅员之大，人口之多，历史、文化传统之悠久，迄今竟连一套歌德选集都没有，德语界的同人真需要加倍努力才对。钱先生这一段以平淡的语调说出的朴实无华的话，在比较了解他的我听来却饱含激情，富于深意。我仿佛看见，老翻译家突然敞开了自己的心扉，一切围绕着他的谜好像都解开了，他的所作所为不再是富于神秘色彩的传奇，而是一个恪守"安贫乐道"古训的中国知识分子的正常而合理的行动。

对于钱春绮先生这样一位为丰富祖国的文化宝库而尽心竭力、茹苦含辛的知识分子，尽管他自视为德语文学界的"非正统"，尽管对他的翻译水平和学术成就同行中还存在高低不等的评价，人民却是绝对不会忘记的。在"歌德学术讨论会"筹备期间，外国文学学会会长冯至教授一再指示，必须把蛰居在上海的钱先生请到北京来。开幕式后，年高德劭的冯至教授又让人领自己到比他小十五岁的钱春绮席前，亲切地握住他的手说："钱先生，您为介绍德国文学做了那么多工作，我非常钦佩……"上海译文出版社的副编审韩世钟同志，二十七年来一直是钱春绮译著的责任编辑，对他的工作和生活都十分关怀、照顾。这次二人同车来京，同住一室，形影不分，彼此常常戏称对方为自己的"衣食父母"。在新成立的德语文学研究会中，钱先生尽管不代表任何一个单位和团体，仍被公推为所谓"当然理事"。一批一批的同行和读者到招待所登门拜访他，有的买来他译的《歌德诗集》，请他签名留念……

人们如此敬重我们这位老翻译家，为了他渊博的学识，为了他巨大的贡献。作为他的同行、后学和忘年好友的我，则更敬重他一心扑在事业上的决心和毅力，弃医从文，丢弃铁饭碗的勇气和魄力，以及那安贫乐道的做人准则和严肃认真的治学精神。

上面这篇"传奇"，写成于 1983 年 4 月中旬的某一天。那天中国第一届"歌德讨论会"组织游览北京新开辟的名胜潭柘寺，我因心里不痛快没有前往，留在住地发愤写成了这篇文章。

三个多月后，我便调离当时工作的社科院外文所，回到四川外语学院当副教授、副院长。两年后的 1985 年 4 月，我在小小的川外发起并主持了"席勒与中国·中国与席勒"讨论会。它是我国德语界的第一次大型国际学术活动，除了十多位直接从德国飞来的学者，国内同行也可谓群贤毕至，自然也少不了邀请钱春绮先生，并且让学校为他报销了全部的差旅费。钱先生在会上同样备受尊重，并且安排朱雁冰教授代读了他的发言。本来我还想利用职权，特聘他作川外的教授，只因他故土难离，未能实现我的想法。

后来我与钱先生一直保持书信联系，并曾建议德国有关机构邀请去访问，结果人家以他没有派出单位而婉拒了。而今钱先生

与钱春绮先生的合影

已八十高龄，前往歌德、席勒的德意志一游的夙愿更难实现，成了这位为传播该国文化贡献殊伟的老翻译家及其朋友们的一大憾事。

90年代初，我再次踏进了钱先生在上海南京路那幢小楼里简朴的家。其时他的另一位朋友兼后学曹乃云先生也在他那里。这一次，老先生已不像十年前那么乐天、旷达，相反是牢骚满腹。他一骂正卷土重来的"帝国主义冒险家"，为了建他们的商厦和写字楼，竟生生地要推掉老先生这地处黄金地带却闹中取静的旧居。二骂某些敲骨吸髓的混账出版社，它们不打招呼就用老先生的译文，不仅事后不给样书和稿酬，写信去问还置之不理，既无赖又霸道……

听着钱先生的牢骚和抱怨，在同情之余，我感到他的心态明显地老了，已经跟不上眼前这飞速变化、色彩斑斓的时代。

令人欣慰的是老先生的儿子挺有出息。指着儿子媳妇从美国寄回来的大照片，他告诉我不久他将第一次走出国门探亲。1995年夏天我在加拿大开会、访学，就与其时正在美国的钱先生通了电话。听得出来，当时在大洋彼岸的老先生蛮开心。

又有几年没见这位亦师亦友的前辈同行了。我在这儿只想对他讲：钱先生，您辛苦了一辈子，做的事情已很多，该好好歇一歇，安享晚年了。我在南大的业师张威廉即将满一百岁，遥祝你老和他一样健康长寿！

李文俊与《世界文学》

　　近半个世纪的著译生涯，没少与各式各样的编辑书信往还，有意无意便留下了他们的一批手札，其中尤其为我所珍惜的，是李文俊、张佩芬夫妇1961至1965五年间的十多封来函。从这些信函的字里行间，不只能读出他俩的高度敬业，读出他们对未出茅庐的小译者的爱护尊重，还可窥见《世界文学》在那几年的艰难处境，听到"文革"风暴袭来之前的风声雨声。

　　在我国翻译界和读书界，李文俊以研究、译介福克纳而闻名遐迩，广受赞誉，可今天却已不大有人知道：他在成为福克纳专家之前，大半生的心血都倾注在了"为人作嫁"的编辑工作，倾注在堪称中国文学翻译家摇篮的《世界文学》杂志上。

　　20世纪50年代，风华正茂的李文俊和他的夫人张佩芬先后进入《世界文学》，做了这本刊物的小编辑。说他俩"小"不只是他们年轻，还因为《世界文学》的前身《译文》乃鲁迅先生创办，在他俩参加编辑工作时已成了中国作协的机关刊物，主编则为时任中华人民共和国文化部长的茅盾，编委也都是一个个像冯至、戈宝权、卞之琳、季羡林似的文坛泰斗和大师。

　　数十年如一日，大名鼎鼎的《世界文学》始终是一本三十二开、朴朴素素的小刊物，然而小尽管小，素尽管素，跟时下洋气又花哨，以至于艳俗的流行大刊摆在一起，却显得高雅、端庄而无丝毫的寒碜。

　　1962年大学毕业后继续得着《世界文学》和李文俊夫妇的帮

助，我头两年还发表了《普劳图斯在修女院中》和《一片绿叶》等德语古典名著的翻译。可是好景不长，再往后选题怎么都适应不了多变的政治气候，就连译成待发的诸如自然主义大师豪普特曼的短篇小说，无产阶级作家魏纳特的诗歌、散文，也统统发不出来啦。1965年，《世界文学》这份中国唯一的外国文学刊物干脆停了刊，"文革"一来复刊的希望更彻底破灭，我与李文俊的书信来往也遽然中止，十多年完全断了联系。直至1978年夏末秋初，我到北京参加考研复试，面见导师冯至先生，才得顺便拜访始终心存感激的《世界文学》和编辑李文俊。

其时刊物已划归社科院外文所。刚刚落脚，我便背着一小口袋四川土产的绿豆，像个进城走亲戚的农民似的一路问到了北京站附近的中国社会科学院。在一幢宿舍跟办公室兼容，书报与蜂窝煤杂陈的灰暗楼房里，我走进二楼一间横七竖八地摆着写字台的大屋子，站在了《世界文学》编辑部的作品组组长李文俊先生面前，简单对答几句后便放下绿豆走人。

随后我有幸成了社科院的研究生，结束了与李文俊单纯的译者与编辑的关系，自此便见面频繁。他在研究生院任课，应该讲也是我的师长，但却不允许我称他老师，我只好叫他老李。他的夫人张佩芬，我俩干脆彼此直呼其名。

不时到老李在和平里的家中做客，不仅分享了那年头十分稀罕的大葱蒸鱼头，还感受着浓厚的文化气息。原本已不宽敞的起居室隔出了一块给小儿子睡觉，却藏有一些令我瞪大眼睛看的东西：玻璃橱里挂着大文豪茅盾和钱锺书题写给"贤伉俪"的墨宝，屋中央赫然立着一张古色古香的大书案，还有珍贵的书刊以及宜兴壶之类的宝贝……

凭着几十年的亲身体验，我想说李文俊这个人一如他倾注了

作者与李文俊、方平、董衡巽的合影

半生心血的《世界文学》：学识渊博，品位高雅，待人处事却始终平和、实在，当编辑更是恪尽职守。也难怪，十多年前他从一名小编辑变成了《世界文学》这一老牌名刊的大主编，之后，他虽说退了下来，终于有时间、精力做自己喜爱的研究与翻译了，却仍在译协无偿地为我等"文化搬运夫"代言、出力。七八年前他大病不死，叫译界朋友额手称庆。这之后他看上去越活越健康，我则希望自己能多结识几位老李似的好人和雅士。

忙人刘硕良

"忙人"之前最好还加上"大"甚或"特大"这样的形容词，不然不足以道出他老兄忙得马不停蹄，忙得一塌糊涂，忙得晕头转向的实际。

从 1982 年前后认识在漓江出版社当副总编的刘硕良起，我最深刻的印象就是此人非常之忙。一开始，他忙着编辑出版"漓江译丛"，同时又在忙着组译"获诺贝尔文学奖作家丛书"和"外国文学名著丛书"，再往后则忙着出版柳鸣九老师主编的"法国二十世纪文学丛书"，忙着筹办由我提议的《青年外国文学》……

在所有这些让他忙活了少则两三年，多则十数年的项目中，除了难产而又生不逢时的《青年外国文学》不幸夭折，其他几项都不同程度地成了气候，特别是其中的"获诺贝尔文学奖作家丛书"，可谓创我国有史以来外国文学出版规模与规格之最，而且译文质量和设计装帧都堪称一流，也就难怪会在海内外赢来巨大的声誉，获得各式各样的奖项。

四川省作家协会有一位朋友叫张先痴，他老先生喜爱漓江社的"诺贝尔"真到了痴迷的程度。为了收全这套书，先托成都某翻译家替他补缺未果，又几次三番找我替他直接从出版社邮购，因为他听说我与丛书主编刘先生的关系更过硬。为他的诚心所动，便把收入丛书的拙译《魔山》送给他一本（《特雷庇姑娘》他已有了），但痴兄他仍然坚持要买新版精装的。其时老刘已从漓江社"离休"，我只好一封一封地写信、一次一次地打电话给现任总编宋安群，最后，社里终于从库房里清理出来一些，部分地满足了痴兄的心愿。这个例子，说明漓江的"诺贝尔"在中国读书界和文学界，享有何等崇高的威望。

还有那套不怎么起眼的"外国文学名著"，不也开了时下热门的类似套书的先河吗？那套销势旺盛的"法国二十世纪文学丛书"，不也至今仍为译介当代国别文学的之最吗？

忙，忙，忙！刘硕良带着他那帮年轻助手大忙、特忙了十年光景，新组建的地方小社就变成了我国外国文学出版的一个方面军，成了广大读者心目中的一块品牌，论实绩不比人文、译文、译林等大社、老社和专业社逊色。

能取得如此骄人的成绩，光靠忙，即使忙得人仰马翻，天旋地转，看来仍不行，关键是得忙在点子上，忙在大事上。硕良兄正好是一位点子专家，正好生就一副干事就干大的德行。他"离休"后，为河北教育社出了一个大点子 —— 时髦的说法叫策划，与属于下一代，但同样爱干大事的王亚民社长一拍即合，开启了"世界文豪书系"这个比"诺贝尔"更加宏伟、更需要眼光和魄力的特大工程。别的不说了，单是我与老刘合作主编的 14 卷《歌德文集》，就不但基本上了却我国几代歌德译介者的夙愿，而且很快就在海内外产生了影响。碰上了一老一少这两位的大手笔，我这个歌德研究者和译介者三生有幸。

不过，"卖点子"只是老刘的副业，他离而不休的正业，他近些年忙得来东西南北团团转，忙得来白了须发、添了眼袋的差使，却是创办和主编广西出版局的刊物《出版广角》。说来这只是一家省级的行业期刊，但经过他一策划，一倒腾，一忙活，短短几年不仅站住了脚，能够自己养活自己，而且在全国的类似刊物中崭露头角，并把影响扩大到了行业之外。即使是与出版界没有直接

柳鸣九、刘硕良在扬州

关系的人，只要见到这份大气、漂亮、信息及时、图文并茂的刊物，都没有不喜欢的。于是，发行越来越好，逐步从季刊变成了双月刊、月刊。

可就这样，硕良老兄似乎仍嫌忙得不过瘾，仍想忙上加忙，忙他个不亦乐乎。前不久中国版权协会和《出版广角》联合在成都开会，他告诉我又在筹办两份新的期刊，一份面向广大读者，一份面向年轻女性，听他介绍前景都不错 —— 但因涉及商业机密，这儿就不详述啦。

对这个不知老之将至的大忙人，我忍不住提出在心里藏了许多年的问题：他怎么干起活儿来狼吞虎咽，恰似地狱里放出来的饿鬼似的？他搞出版以前都干什么去了，为什么总表现出要把失去的时间抢回来的紧迫感？

当着他的爱人老黄和我的爱人小王，刘硕良沉吟片刻后开了口：

"是啊，58年到78年整整20年白白地浪费了，你说要弥补、要抢回来的多不多！"

原来1949年中华人民共和国成立，他中学毕业就在湖南老家参加新闻干部训练班，随后便分配到《广西日报》，1958年已当上编委和副刊主编，按行政级别就是一位处级干部。可谁知就在少年得志、春风得意之时，他莫名其妙地摔了一个跟头，从此便入了另册，想干什么偏偏不能干什么。幸好1978年后有位省委宣传部长看了他的材料说："以前的问题慢慢调查解决，这个人还是先用起来吧。"于是他才到了出版界，才当了漓江社的副总编，而且一副就副到了底，因为他过去的问题仍未解决。就是背着如此沉重的包袱在忙来忙去，"好在最近问题彻底澄清了，给了我离休的待遇！"刘硕良似乎很欣慰地说。

老兄啊老兄，我心里想，让你离休只是承认你49年参加革命，把你58年的问题勾销了，以你的资历和能力，当个局长部长的原本不在话下，你不是还很冤么？你这样知足是很好，可为什么已经离休还要忙个不停，还要越来越忙呢？

望着这个真的准备为事业鞠躬尽瘁的知识分子，我不禁生出惺惺相惜的伤感，只叹自己不坐在高高的宝座上，可以封这位二十多年如一日的大忙人一个劳模称号，授予他一枚"五一劳动奖章"！

别以为我是刘硕良的老朋友就光给他评功摆好，其实他老兄缺点一大堆，得罪的同行和著译者真不少。拿著译者来讲吧，他深知他们的重要，对他们总的说来也不错，特别是赠样书开稿费相当大方，但是催起稿来一封电报接一封电报，稿子到手后人家来信却十有八九没回音，碰面询问他，他也没事人似的回答：太忙啦。对

2016年10月作者与刘硕良在广西南宁的合影

"衣食父母"就这态度，难怪我有的朋友不再与他打交道。

也是因为"太忙啦"，他出了不少大乱子。我写了一篇纪念亡友力冈的短文，《出版广角》发表时配了一张照片，照片上一个是他刘兄，另一个不知是哪位大活人，反正不是故去的力冈。好在力冈已不能提抗议，他马马虎虎过了关。最近的一次就没这么轻松，差点儿被告上法庭。人家辛辛苦苦译成一本书，按他的指示印出来，译者署名却错了！更可气又可笑的是，他在电话上向人赔礼道歉时还将错就错，一个劲儿地用他派给人的名字喊人家，气得电话另一头哇哇叫。

　　知识分子大多爱名，要想淡泊实在不容易，硕良兄似乎也未能免俗，而且听说他无意有意地做过件把过河拆桥的事，如果是真的，我觉得真应该检讨。虽说我们不必如曾子希望的那样"吾日三省吾身"，但一个"信"字还是须时时谨记，不然朋友会越离越远，帮手会越来越少，对不对？

　　对于硕良兄的上述缺点，有时候我真恨得牙痒痒的，但转念一想他就是那么个人，他真有那么忙，就原谅了他。现在，了解了他的过去，对他的忙还有他的爱名又多了一份理解，就更容易想到他的优点和好处，对他的小节就越发睁一只眼闭一只眼。希望对他有气的朋友也消消气，这家伙毕竟大节不坏，贡献挺多。金无足赤，人无完人。有点杂质的金子毕竟还是金子，对不是完人的大忙人刘硕良，我仍然举双手赞成发给他"五一劳动奖章"。

　　硕良兄，你如在百忙中读到这篇小文，特别是最后说你的坏话，请你千万别生气。要知道，不把你当朋友，并相信你受得住，鬼才管这些闲事哩。

能人李景端

我认识的出版界朋友中有不少能人，李景端便是其中的一位。

本文谈李景端，不仅因为在近二十年的交往中，他着实给过我不少鼓励和帮助，而且今年适逢《译林》杂志创刊二十周年，译林出版社建社十周年。文化圈中谁不知道，这份在今天深受广大读者喜爱的大型外国文学刊物，这家在当今外国文学界举足轻重的专业出版社，就是老李当年受命带着一批年轻干将，顶着压力，冒着风险，白手起家创办起来的。20年来，李景端这个名字已与"译林"密不可分，谈他亦即谈"译林"，谈"译林"亦即谈他。

老李他们说我是"译林成长的见证人之一"，确实如此。

回想 1961-1962 年间初登译坛，我能在当时全国唯一的翻译刊物《世界文学》发表习作，真是莫大的幸运。为此得感激我那位才华横溢、客死异国的老师叶逢植，感激热情诚恳地对待年轻投稿者的好编辑李文俊。可是就因为只有一份《世界文学》，那两年我连连在上边发表习作，占用它十分有限的篇幅，自己也觉得很不合适，于是便用了金尼、蜀夫、彭芝等笔名。《译林》的勇敢登场和苗壮成长，真正结束了功不可没的《世界文学》独自撑持中国译坛的尴尬局面！不只为中国人了解世界多开了一个窗口，让中国人看到了外边更广阔、更新奇的风景，而且新辟出了一大片土质肥美、气候宜人的文学翻译园地，二十年间为译坛培养了大批的新苗。我真羡慕这些后来者呀！他们在《译林》发表作品再不用像我似的遮遮掩掩，而且还可以获得这样那样的奖励。以翻译家的名义给译者、译作设立诸如"戈宝权文学翻译奖"之类的奖项，不只始于李景端主持下的《译林》，而且至今似乎仍然独此一家。仅此一端，就叫身为译坛中人而深知其多方面意义的我，体察到了他们对发展文学翻译事业的一片赤心和痴情，自己尽管没得过"译林"任何奖，在只发表现当代作品的《译林》上露面的机会也不多，我仍要真诚地道一声：译林人，辛苦了！译林人，多谢了！

《译林》诞生于1979年11月，诞生在那个乍暖还寒的时候，加之在当年清规戒律甚多的出版界又是一个个性突出的孩子，注定它在成长过程中要经历许多的风风雨雨。景端兄赠我刚出版的大作《波涛上的足迹 —— 译林编辑生涯二十年》，对其创业的艰难、挫折、失意，以及苦尽甘来等等，都有非常翔实、精彩的记述，无须我画蛇添足。我只想说，书中留存下来的绝不只他个人艰苦奋斗、事业有成的"足迹"，也有"译林"由小到大，由刊到社，由地方性的刊物、出版社到成为全国乃至海外声誉卓著的名刊、名社，一步一个脚印地前进的"足迹"。还不止此！我斗胆地说一句，"译林"二十年的发展历程，也从一个侧面，生动具体地反映出我国的文学翻译，乃至出版事业，是如何一步步实现了开放，一步步进行着改革的。李景端和他的同事们说得完全正确，"译林"的发展成长首先归功于国家的改革开放，同时也多亏他们那些思想开明、用人不疑而且勇于承担责任的"顶头上司"。我反过来却要说，也多亏有了译林人似的思想解放而且执着追求的出版工作者，才打破了当年唯有两社一刊的沉闷、冷清的局面，才有了今日我国文学翻译和出版园地百花竞艳的热闹和繁荣。须知在二十年前的那个冬季，《译林》确乎如傲雪绽放的一枝寒梅，给大地带来了春的消息。至于为译林所在的江苏省南京市，为那些独具慧眼、始终支持译林事业的省市领导，这一刊一社也确确实实争了气，拿了脸。

"半路出家"搞出版而能很快入道的李景端，把《译林》杂志办成了气候，使译林出版社以其不容否认的实力和业绩，取得了外国文学出版界几近三分之一的天下，当然得有些非凡的才能的，特别是在当年刚开始拨乱反正的环境和条件下。有关他作为主编、社长的领导才能和组织才能，作为组稿者的眼光、"磨劲"和人缘，作为经营者的包装、宣传和营销手段，《浪涛上的足迹》以及前边的几篇名家序言，都已经讲得很生动具体，很有说服力，相信对出版界的同行，也对我们译者，会有不少的启迪。我个人特别赞赏李景端，视他为能人，还因为他有广阔的视野，超前的眼光：在地方出版社中，不是译林率先向国外购买版权，并且尝到了甜头吗？译林人不是足迹遍天下，把自己的出版业务与促进国际文化交流结合起来，因此名利双收吗？在繁忙的编辑和管理工作余暇，景端兄不是笔耕不辍，书评、报道、散文、随笔什么都写，而且往往能抓住本行业，乃至全社会所关心的热点问题，因此成了出版界和外国文学界的名人吗？他1996年名义上退了休，却开始研究起在我国十分重要的著作权问题来，时有高论见于报端，不说明他心胸仍然开阔，目光始终向着前方吗？

不过，能人不等于贤人、完人，而常常还会是有争议的人。具体对李景端这个人，他的同行和同事们怎么看怎么讲，我不了解。只是本人从80年代初就开始经他之手出版译著，着实领教过他在定稿酬标准时振振有词的抠门儿，因此心里并不总是那么喜欢他。不过后来想想，他老兄这么做也是为了自己单位的利益，天经地义，何况在信守合同、出书及时、付酬及时方面，译林又比其他不少出版社都好呢，所以，至今我仍愿意把自己重要著译的出版，托付给译林。而今的译林人，可谓青出于蓝而胜于蓝，把摊子搞得更大了，书也出得更加漂亮，同时也继承和发扬了他们泼辣、严谨的工作作风。使我格外满意的是，我在译林出的书，特别是其中的《海涅抒情诗选》和《格林童话全集》，重印率都非常高，不仅及时满足了读者的需要，还提高了本人劳动成果的经济效益和社会效益，而后者即作品的社会影响力，是我们这种人更加在乎的。

出席《译林》创刊五周年座谈会

还想说一说：今日的译林人，大概多少受了老李的影响，同样也在为人作嫁之余，注意提高自己的素养，使自己也成为译者、作家和出版外国文学的专家，不只经常在传媒上发表言论、文章，还十分注意参与和组织国内外的文化学术交流。这一点，译林的领导和编辑们在全国的同行中显得颇为突出，在我看来也正是他们眼下办刊、出书的品位越来越高，以及未来立于不败之地的重要保障。难怪他们的《译林》双月刊，会成为"全国百种社科类期刊中唯一的外国文学杂志"；他们近年来出版的几套大书如"世界文学名著"系列和"播火者译丛"等，会那样大气，那样气势恢宏。

套用两句时髦语结束本文：祝愿景端兄壮心不老，事业日新；祝愿译林红红火火，明天更加美好！

1999 年 12 月

寂寞的丰碑

—— 怀念力冈

十多年前，从收入漓江出版社"获诺贝尔文学奖作家丛书"的 4 大卷《静静的顿河》，我得识了他作为译者的大名 —— 力冈。

4 大卷《静静的顿河》，洋洋 150 万言！对深知译事艰辛的我，这本身已是一桩非凡的业绩，令译界的同行羡慕。

丛书的主编刘硕良还告诉我，《静静的顿河》乃是新时期重译的第一部大型多卷本世界文学名著。并且他认为，当年能做和愿做这件吃力又不无风险的"蠢事"者，非力冈莫属：他在"摘帽平反"以后身处世外桃源一般的芜湖某高等学府，不但有安静的环境和充裕的时间，还十分耐得住寂寞，尤为重要的是，他在 1957 年遭遇不测后苦撑苦挨了许多年，好不容易才等到了机会，终于能够实现自己从青年时代起就怀有的译介俄国文学名著的抱负，所以，他能以常人难得有的决心、胆识和毅力，废寝忘食地完成重译《静静的顿河》这一至为艰巨的工作。

大同小异的经历和志趣，使笔者自然而然地对素昧平生的力冈产生了兴趣和倾慕，然而，遗憾的是，在 4 大卷《静静的顿河》里和我后来所接触的力冈的众多译著中，关于自己力冈却未着一词，使得这位离群索居、远在千里之外的同行，长时间地成了我心中的一个谜。

1994 年秋冬之交，终于在杭州举行的一次文学翻译研讨会上，我与心仪已久的力冈不期而遇，算是从四川老远跑去赴会的最大收获。会间我们接触的时间十分有限，但却一见如故，相见恨晚。在会议组织的参观游览途中，我们全然无心于风景名胜，只顾谈论自己感兴趣的文学翻译，谈论翻译界和出版界的熟人朋友。

杭州之行来去匆匆，会后我与力冈开始书信往还。其时我应四川文艺出版社之约，正主编"世界中篇名著金库"等两套丛书，力冈不但自己欣然供稿，而且从北到南地给我推荐了不少他认为信得过的译者，其中即包括他的老朋友沈念驹、老搭档冀刚，也有他的学生和年轻同事、同行。在这个过程中，我发现他一点不迷信名家和权威，而是热情提携青年后学，因而大大加深了他在我心目中那个忠厚刚直、重义轻利的山东汉子，那位可亲可敬的仁厚长者的印象。特别是后来了解了力冈的不幸身世，我于钦佩其以九死不悔的毅力追求自己的理想，兢兢业业地完成巨大业绩的同时，更加敬重他虽经历坎坷磨难仍不改赤子之心和善良禀性的高尚人格。

1996 年下半年，突然传来了力冈身患癌症的消息。其时他行将满 70 岁，刚刚借探亲的机会去了一趟自己终生向往的俄罗斯归来。是的，这位为介绍俄罗斯文学献出了整个生命的大翻译家，这是他一生唯一一次踏上我们北方伟大邻邦的国土，而且只是作为一个普普通通的自费旅游者。

1997 年春节过后不久，我刚从德国访学返回成都，就接到他亲属通过电话传来的噩耗：力冈走了！他走得如此匆忙，如此寂寞，不见传媒任何报告，虽然他生前为我们的教育事业和文学翻译事业贡献那么大，那么多！力冈岂止走得寂寞，活得也寂寞。从我接触到的有关材料看，他从未获得过任何奖励和荣誉称号，也没有在某个学会、协会里担任过任何职务。作为教师和翻译家，他有的是辛勤的劳作，默默的奉献。力冈之能成为力冈，力冈之能给我们留下洋洋 700 多万言的精彩译作，正归功于本文一开头所说的他耐得住寂寞。

力冈翻译的俄罗斯文学不仅数量巨大，而且质量上乘，大多很好地保持了名著原作的文学价值，忠实地再现了它们的艺术风格。他常讲："要想做一个优秀的文学翻译家，必须具备敏锐的美感和细腻的文思。文学翻译重在传神，因此对原文必须吃透。""翻译家好比蜜蜂，只有将采集的花粉完全消化了，才能酿出真正的蜜来。"因此，他对自己的译品总是字斟句酌，精益求精，甚至不止一次在课堂上鼓励学生为他挑错。他还讲："心绪不佳和思想紊乱时我绝不动笔。提起笔来就必须专心致志，全神贯注，力求做到像演员一样进入角色，分担书中人物的喜怒哀乐。"也就难怪，读力冈的译品，我们往往会深受感染，获得巨大的艺术享受。

在我国，文学翻译家曾被誉为偷天火赈济人类的普罗米修斯，被誉为替起义奴隶运送军火的无名英雄，然而，这个普罗米修斯最终被缚在了高加索山上，心受到老鹰啄食，长期孤寂地忍受着非人的痛苦折磨。在西方，翻译家的精神劳动同样常常遭忽视轻薄，干脆作为文化界的苦力。先是寂寞地活着和奉献，最终又寂寞地离去的力冈，可以讲是我国为数不算很少的文学翻译家的一位典型代表。

不过令人欣慰的是，尽管力冈走了，默默地走了，他却用包括《静静的顿河》《安娜·卡列尼娜》《复活》《猎人笔记》《上尉的女儿》《当代英雄》和《帕斯捷尔纳克诗选》等一系列名著佳译，为自己竖立了一座不朽的、气势宏伟的纪念碑。力冈还具有的刚直不阿、善良忠厚、爱护弱小、扶助后学和疾恶如仇的品格，也使他永远活在自己的亲属、朋友、学生和同事的心中，活在视他为楷模的我辈同行和广大热爱他译品的读者心中！

快乐的文楚安

在我国的外国文学界和读书界，文楚安早已不是个陌生的名字。"史无前例的文化浩劫"结束不久，他便不断地奋笔疾书，至今已在全国一流的报刊《读书》《文艺报》《外国文学评论》《当代文坛》等发表了数十篇有影响的论文，此处还翻译出版了《荣格：人和神话》和《与狼共舞》等大部头理论著作和文学名著。作为一个业余从事著译的学者和翻译家，应该讲已取得可观的成就。

虽然很早就从北京的同行口里听说"四川有个文楚安"，因而注意读了他的一些作品，与他第一次见面却在 1987 年末。其时四川文学翻译界首次聚会于眉山三苏祠，并在会上成立了四川作协的翻译文学委员会和四川翻译文学学会。楚安给人的印象是豪爽、热情，再加已经取得的成就和声望，因而被公推为学会的秘书长。几年来，他不负重望，确实为四川翻译文学事业的发展兴旺，不声不响地做了许多事情。

大概也深知他靠得住，北京有几位大主编（如社科院的王逢振）和大编辑（如《文艺报》的李维永）都老拽住他不放，使他狭小阴暗的书房内，不分寒暑地灯火长明。当然，楚安也在他的小书房中自得其乐。

最近几年与他接触多了，才知道他过去的路颇为坎坷曲折：60 年代初在四川外语学院毕业后分配到了边远地区，长期与爱人孩子分居两地，几经辗转终于欢聚在华西医大，业务专长才得到较好发挥。不少人告诉我，他开的翻译课很受该校外语系学生的欢迎。我想，除去他备课、讲课认真，还与他长期的翻译实践和精深的理论研究有密切关系，也就是说，楚安科研与教学相长，科研与教学俱佳，像这样一个教师难能可贵，然而，他至今还是个副教授，还住着勉强算是一室一厅的房子，却毫无怨言，口头常挂着一句话是"总会解决的"，说完又埋头书中，所以，我说他"自得其乐"，是个对名位和生活享受都看得很淡的达观学人。

还要说说楚安的一件趣事，他虽热情诚恳却不善言辞，我的意思并非他词不达意，或者缺少文采。记得大前年在全国外国文学研讨会上，他宣读《向现实主义回归：美国当代小说发展趋势》的论文，川味普通话变成了"不懂话"，听得他的老乡我在下边一阵阵发怵。得，楚安兄，四川麻辣烫不比北京涮羊肉味道差，你以后到哪里，还是讲从小讲惯的话吧！这样，你这位学者和翻译家并不掉价，文楚安依然是文楚安……

以上是1990年我作的一篇《文楚安剪影》。俗话说，"士别三日，当刮目相看"，更何况从那时到现在已经过去三年。这几年楚安的成就更是了得，此文楚安早不是彼文楚安！他相信"总会解决的"那些问题果真一个个解决了：

1992年实至名归地从副教授晋升为教授，同时担任外语系的副系主任；房子从凑凑合合的两间，扩大为了正正规规的三室两厅；破自行车原本可以不骑了，有了儿女开的"富康"接送。

让文楚安更加重视，更加乐不可支的，是他这几年事业上突飞猛进般的成就：他不但又出版了斯坦利·费什的《读者反应批评：理论与实践》和《马克·吐温幽默作品集》等重要译著，而且跨出国门，于1997至1998年在美国哈佛大学做高级访问学者，潜心研究"垮掉的一代"，回国后翻译出版了杰克·凯鲁亚克的代表作《在路上》和《金斯伯格诗选》。前者使他获得了 1999 年的全国外国文学作品的出版优秀奖和第三届"四川文学奖"。这些译著加上见解深刻独到的理论文章，使他成了"垮掉的一代"在中国屈指可数的权威专家，因此经常应邀到各地讲学。1999 年，他理所当然地成了中国作家协会会员，当选为四川翻译文学学会副会长以及中美比较文化研究会理事，并入典了权威的《中国翻译辞典》和《中国作家大辞典》。其在《外国文学评论》《文艺报》《诗刊》等重要报刊发表的论文，即将结集为《"垮掉一代"及其他》，由中央编译出版社出版。楚安这几年真可以讲成就斐然，也就难怪每次与我通电话时，都哈哈不断，让我忍不住想送他一个雅号：快乐的文楚安！

本人一生朋友不少，但最要好的多为性格直率、豪爽的北方人，而且女性多于男性。楚安可算我在四川老乡中极少的两三个朋友之一，原因就在他可爱的个性。

请听他自己讲：

本人生性乐观，这或许同我曾在阿坝藏族草原地区八年的生活不无关系：物质生活和工作条件很艰苦，但粗犷的、极具生命活力的大自然让你衷心热爱生命，去搏击人生并且有所作为，不论生涯何等坎坷。我最喜爱的格言是：生命短促，艺术长存。我有幸选择外语作为专业，因为它使我不但能徜徉于英语文学之境，而且能超越时空，用汉语文字使他们中的一些大师同中国读者交谈。我坚信，优秀的文学翻译著作同原著一样都会永恒不朽。

在人生观、事业观和性格方面，我和楚安颇有相似之处。四川有一句俗话：吃得亏，打得堆 —— 很好地道出了我们的交友之道。楚安能与我长久地保持友谊，而且除了我还有朋友一大串，就因为他是一个吃得亏的人。相反，一个人如果心胸狭小，锱铢必较，待人接物总是拨打着势利的小算盘，这样的老兄谁都会敬而远之，因此也很少有真正患难与共的朋友。没有朋友便不会有多少欢乐，即使有钱有势、有家室、有成就。楚安成天乐呵呵的，就因为他有许多朋友。

作者与文楚安的合影

文楚安吃得亏的例子就不用举了。要说的只是他吃亏有时也怪他自己，熟识他的人没谁不讨厌他那笔鬼字的，读他写的评语什么的比听他的"不懂话"还难受。好在他先生有自知之明，学会了用电脑写作，而且还不时地 E-mail 一下，真是好不潇洒。更潇洒的是他还常去跳舞，而且看来对此道十分热衷，每次来电话都要问：

"老杨，最近有没有出去跳舞？…… 没有?! 哈哈哈哈！…… 我说，我说，还是该多跳一下哦 …… 哈哈哈哈！"老文劝老杨。

老杨反过来却要劝老文："老兄，注意，可不要太潇洒喔！"

黑马 BBB

BBB恰好是他名字拼音的头三个字母，他用作发电子邮件的代码，不只形和声都怪有趣的，且透着一股子掩掩不住的机灵劲儿。熟悉他为人和为文的我见了不由一哂：哈，毕冰宾这娃儿，好个BBB！

娃儿，四川对年轻人的昵称，男娃儿、女娃儿，就像港台口语中的男生、女生，男孩子、女孩子，只是少了几分时髦，多了一些土气。我心里这么称呼毕冰宾，知道他多半不会见怪。毕竟比他痴长二十来岁，虽视他为忘年交，称他学友却让他讥为"黑色幽默"，那就干脆倚老卖老一回。这十年左右，我倒真是看着冰宾这娃儿迅速成长起来 —— 当然是指事业上，对他的年轻有为，只有羡慕的份儿。

80年代初我在北京认识的冰宾，毛头小伙子一个已是中国青年出版社总编室的要员，公余还发表不少译作，为报刊写一些蛮有灵气的文章，干得相当不赖。后来我调回老家当教书先生，和他仍时有联系，一天他突然通知我换单位了，进的是谁都知道门槛很高的中央电视台。为什么调换，他没说，可不久就从他送给我的长篇小说《混在北京》，自以为看出了一点事情的原委：那以筒子楼为象征的整个生存环境、精神状态，都叫他"混"不下去呀，好像就是这个时候，他开始使用"黑马"这个笔名。

自名为黑马，我当即断定绝不仅仅因为冰宾皮肤黑，或者他属象为马，而是另有深意，包含着他在文学事业上对自己的期许，反映了他不凡的抱负。果不其然！据我所知，他的处女作《混在北京》立刻引起关注，拍成的电影，还获了大奖。黑马 BBB 他真的以黑马的姿态，跃上了中国的文坛。又过了几年，冰宾不仅出版了第二部长篇小说《逆缘千里》（安徽文艺出版社，1997），同时还以译介劳伦斯成了各出版社争抢，包括劫掠、剽窃的对象，在译坛上同样俨然黑马一匹。

上面说的毕冰宾，国内关心文学的人多半都知道，但多半不知道，同时也更可惊的是 —— 至少我感到很惊讶，他创作的两部长篇都很快译成了德文，上了 Eichborn 出版社在法兰克福书展的展台！

感到惊讶的还不只我。去年刚过世的马汉茂，这位德国汉学界的现当代中国文学权威，在展览会上见到毕冰宾的两个大部头也惊诧莫名：怎么竟未经他或者其他的权威鉴定、帮助和组织，就有人自发翻译了某个 Hei Ma 的作品？就冒出来了一匹黑马？

以搞德语文学为业，在德国比在中国更值价一点儿的我，知道中国作品能让人自发、主动地翻译并受到重视，特别是在人家对中国文学的热情已经冷下来的今天，有多么不简单。对此冰宾却在电话上以极平淡的口气解释说，他只不过运气好，碰到了有心人而已。

是啊，这娃儿运气确实好，还不只好在小说有人欣赏，有人拍电影，有人往国外介绍。这娃儿最让我羡慕的，是比我晚生了二十多年，碰上了一个比我年轻时强得多的、能不冒大风险就实现自己文学梦的时代！可不是吗，他和我一样外文系出身，搞翻译的最终目的是创作，是成为作家 —— 中国文学翻译界做过这种梦的人不在少数，可今天看来只有毕冰宾等少数几个人有运气，也有才气，只要坚持不懈，戒骄戒躁，才能说有步冯至、余光中等文坛杰出前辈后尘的可能。外文系原本是大作家、大学者的温床，可惜我生偏早，到四十岁才抓住自己命运的小鸟，尽管努力，也只能当个教书先生，业余译介一点歌德，时不我予啊！唯愿黑马BBB，唯愿一切既有运气也有灵气的小马驹子，个个都能在宽广的大道上奋蹄扬鬃，勇敢奔驰。

德博教授

要不是他亲口告诉我，真难想象温文尔雅的德博教授长时间地当过兵，长时间地蹲过战俘营。正是在第二次世界大战的英军俘房营里，他邂逅一位有名的汉学家，从此与中国文化结下了不解之缘。

战后，普通德国人开始苦撑苦挨那些饥寒加屈辱的岁月，年满26岁的德博却赶紧进入勉强恢复的慕尼黑大学，成了汉学专业寥寥可数的学生中最年长和最勤奋的一位。

"为取得这个学习资格，我按规定还先做了三个月清除废墟的工作啊。"回忆往事，德博教授不无感慨。他说，正因为潜心于中国文化的学习，潜心于唐诗的研究翻译，他才能比较轻松地克服和度过了当年物质和精神的困厄。

初次见到德博教授是1982年的初夏。其时，在阳光灿烂，繁花似锦，古老的大学城海德堡正举行由他发起和主持的"歌德与中国·中国与歌德"国际学术讨论会。会议开幕前，我随冯至老师去对他作礼节性拜访。一踏进他那雅洁而富于个性的办公室，便不由一怔：宽敞的室内不见任何杂乱和多余的陈设，最引人注目的是墙上挂着一幅中国书法，上写着颇见功力的一个斗大"忍"字，再有，就是对面靠墙一列玻璃柜里叠放得整整齐齐的线装书，一色的蓝布封套，令人肃然起敬。

大小会议和交流活动有条不紊地持续了四天。气氛的紧张、热烈，越发显出主持者德博教授的从容大度，文质彬彬。他脸上总是带着友善、热情的笑意，难怪冯至先生说："德博这样的老汉学家一生浸淫在中国文化里，自然便养成了儒雅君子的风度。"

德博教授脸上暖人的融融笑意，内卡河畔大学城的优美景致，深深叠印在我的脑海里。第二年，当我获得机会到当时的联邦德国研修，便毫不犹豫选了他作为我的指导教授。

接下来的一年多，德博教授为我的研修，乃至起居付出了不少心血，我对他的人品和学问有了更多了解。

在逐年兴旺起来的汉学系，他当系主任和教授已届十六个春秋，一直以兢兢业业、治学严谨和待人宽厚而深受爱戴，可谓德高望重。经过三十多年锲而不舍的努力，他已出版著译十余种，在唐诗特别是李白以及老庄的研究和译介方面，成了有国际声望和影响的权威。

他为促进德中文化交流也做了许多工作。继"歌德与中国"讨论会之后，又协助我筹备了 1985 年春在重庆举行的"席勒与中国·中国与席勒"国际学术研讨会。为此，他曾亲自驾车送我去各处联络，在与德国的席勒协会等有关组织会谈时，甘当我的顾问和配角。当第一次联名申请经费失败以后，他又支持我以中国学者的身份致书科尔总理，终于获得了包括总理本人在内的各方面的有力支持。

随着用中德两种语言演唱的《欢乐颂》响彻我所供职的四川外语学院的上空，研讨会如期隆重开幕，破天荒第一次实现了两国日耳曼学家和汉学家在中国大地上的盛大聚会，为中德文化交流的历史揭开了崭新的一页。德博教授遗憾因病未能出席，却没有忘记来信表示歉意和祝贺。

不讲德博教授对古汉语、对老庄哲学、对唐宋文学造诣之精深，直令我这样的中国人艳羡，就讲他的待人接物方面，我总觉得与其说他是一位德国大教授，倒不如说更像个道德高尚、学养深厚的中国老夫子。

悠悠岁月，如内卡河水一般慢慢逝去了。1988 年，德博教授随信寄来一本学生们为他编辑出版的纪念文集，告诉我年前他满了六十五岁，已经退休啦。不过，他说退休只意味着不再承担教学工作，反倒给了他更多时间去陪伴老子、庄子和李太白。

在这封笔迹工整、清秀的信里，分明又透露出他那旷达而睿智的微微笑意，像余晖中海德堡那座红彤彤的古王宫，美丽而又温暖。

日子过得飞快，转瞬自己也接近了退休年龄，但每当回忆起年富力强时在异国他乡度过的岁月，我总要想起海德堡美丽的古王宫废墟，想起从我窗前悠悠流过的内卡河，想起我的异国师长 —— 睿智慈祥的德博教授 ……

含泪补记：

当我再来忆述敬爱的德博教授时，想到自己这位异国恩师已经不在人世，敲击键盘的手指不禁变得迟缓、僵硬，眼里满含着热泪。前文说过，我相信"吉人自有天相"这句古话，不过这天，愚以为既非老天爷，也非上帝，而是一个个我们在人生旅途中偶然遭遇，但却给我们的成长以巨大助力，叫我们终身受惠、感恩的人。对于我来讲，德博教授就跟我的导师冯至先生以及叶逢植、绿原等人一样，让我在有生之年怀有无尽的感激。

老友顾彬

顾彬是由他的德国名字沃尔夫冈·库宾（Wolfgang Kubin）衍化成的汉名。对于西方的汉学家，或曰中国学家，以及形形色色与中国打交道的人们来说，有一个汉语名字并不稀罕。难得的只是顾彬二字不但发音贴近他原来的姓氏，而且可以说名如其人，很容易让人想到他那文质彬彬的学者风貌，甚至还有他含蓄、内向、深沉的独特个性。

正如他很爱中国和中国文化，很爱他的中国妻子和中国朋友，我知道，顾彬也很爱自己这个地道的中国名字。差不多二十年前，当他给我解释这名字的由来时，很自然地流露出了对北京语言学院那位当初帮助他取名的中国老师的感激之情。

是的，顾彬与我已是有二十年交情的老朋友了。1982 年的夏末秋初，由海德堡大学汉学系主任德博教授（Günther Debon）主持召开"歌德与中国·中国与歌德"国际学术研讨会，我有幸随导师冯至先生前往参加，作为与会者中小字辈的我与顾彬，便相互予以了关注。

一次会间午休，大伙儿随随便便地躺在会场旁的草坪上小憩，我跟顾彬很自然地交谈起来。那年头，我们出国交流常获准"预支"教授或研究员之类的高级头衔，因此"杨武能教授"也不时地称他 Prof. Kubin（顾彬教授），不想却招来了冷冷的一句："Titel beiseite!（甭来头衔）"原本就不苟言笑的他，表情变得更加严肃了。

岂止严肃！这位曾在会上拿郁达夫的《沉沦》与歌德的《少年维特的烦恼》做比较研究的德国学者，在他那浅蓝色的眸子中，我分明看到了深深的烦恼和浓浓的忧郁。也许是当年本人的地位和心境都类似于他吧，所以对一般人眼里显得孤僻古怪的顾彬并无恶感，相反倒视为知己。

再次聚首是第二年的四五月份，在北京老东风市场。记得是我打了个电话，顾彬便大老远蹬着车从他进修的北大赶来了。于是各人面前摆着点简单的食品和饮料，天南地北地聊了小半天。其时我即将调离社科院外文所，并且很快要去海德堡做访问学者。他仍担任西柏林自由大学汉学系的所谓 Privatdozent，即写完了 Habilitation（教授论文）正等待空缺升任教授的高级讲师。顾彬那一句"Titel beiseite!"多半是对遥遥无期的等待的不满吧。

又过了两年，多少已熬出头的我们各完成了一件大事：1985年，顾彬在等了四年多之后终于当上教授，不仅如此，还应聘做了著名的西柏林"地平线艺术节"的学术顾问，因为那一年艺术节要重点介绍中国的文学艺术，他这位中国通正好派上用场。在顾彬的张罗操持下，王蒙、张洁等一大批中国作家，以及四川省川剧团应邀到了德国，实现了德中之间足以载入史册的第一次文学艺术大交流；差不多同时，我也被破格提升为四川外语学院的副院长，并在这所中国内地的大学，斗胆发起和主持了我国外语界和比较文学界的第一个大型国际盛会——"席勒与中国·中国与席勒"国际学术研讨会。顾彬也应邀来参加了。会议期间的一个晚上，我在家里招待老同学、老朋友，与会的德国学者只有一人在座，他就是顾彬。

我把顾彬当朋友并非一厢情愿，谬托知己。证据之一是一张我至今还保存完好的彩色照片。照片上的顾彬可谓破天荒的笑容可掬，春风满面。原来与他并肩站着一位黑发如云、身材高挑、模样俊俏、身穿着鲜红色呢子大衣的年轻中国女子。这显然是一张报喜的结婚照！这样的照片，以顾彬这个在德国也算格外含蓄、矜持的知识阶层人士，绝不会主动寄给随便什么人的，除非是至爱亲朋。我在收到照片后也着着实实分享了自己这位德国友好的喜悦，并在随后的十多年成了他家庭幸福美满、事业蒸蒸日上的见证者。须知，顾彬夫人张穗子不仅是一位给他养育了一儿一女两个宝贝的贤妻良母，而且在事业上也给了丈夫多方面的有力支持，成了他翻译、编撰和出版工作任劳任怨的好帮手。

顾彬已是一位享誉世界的汉学家，现任波恩大学汉学系的系主任。他最初着迷中国文化是因为读了一首李白的诗，读了那首"故人西辞黄鹤楼，烟花三月下扬州。孤帆远影碧空尽，惟见长江天际流"。原本学神学，打算当牧师侍奉上帝的他，不知是不是在这首七绝的意境中体悟到了涵盖茫茫人生、浩瀚宇宙的深广哲理意蕴，于是转而攻读汉学，以便终生做中国诗仙、诗圣的追随者。

再说我视顾彬为知己，当然还不只上面讲的那张照片。二十年的人生轨迹，显示我们两人确乎有不少相似之处：一样地充当中德两国之间运送文学和文化产品的"苦力"，不同的只是一个为德国的汉学家，一个系中国的日耳曼学学者，搬运的方向正好相反。顾彬干起活来比我更刻苦，更亡命，更有耐力，以致脸上的褶子比我深，头上的衰毛比我白，虽说他整整比我小了七八岁。一样地在教学、科研之余既搞翻译，又搞创作，并且首先以翻译家的身份跻身学界和文坛，却又心有不甘，于是都拼命挤时间弄学术、搞创作，不同的只是顾彬比我更加学术，创作的主要是高雅的诗，我主要写写散文、随笔。还一样地勤奋、多产，要说著译等身也勉强可以。

作者与顾彬和诸位友人的合影

他主编和主译 6 卷本的《鲁迅文集》，翻译了冯至、王蒙、北岛、杨炼等作者的代表作，当之无愧地被誉为"德国目前译介中国现当代文学的第一人"；出版了《空山 —— 中国文学的自然观》《猎虎 —— 中国现代文学研究》《基督教、儒教与现代中国革命精神》和《论杜牧的诗》等学术专著和论文，除此还有一本我准备另文详述的专著《影子的声音 —— 论文学翻译的技巧与艺术》；从 1989 年开始主编《袖珍汉学》（*minima sinica*）和《亚洲文化研究》（*ORIENTIERUNGEN*）两种学术刊物，一年出版两三期，一直坚持到了今天；眼下正紧锣密鼓地完成一个堪称世纪工程的大项目，即主编一套 16 开本的 10 大卷《中国文学史》，由他本人撰写的第 1 卷，即诗歌卷已经出版；他近几年创作的抒情诗已结集为《愚人塔》等两个集子，等等，难以尽述。在德国的汉学界，在德国的翻译界，还找得出第二个这样多产多才的人么？难啊！

再说说他与我的差异，或者更确切地讲差距。实话实说，本人真是有许多不如顾彬的地方。他上大学除去汉学，还念了哲学、日耳曼学、日本学和新教神学，我却仅仅念的是日耳曼学，比他知识面窄得多，因此搞起学术来挺吃力。顾彬 1973 年获得了波鸿大学的哲学博士学位，本人当时却还带着学生在工厂实习，并接受再教育；他 1981 年完成晋升教授的论文，获得了任职资格，本人刚刚才念完硕士，等待确认助研，即讲师的资格。总之，论学历我比他差得远。

　　不同的客观历史社会条件不说了，即使主观方面，例如治学的刻苦和严谨，我自认为离顾彬也有不小的距离。朋友们都认为他是个工作狂，生活要求之低近乎清教徒，具体讲，顾彬至今没有汽车，也很难见到他西装革履，住的方面也是直到家里的书多得快挤不进人了，才有所改善，终于在当教授十六年之后贷款买了一幢属于自己的房子，也就难怪内人最近两次见过他之后都私下对他表示同情，因为顾彬教授给人的印象总是那么疲惫不堪，总是那么一脸苦样儿。

　　当然，印象毕竟只是印象，外表常常会给人误导。顾彬既当系主任，又要教学，既从事翻译、写作、学术研究，又要跑来跑去在中国、美国、新加坡等地的大学客座，说辛苦确实是够辛苦的，然而他却乐此不疲，苦中有乐！为什么？因为这表明他多有用武之地，表明他事业有成，表明他已在德国和国际的汉学界产生影响，享有盛誉。

　　同样，在日常和家庭生活中，一脸苦相的顾彬其实也蛮幸福的。我多次到过他原来并不宽敞的住宅，只感到在贤惠的穗子夫人操持下，这里有一个温馨的、其乐融融的中西合璧家庭。这个家庭的男女主人都勤俭、上进，而且时常"有朋自远方来"。在家庭观念方面，作为中国文化专家的顾彬确乎深受儒家传统的熏陶和影响。我曾不止一次碰见他带着孩子在波恩的莱茵河边散步，每次都感到此时的他完全变成了另一个人，眼神中的忧郁、烦恼和脸面上严肃、疲惫什么的，通通被恬静、幸福和慈蔼代替了。

说到顾彬性情的忧郁和严肃、刻板，有朋友讲是先天使然，前者遗传自他出身维也纳的母亲，后者遗传自他身为柏林人的父亲，我想应该有些道理，但是，我同时还揣测，这跟他爱好哲学、神学，且明显地赋有诗人气质、秉性，恐怕也不会完全没有关系。

生性忧郁、严肃、不苟言笑的顾彬，很容易给不熟悉他的人一个高傲、冷漠的印象。记得十多年前有位著名的中国作家在国内发表文章大骂"傲慢的德国教授"，其所指就是劳神费力地接待他的顾彬。顾彬深感委屈，甚至气愤，但却未必完全清楚出问题的原因。对人冷漠的表面印象当然起了作用，更主要的恐怕还在他忽视了中国人习以为常的级别和长幼尊卑顺序。他怎么可以对那些他器重的年轻诗人热情有加，而对另一些享受地师级待遇的老作家礼数不周呢。显然这是一个文化差异造成的隔膜和误解——类似的隔膜、误解，甚至于摩擦、纠纷，在前些年的国际交往中真没少发生。

其实，据我多年的观察，顾彬这人真是我们所讲的"热水瓶"，而且根本没有一般德国人的所谓 Arroganz，即傲慢。他对自己的学生，对为数不少的中国年轻作家和年轻学者，实在是满腔热情地给予帮助。他花那么多心血、精力翻译中国年轻诗人的作品，还时常陪他们到处去朗诵，要换了年长而有地位的中国教授就未必做得到。

最后再说一点顾彬与我的差异，也即同为文学翻译家和文化传播者的我们在待遇上的差异。在德国，译介中国文学、传播中国文化，较之我们在中国译介德国文学、传播德国文化，困难大多了，地位低多了，待遇差多了。一般的德国大学教授都不屑于做翻译。正因此，对一些贡献卓著、国人却知之甚少的德国译界同行，特别是已故的大学者和大翻译家卫礼贤（Richard Wilhelm）、弗朗茨·库恩（Franz Kuhn）、鲍吾刚（Wolfgang Bauer），以及仍然健在的德博（Günther Debon）等，我和顾彬都怀有深深的敬意。现实的困难留待介绍顾彬的文学翻译论著《影子的声音》时详述，这儿只说待遇，而且主要是翻译家从其所传播文化的母国所得到的待遇。

我们这些译介德语文学、传播德国文化的人，可真是幸运哩！多少人因为自己从事的工作，得到了人家的资助和进修提高的机会。特别是本人，主要就因为翻译的成绩，得了德国两项大奖。德国健在的前辈德博和如日中天的同行顾彬，他们为传播中国文化贡献更大，迄今却从咱们国家什么奖也没得到过。

我当然了解他们，特别是年事已高的德博教授并不在乎什么奖励。我当然知道我们的国家也重视在国外传播自己的文学和文化。我当然理解我国尚处在发展中国家的水平，拿不出许多钱来奖励人家，可是，给一些确实为传播中华文化辛劳一生、贡献巨大的汉学家，或曰中国学家以精神奖励，比如荣誉称号，为什么办不到呢？

突然想到我们每年都评的国家图书奖、中国图书奖，以及鲁迅文学奖中的彩虹奖，是不是可以考虑也设立一项特别奖，逐步把外国汉学家的著译也纳入评奖范围，从而促进中国文化在世界的传播呢？如果有这一天，我将自告奋勇，义不容辞，并且"举贤不避亲",为我朋友顾彬的 6 卷《鲁迅文集》和 10 卷《中国文学史》请奖。

在 20 世纪 80 年代写的一篇"文学翻译断想"中,我曾提出过"文学翻译家应该同时是学者和作家"这个命题,并认为我们杰出的前辈大都达到了这一要求,几十年来自己也正朝着这个方向努力。在当今研究和通晓中国学的外国学人中,以个人接触范围而言,顾彬似乎是唯一一位兼为学者和作家的文学翻译家,而且成就卓著。正因此我与他惺惺相惜,成了朋友,正因此我对他特别敬重。

2004 年我在法兰克福大学作报告,顾彬当主持人。

后记:

这是一篇二三十年前写的人物素描。"士别三日,当刮目相看",今日之顾彬和当初我视为好友的顾彬,绝不可能是同一个人。想认真写一篇《再说顾彬》,一时又没有心情和时间,只好在此声明一句:我对自己当年绝对肯定的顾彬已多有保留,特别是他酷评中国当代文学并因此在中国曝得大名,我更不以为然。国内有些媒体人不分青红皂白地追捧他,不只是哗众取宠，借以抬高本身的身价，更是崇洋媚外和自轻自贱的表现，为人不齿。

　　什么时候有了心情和时间，我会再来细说顾彬。特此预告。

第三辑

| 远行足音 |

"读万卷书，行万里路。"——古人求知、圆梦的经验仍值得记取。身为德语文学的研究者和译介者，我有幸四海漫游，我说的不仅是一次一次将脚跨出国门，更指精神上的不断远行。

法兰克福国际书籍博览会一瞥

××同志：

我到西德一眨眼已近十天，现在在德国中部的文化名城海德堡给你写信。十天来可记的见闻实在不少，先谈谈你和《读书》编辑部的同志们可能最感兴趣的一件事，即我参观第三十五届法兰克福国际书籍博览会的情况。

10月12日，我到西德的第二天，适逢举世闻名的书籍博览会正式开展，便冒着不适应时差所引起的困倦和头晕，欣然随同一位在当地进修的中国同事前往参观。法兰克福在国际上以金融贸易中心和交通枢纽著称，但对当局以及市民来说，一年一度的书展仍算得上一大盛事。为庆祝博览会开幕，头一天晚上在市议会大厅由市长亲自主持了隆重盛大的招待会，并邀请富有声望的文学理论家，图宾根大学的汉斯·迈耶（Hans Mayer）教授前来发表演说。

博览会的规模非常巨大，有全世界八十多个国家和地区的近六千家出版社前来参加展出。在三座百来米长、数十米宽的展览厅中，陈列着近三十万种各类图书。所有参展的书籍分为文学和实用书籍、宗教、青少年读物、科技图书、画册和乐谱、地图和旅行指南，以及教科书等大类。一般说来，一家出版社占用一个十多平方米的隔间，设置几个存放展品的书架和摊档，但某些著名的出版社也有占用好几个隔间的。

为了吸引观众，招徕订购者，各出版社大施广告宣传伎俩，或在自己的摊档前装上各色的耀眼灯光，或用大型彩电播放介绍某些重点书籍的录像，有的甚至使用了机器人这样的新奇玩意儿，而无一例外地都在显眼的地方放置着大量图书目录，供参观者随意选取。

我们以逛大街观看百货公司橱窗的速度和姿态，穿行在如林的书架和书摊之间。一开头，可谓兴致勃勃，见目录就取，可是没过半小时，挎包已经装得差不多，背在肩上成了沉重的负担。还不等看完文学书籍展览的一半，我们的腿已有些软了，同时被那电声广告弄得眼花缭乱、头晕目眩，只好退到厅外稍事休息。

中国的书籍展览设在第五展厅。在这个大厅中分国单独展出的还有另外五十五个国家的书。我国占用了两个多隔间，陈列的主要是外文出版社的德文图书，以及艺术画册，诸如故宫藏画之类，此外也有较多的中文工具书，如《辞源》《中国大百科全书·外国文学》卷，以及中华书局出版的古典文献。这次参展的新书限定为1983年8月以前出版，所以在人民文学出版社展出的十来种翻译作品里，就有拙译《少年维特的烦恼》和《德语国家短篇小说选》。一见之下真有异乡与骨肉相逢的感觉，欣喜之情难以克制，当即请中国同事代为摄影留念。遗憾的是，我一直十分喜欢的三联书店的图书却没在展览会上看到，不知是何原因。

据了解，今年我国参展的图书已有几千种，尤其是我国出版的画册，更受欢迎。明年参展的图书还将成倍增加，有关单位对参加博览会一事都相当重视。不过作为普通观众，我的印象是我国的书籍装帧真是大有改进的必要。在整个博览会上，确实已经不容易再找到我们的中华书局、人民文学出版社和译文社出版的那种纯粹的平装纸面书。其他较发达国家的平装书至少都在纸面上了一层涂料，光亮、硬挺，大部头多为麻布精装，选集之类则多半装在一个匣子里，美观而又方便。

德国是尤其重视书籍出版和装帧质量的国家，博览会上专设有 1983 年联邦德国的书籍装帧艺术展览，那内容想必是十分精彩的，只可惜我们已来不及去看。

虽然我只是参观了博览会一小部分，但已经强烈地感觉到整个展览都明显地带上了发达资本主义社会的色彩，商业气很重，Buchmesse 这个词与其译成书籍博览会，还不如译成书籍交易会来得确切：上午九点至下午两点的最佳参观时间单独留给了出版商、书商和图书馆采购人员，编印了《法兰克福书籍博览会人名录》（Who's who at the Frankfurt Book Fair）以及 3 卷《德国书籍交易行情》等供阅的资料，为商人们开辟了大量洽谈室和聚会场所，对专业参观者一张连续使用的门票只收六马克的低票价⋯⋯诸如此类种种措施，无不是为了方便交易。相反，对于普通观众，则没有多少照顾，并且特别明文规定展览会期间不得向任何个人售书，而只能与书商签订合同。从内容方面看，宗教书籍和旅游指南之类占了相当大的比重，这是我国没有的情况。

总的说来，本届博览会规模巨大，气氛热烈，走马观花地看了一小部分，已觉得大开眼界。不过，对于掌握更多情况的专家们来讲，这届博览会也受了世界经济不景气的影响，10 月 12 日的《法兰克福展望报》和 14 日的《时代报》都载有文章，报道这方面的情况。如第三世界有的国家纯粹由于经济方面的原因，就没来参加博览会；德国本身自 1981 年以来也已把公共图书馆购买新书的经费削减了百分之五十，使有识之士产生了一些年后这些图书馆的利用价值因资料陈旧将大大降低的忧虑。

拉拉杂杂写了这么多，但愿没有使你读得厌烦。如果你和编辑部的同志觉得如此随便谈谈还有点意思，我就准备以后常常写些这样的信，每封信讲一个印象最深刻的见闻。

　　顺问
近好!

杨武能

1983 年 10 月 20 日于海德堡

"中国的书和关于中国的书"

—— 再谈一次书展

跟前一篇通讯（载《读书》1984年第1期）所介绍的第三十五届国际书籍博览会一样，这次书展举行的地点也在德国西部的文化中心法兰克福，然而时间却要早得多，即在半个多世纪之前的1928年。它的规模远远没法和当今世界的国际大书展相比，但是对于我们中国的文化界和出版界来说，却似乎更加值得注意。因为这是一次别开生面的展览，和我们关系密切的展览，题名为"中国的书和关于中国的书"（Das Buch in China und das Buch über China），也就是说，展出的都是我国出版的图书以及国外出版的介绍我国的书籍。

书展系由当时德国的普鲁士国立图书馆和法兰克福中国学院联合举办，以法兰克福市的市长为名誉主持人，而最初发起者和实际组织者却是著名汉学家卫礼贤（Richard Wilhelm）。我国驻柏林使馆的代办也参加了筹备委员会，但从没有由国内运书去参加展出这一事实看，这位先生显然没有做多少筹备工作，仅仅当了个挂名委员而已。

根据书展结束后卫礼贤教授出版的目录统计，共展出了图书一千四百三十五种。整个展览分作"中国的书"和"关于中国的书"两大部分。前一部分，即"中国的书"，包括善本古籍、名家哲学著作、历史地理、政治经济、文学、艺术，此外还有一个特展，即用实物和模型表现书籍在我国产生和演变的历史过程的展览。后一部分，即"关于中国的书"，包括历史上关于中国的著作和 1900 年以后出版的著作两大类，每一类又按内容细分为小组、历史、地理、游记、民俗、语言、文学、宗教、哲学、社会、政治、经济无所不包，此外也有一个特展，即德国伟大诗人歌德所阅读过的中国书籍和介绍中国的书籍的集中展览。

至于各部分展品的完备程度和代表性，是很不一致的，其中以"歌德与中国"特展最为完备，几乎是无所遗漏地展出了这位德国大诗人所阅读过的近四十种中国的和有关中国的书籍，以及他自己撰写的有关文稿和日记等。展品主要来自魏玛的歌德席勒档案馆和法兰克福的歌德故居博物馆，它们给日后研究歌德的思想发展，特别是他与中国文化的关系的学者提供重要依据。

仔细分析一下详细记载着歌德借阅各种书籍和撰写有关诗文的年月日期的展品目录，我们仿佛已在眼前看见伟大诗人当年热切关注远在东方的中国，悉心研读中国书籍的动人情状。

展品最不完备的要算"中国的书"部分，展出的仅仅是十九位私人藏书家和三十一家图书馆博物馆的部分藏书。其中以柏林普鲁士国立图书馆提供的展品最多、最有价值。除德国以外，荷兰、意大利、法国、奥地利以及苏联的一些单位和个人也参加了展览。全部展品总计为二百七十种，在浩瀚无垠的我国出版物中只是沧海一粟。从时间看，绝大部分是明、清两代的出版物，但也有四种宋版书和少量民国以后印行的书。从内容看，主要为诸子百家等古典经籍，其次尚有政经史地文艺等方面的著作，以及画卷、印谱等。展品数量虽少，按展览主持者卫礼贤教授和柏林普鲁士国立图书馆的专家赫尔曼·修勒的估计，却也不乏印制精美、能代表中国文化和书籍出版艺术的典籍善本。

笔者于古籍版本之学可谓一窍不通，但为了不让对此感兴趣的专家和读者完全失望，仍勉为其难，不怕贻笑大方，列举以下十数种自已估计可能是有价值的展品，供研究鉴定。有的书名我无法还原为中文，只能列出原名，已译出的名称也可能不准确：

（1）Yek-k'o ts'ung schu，序于 1195 年，宋版，一套五本

（2）Sung-chien-pan-ma-tzu-lei，语言工具书，序于 1182 年，宋版，一套五本

（3）《资治通鉴本末》（T'ung-chien-chi-chin-pen-mo），历史著作，序于 1257 年，宋版，一套五本

（4）《佛名经》（Fu Ming Ging），1362 年朝鲜出版

（5）《博古图录》（Po-Ku-tu-Iu），1312 年大开本，元版，一套四本

（6）《文苑英华》（Wen-Yuen-Ying-hua），集成于 987 年，宋版

（7）《大明汇典》（Ta-ming-hui-gien），1587 年印行，明版

（8）《大明纪礼》（Ta-ming-chi-li），1530 年钦定版

（9）《大明一统志》（Ta-ming-it'ung-chih），方志，1461 年钦定版

（10）《重修郑和本草》（Ch'ung-hsiu-chên-ho-pên-tsao），1523 年版

（11）《大观本草纲目》（Ta-kuan-pên-t'sao-kang-mu），1578 年，明版

（12）《农桑指要》（Nung-sang-chi-yao），1317 年，元版

（13）《农政全书》（Nung-chêng-ch'uan-shu），1639 年，明版

（14）《乐律全书》（Yo-lü-ch'uan-shu），1581－1601，明版

（15）《华夷译语》（Hua-i-i-yü），明代 Ssul-kuan 使用的外语教材，两卷

（16）《钦定古今图书集成》（Ch'inting-ku-chin-t'u-shu-chich'eng），

1726年铜模原版，一套十本

（17）《永乐大典目录》（Yung-lo-ta-tian-mu-lu），据1408年抄本翻印，一套十九本

除去上述典籍，展品中引人注目的还有各种版本的芥子园和十竹斋画册，以及太平天国文献。

至于书展的第二大部分即"关于中国的书"，其规模就要大得多，除前述图书馆和个人提供的展品外，欧美各国的近百家出版社也送来了各自印行的有关中国的图书参加展览，其中苏联1923年以后新出的俄文图书就达二百余种。在"关于中国的书"的历史部分，集中展示了十三世纪以后来华的欧洲旅行家、传教士、商人、外交官以及早期汉学家所遗留下来的著作，诸如三种古版的《马可·波罗东方旅行记》（1477，1496，1584），杜哈德的《中国详志》（1736），以及利玛窦、汤若望等人著述，相当难得。

笔者根据手边的文字资料，对半个多世纪前在德国举办的这次内容独特的书籍展览只能做浮泛粗略的介绍，很可能漏掉了某些重要的东西，即使这样，读者大概已不难窥见书展的概貌。经过对展品目录的分析，再读了卫礼贤写的序言和赫尔曼·修勒于书展揭幕时发表的演说，我感觉到德国的学者和书展主持人对中国文化有着广泛深刻的了解和研究，他们介绍传播中国文化的巨大热情实在令人钦敬。再者，展品中包括太平天国文献和大量苏联进步出版物这一事实，则表明卫礼贤等人的治学态度乃至政治态度的客观和开明。

1928年在德国举行的这场书展，引起了笔者无数的思考和联想：一方面，我们中华民族应该为自己光辉灿烂的文化遗产感到自豪，须知尚在我国还处于贫弱落后的时代，世界上已不乏有识之士，对我们的民族文化满怀着崇敬之情，给予极高的评价，而

以今日笔者在西德文化和知识界人士中之所见所闻，情况更复如此。可以设想，如果再举办一次"中国的书和关于中国的书"书展，那又将呈现怎样的规模！且不讲近几十年世界各国出版的"关于中国的书"盈室充栋，单讲德国的各大图书馆、研究机构和大学汉学系所藏中国图书大都数以万计，而且有的还有"特藏"，如唐版书、宋版书和五世纪至七世纪的敦煌稿本之类。另一方面，在自豪之余，我们又不禁要问，自己的珍贵典籍何以会流失海外，为他人所有，进而联想起百余年祖国受凌辱、遭掠夺的惨痛历史。

从法兰克福举办中国书展到今天已半个多世纪过去了，其间德国经历了法西斯统治和第二次世界大战的大破坏，曾参加展出的我国图书的一部分很可能也随之灰飞烟灭。即使如此，是不是仍有必要把书展的"中国的书"部分的目录全部翻译出来进行研究，并且对现状做一些实地调查了解呢？这个问题似乎值得有关部门和专家学者考虑。

1984 年 2 月于海德堡

"道藏工程"纪略

　　1983 年某日，在联邦德国维尔兹堡大学的汉学学院，我见了这样一幅漫画：两名壮汉推着一个形同辗路石滚的大纸卷，一位秃顶的学者模样的人趴在展开了的纸上紧张地书写，他左边站着的另一个汉子则捧着一筐看来已经用坏了的鹅毛笔。这四人身上穿着古代希腊人的服装，而且一望而知都是正在从事艰苦劳动的奴隶，因为在他们的左后方，画中最最显著的位置上，还站着一个身着武士服、手执皮鞭的人，他显然是奴隶监工或总管了。

　　"这个人就是我"，在一旁陪我参观的汉学学院院长石泰宁教授（Steininger）指着画上的"监工"，用近乎标准的普通话对我说。在我接触过的德国老一辈汉学家中，他可算汉语讲得最好的一位。最初不解温文尔雅的学者怎么成了气势汹汹的"监工"，但一读漫画顶上"道藏工程"（Tao-tsang Projekt）的德文标题，便立刻明白过来：这幅出自石泰宁教授不知哪位同事 —— 该不就是站在旁边捧鹅毛笔的满脸愠色的那位吧？ —— 甚或学生之手的友好漫画，讲的正是该院的一批汉学家在他的领导下，紧张地对我国的《道藏》进行研究和整理的事。

　　所谓《道藏》，乃是我国道家经典的总集。人们从六朝时开始搜集道经，唐开元中已汇辑成"藏"，而正式刊印却始于宋徽宗政和年间的《万寿道藏》。明代的《正统道藏》和《万历续道藏》则为现今的通行本，前者计五千三百零五卷（分装四百八十函），后者计一百八十卷（分装三十函），共包括一千四百七十六种①长短不等的著作，其规模的巨大，内容的庞杂，可以想见。要对这样一批古老典籍进行系统的研究整理，自然称得起是一项大工程②了。

石泰宁教授一边领我继续参观，看他们据以进行工作的几种《道藏》版本，看记录他们工作成果的微缩胶片，一边又向我介绍整个工程的进行情况。

工程正式开始于 1979 年。除了维尔兹堡以石泰宁为首的一批德国汉学家，在法国巴黎和瑞士苏黎世也分别有一些汉学学者在同时进行工作。整个工程的协调人为巴黎的席佩教授（K. M. Schipper），支持这项计划的组织为欧洲科学基金会（European Science Foundation），而德国研究小组所需的经费则由德意志研究协进会（Die Deutsche Forschungsgemeinschaft）负担。石泰宁教授没有确切告诉我这个协进会为此花了多少钱，只说估计耗资已有数百万马克之巨。

工程的第一步是对规模宏大而内容芜杂、编纂混乱的原著进行研究整理，按照不同著作产生的年代、刊印的版本以及所属的学派，理出必要的系统和顺序，为此已花了近四年的时间。以已有的系统为依据，学者们从 1982 年 2 月开始了撰写条目。《道藏》中的近一千五百种著作全都要有自己的条目，每个条目除了全面反映出该著作原题名的拼音、译名、页数、产生年代、著者及所属学派外，还得包括一个内容概要，一份其中所引证的其他著作

---

① 这是国内一般的统计数（见《辞源》）；石泰宁等准备整理的著作则有一千四百八十七种，多十一种。

② Projekt 一词也可译为"计划""项目"等等。

的目录。条目写好后，每三四个月在巴黎汇总一次，全部制成微缩胶片传送给所有参加条目撰写的学者，以便相互参校，达到内容协调，风格一致。时至去年五月，一半以上条目已经完成，工作之紧张可想而知。

有国际合作便有国际竞赛。石泰宁教授无疑是把他带领下的德国汉学家追逼得很紧，难怪对他有"监工"与"奴隶主"之讥。尽管如此，原定在1984年竣工的"道藏工程"仍然要推迟到1985年年底才能全部结束。编辑的全部条目将附上用电脑编制的图表、索引，成为一部大型的《道藏目录》，用英、德、法诸种文字出版。

我出于好奇，禁不住问石泰宁教授，西欧的汉学家为什么如此重视《道藏》这一古老典籍，要对它进行这样大规模的、系统的、旷日持久的整理研究。

他回答说，18世纪至19世纪，通过西欧来华的耶稣会传教士，以及稍后的启蒙运动思想家的介绍，中国的儒家学说已在欧洲广为传播，而且对当时的思想、文化发展产生了影响，但是，作为中国文化思想传统另一个重要组成部分的道家，人们了解得却不多。因此，在很长时间里，一般西方人的头脑里都只有一个片面的、尊孔读经的中国形象，而实际上，即使在现代，道家思想仍然对于中国的某些地区（特别是农村），对于民众生活的某些方面（例如在私生活中），发生着巨大的影响。为了全面深入地了解和认识中国，就不能不了解和认识道家学说，而要了解和认识道家学说，最有效和实际的途径就是认真、系统地研究这部道家经典的总集——《道藏》。

《道藏》这部巨著，石泰宁教授接着讲，自1926年新版以来就为欧洲的各大图书馆和大学汉学系所珍藏，但是迄今却很少或者说几乎没人去对它进行认真、系统的研究。即使在道家思想的发源地中国和亚洲，学者们也"羞于"去弄这堆老古董。这中间原因很多，有一个重要的原因是人们认为书里面有太多的迷信成分。

其实，石泰宁教授接着说，《道藏》里固然迷信成分不少，但学术价值仍然是很高的，不仅对哲学、宗教、伦理、历史、文艺理论等社会科学而言是这样，于自然科学亦复如此。问题只在于如何通过研究，准确地鉴别区分其中的真科学、伪科学，以及反科学的迷信成分。为了鉴别区分准确，就必须做细致认真的分析、研究，在研究时采用科学的手段和方法。

例如，据石泰宁教授讲，对葛洪的《抱朴子》内篇中那些提炼仙丹灵药的秘方，他们也请南美洲一位资深的化学家进行了实验验证。整个说来，《道藏》包含的科学成分是不少的，因此，当今一些自然科学史的研究者，其中包括以著《中国科学技术史》享誉国际的李约瑟（Joseph Needham），也相当关心他们的《道藏》整理研究工作。可以预料，作为"道藏工程"最后成果而出版的《道藏目录》，必将受到各国学术界的重视，不只对汉学，而且对哲学、宗教、民俗、伦理、社会学、医药学乃至某些自然科学的研究产生影响。

在参观访问结束时，我向石泰宁教授表示祝愿，祝他和他的同事们工作顺利，愿他们的研究成果早日面世。

离开维尔兹堡几个月以来，我脑海里仍时时浮现那群身着古希腊服装从事艰苦劳动的"奴隶"，以及那位十分严厉的"监工"形象，心中对自古以来便乐于，也善于吸收外来文化，因而能在许多领域后来居上的德意志民族充满了钦敬。

1984 年 10 月于海德堡

北方有一座小楼……

"……并不总是在大都会里才能办成大事，也不总得大张旗鼓，大吹大擂；这么干的结果往往会很快烟消云散。我相信，这儿业已完成一件意义极其伟大的事情，而且很可能是迄今唯一的一次。"1985 年，在德国北莱茵-威斯特法伦州临近荷兰的边陲小镇施特拉伦（Straelen），获得诺贝尔文学奖的著名德国作家亨利希·伯尔，在"欧洲译者之家"启用新址的仪式上如是说。

"现在我们不再是唯一的一家啦，""欧洲译者之家"的负责人卡琳·汉茨女士（Frau Karin Heinz）不无自豪地告诉我，"法国、荷兰等国也仿效我们，建立了类似的机构；只不过我们仍然最大，各种设施也最完备。"

建立于 1978 年的 Europäisches Übersetzer-Kollegium Nordreihn-Westfalen in Straelen e. V. 准确的译名应该是"设立于施特拉伦的北莱茵-威斯特法伦欧洲译者协会"，它在该市使用同一名称的常设机构，则应叫做"欧洲译者工作中心"，可是我却喜欢称后者为"欧洲译者之家"，因为对于经常如孤儿一般备受漠视和寂寞孤独的文学翻译工作者来说，这个免费向他们提供良好的住宿、生活和工作条件的机构，的的确确如同家庭一般的温暖。

十五年前的 1988 年的深秋，影只形单、羁旅异国已达半年的我到"家"里住了一个星期，所感受到的温暖尤为强烈。于是写下了一首小诗：

在遥远而又偏僻的北方，
有"孤儿"们温暖的"家"：
白色的小楼，盈室的藏书，
滚烫的咖啡，亲切的问话。

"家"中住着五个成员，
两个德国人，一个法国人，
还有一个来自东边的华沙，
一个来自万里之外的中华。

五个人整天伏案工作，
"家"中听不见笑语喧哗；
到晚来餐厅里格外热闹，
荧屏前一家人把酒闲话。

怎么贝鲁特又重燃战火？
团结工会领头的叫瓦文萨。
好，科尔密特朗握手言欢！
唉，北京物价跑开了野马！

五个人同住着一幢小楼，
小楼中的家温暖、融洽；
五十亿人同住一个地球，
地球总比小楼更宽更大。

世事沧桑，光阴荏苒，十五年后即 2003 年的夏天，我又带着妻子王荫祺来到原本以盛产鲜花著称的施特拉伦，在欧洲译者工作中心享受了三个星期的盛情接待。这次给我们住的是一个跃层式套间：楼上的卧室摆着两张席梦思床，楼下除了带淋浴房的盥洗间，还有一个异常宽大的起居室兼工作室；室内的两面墙壁完全让摆满书的书架盖住了，中央三张带弹性的木沙发可以舒适地坐着阅读或休息，更难得的是还配备了一台电脑。十五年前我一进"家"门就端给我一杯热咖啡的彼得斯小姐（Dr. Regina Peters），现在主管中心的图书和设备，知道我要写中文，当天下午就派人来给我的机子加装了中文输入。

"遗憾的是眼下在房里还不能上网，"她说，"十台联网的机子全天二十四小时开放，只是都摆在一楼二楼的回廊里，要查资料和发 E-Mail 得上那儿去。"

我告诉她不时地需要与中国通电邮，她讲那就等明天再给一台机子装上中文输入吧。真是热情、认真又干脆！

在我们滞留的三周，中心几乎每天都接待新来的译者，也有的完成预定的工作按期离去。如此新旧更替，在"家"里先后住过约二十人。最远的来自美国和越南，最近的则来自比利时、波兰、瑞士、法国和德国国内的其他城市。这些原本一辈子也不可能谋面的同行生活在同一幢楼里，不但相处融洽，还经常交流、切磋翻译工作中的问题，一些个已是中心常客的老相识再次见面时立刻相互拥抱，亲切随便得一如姐妹兄弟。这种情形还由彼此的称呼体现了出来，一开始令我颇不习惯，因为谁对谁都要么直呼其名，要么径直叫对方 du（你）而不是尊称 Sie（您）。

写到此我想起一件事情：一天傍晚碰巧是我拿起了中心的公用电话，一位女士说她当晚十一点才能赶到"家"，问我或者其他哪位能不能为她开一开大门。我应承下来。到时候门一开进来一位拖着两只大箱子的半老太婆，我正担心她不知道自己该住在哪里，她已直奔中心办公室门边的布告栏，在一页名单上立刻找到了自己的名字和房号，接着便拽着沉重的行李咚咚咚爬上三楼。我莫名惊讶地帮她拎着一只大包跟着走进了她的房间。一问方知她每年都要来中心住三四次，或长或短，连续已经十四五年，难怪对这儿的一切了如指掌。她就是来自安特卫普的吉瑟拉，一位热心肠的比利时文学翻译家。

就是在吉瑟拉的倡议和操持下，我们热热闹闹地为来自俄罗斯的弗拉基米尔过了五十八岁的生日。事前一切的准备都是在对他严格保密的情况下完成的，因此，当他眼前突然出现插着蜡烛的生日蛋糕，大伙儿突然用德文齐声唱起《祝你长寿》，这位满头白发、历经沧桑、特别是近些年更饱受生活煎熬的俄罗斯戏剧翻译家，真是惊喜万状，百感交集。

是啊，他怎能不百感交集呢？我从与弗拉基米尔以及来自波兰的女翻译家斯洛娃的交谈中得知，这些年前苏联和东欧集团国家的文学翻译工作者们生活得实在不易。唯其如此，欧洲译者工作中心的存在，更显示出了非同一般的巨大意义和不可取代的实际作用。这意义和作用是多方面的和深刻的，不仅缓解翻译家们的经济拮据和生活困难，改善他们的工作条件，提高他们的社会地位，还促进了同行间的切磋、交流，并通过他们增强了各国人民之间的信任和理解。所有这些，正是本文一开头"北莱茵-威斯特法伦欧洲译者协会"的名誉会长，即作家波尔所说的"大事"，亦是二十五年前成立协会的发起人托普霍梦（Elmar Tophoven）和协会第一任会长比尔肯豪厄尔（Dr. Klaus Birkenhauer）创建译者之家的初衷。

还不止此哪！这两位出生于施特拉伦的文学翻译家，他们这在当年敢为天下先的壮举，虽历尽艰辛，困难重重，但终于取得成功，还产生了巨大、深远的效果：欧洲译者之家如今每年接待来自全世界的七百多位译者，举办各种文学翻译研讨班，接待大学翻译专业的实习生。这样，他们原本几乎与世隔绝的故乡便有了一张金光闪闪的"名片"，从而"走向了世界"，或者说，让世界走向了它！

"译者之家"的藏书楼

作者的小女儿在"译者之家"拍下的珍贵照片

毫不夸张地说，欧洲译者之家而今已成为小小施特拉伦乃至整个北威州的骄傲，作为民间机构而深受这两级政府的重视，不仅获得了固定的财政拨款和物质支持，还获得欧盟委员会（Kommission der EG）、德国国际交流服务处（DAAD）、北威州艺术与文化基金会（Die Stiftung Kunst und Kultur des Landes NRW）等机构，以及联邦德国其他一些州的项目资金援助。十五年来，中心的两幢小楼已扩成四幢，客房已由二十套变成三十套，打字机和微机不断更新换代，已升级为近四十台性能卓越的微机，不仅仍免费接待带着合同任务来的各方译者，还有选择地向他们提供补贴资助，2.5 万册图书已猛增到 15 万册，其中含 275 个语种、涉及百业千行的各类词典和工具书 2.5 万部。一踏进中心洁白、明亮的小楼和庭院，在宁静的氛围中举目四顾，但见凡能摆书的地方都摆着书，人好似置身书海，一股对知识、对文明的神圣敬仰之情顿时涌上了心头。一个文学翻译工作者，一个以传播知识、文明为使命，一个一辈子以书为伴、靠书吃饭的人，心中更会像游子回到家中似的感到安稳、宁帖，进而萌生好好干活儿的欲望。就这样，展示"施特拉伦译著"的柜子架子才越来越多，越来越风光万千，琳琅满目。

德意志民族是一个格外尊重知识、文化的民族。在边远、宁静、古老的施特拉伦，每天傍晚漫步在它的市集广场，或城郊的林荫道上，凡碰见我们的人都要么发出问候，要么投来亲切的目光，因为他们知道，这些都是欧洲译者工作中心的客人，都是一些对文化传播功不可没的翻译家。可以讲，在这座人口近 1.5 万的蕞尔小城中，我们比在其他任何地方都受到更多的尊重和礼遇，同时，也因为我们，因为有欧洲译者工作中心，施特拉伦受到比其他所有同等城市更多的青睐：赫尔措格总统和约翰尼斯·劳总统相继莅临译者之家，看望它的客人和工作人员。2003 年的隆冬时节，当劳总统乘坐的直升机降落在施特拉伦的运动场上，小城上下为迎接贵客真个万人空巷，充满了狂欢节一般的喜庆气氛……

完成了工作计划，即将带着丰收的喜悦离去，按惯例行前得在留言簿上写点什么，于是有感而发，写上了几句算不得诗的诗——

<table>
<tr><td>Heimkehr</td><td>回家</td></tr>
<tr><td>Nach 15 langen Jahren
bin ich wieder gekehrt,
in dies niedliche Städtchen,
nicht um Blumen zu schauen,
nicht um Glocken zu hören,
da ist ja unser liebes Heim.</td><td>漫长的十五年哟，
十五年后我终于
回到可爱的小城，
既不为观赏鲜花，
也不为聆听钟声，
这儿啊有家的温馨。</td></tr>
<tr><td>Nun ist sein Domizil noch
schöner und geräumiger,
seine Lichter noch wärmer,
und Heller. Daheim leben
mehr Geschwister, und sie
wirken noch kreativer.</td><td>而今这家的庭院
更加宽广、美丽，
它的灯光也更加
温暖、光明。家中
兄弟姊妹更多了，
更富生气和干劲。</td></tr>
<tr><td>Nur vermisse ich sehr</td><td>只是我仍十分想念</td></tr>
</table>

das alte Familienhaupt,

den schön schlanken Mann.

Er soll, er möge ja auch

heimgekehrt sein, und

in Engelschar glücklich.

Straelen 2003

从前的那位当家人，

那位身材高挑的先生。①

人说，我也祝愿他，

幸福地回家去了哦，

陪伴他的是天使之群。

2003 年 于施特拉伦

---

① 中心前负责人比尔肯豪厄尔博士不幸已于年前病逝。

黑塞讨论会的联想

德意志联邦共和国有片巨大而著名的黑森林，那里深藏着一座名叫卡尔夫的小城。它就是 1946 年度诺贝尔文学奖获得者、杰出作家赫尔曼·黑塞（1877-1962）的诞生地。

青少年时期，在思想感情上，赫尔曼·黑塞与故乡闭塞保守的师长们格格不入，所以成年后便离开了卡尔夫，后来甚至干脆放弃德国国籍，作为瑞士公民在瑞士的蒙塔尼约奥拉村度过了自己的后半生。在一些作品中，黑塞还很不客气地针砭故乡的人与事，得罪过他的父老乡亲，然而，小城卡尔夫仍以温暖宽广的胸怀，像慈母般地拥抱黑塞，称黑塞是"卡尔夫伟大的儿子"，以有他这样一个儿子而自豪、骄傲。

今日，在人口仅两万多的古朴宁静的小城中，有一所赫尔曼·黑塞纪念馆，有一块嵌着黑塞浮雕头像、四面有泉水涌出的纪念碑，还有以市议会名义颁发的赫尔曼·黑塞奖章，用以表彰国内外研究、介绍黑塞的杰出学者。

在六七十年代，先是美国，继而在日本和联邦德国等许多国家，掀起了一阵又一阵的"黑塞热"，使黑塞成了当今最受欢迎和影响最大的德语作家。

1977 年是黑塞诞生一百周年，卡尔夫在举行各种纪念活动的同时，还开了一次国际性的赫尔曼·黑塞讨论。此后，讨论会便援例每隔两年定期举行一次。

1984 年 5 月 25 日至 27 日，在卡尔夫举行了第三届赫尔曼·

黑塞国际讨论会。作为黑塞小说《纳尔齐斯与歌尔德蒙》的译者，我也应邀前往参加并做了报告。

在这次会上，有一位日本学者，他老先生看来相当有声望，报告安排在我的前边。可是听完了他的报告再轮到我上台时，我原本还多少有点紧张的心情一下子轻松了下来。以"赫尔曼·黑塞在中国的接受，以及我与歌尔德蒙-黑塞的邂逅"为题，面对着坐在台下的数百名听众，其中不乏像伯恩哈特·泽勒（Bernhard Zeller）、佛尔克·米歇尔斯（Volker Michels）、马丁·费菲尔（Martin Pfeifer）这样的权威专家，以及黑塞的两个儿子，我仍从容不迫地做完了报告，话音一落，大厅里就响起了热烈的掌声。

1984 年第一次在德国做报告

回到座位上，邻座一位女听众凑过来轻声向我表示祝贺，告诉我说："您前边那位同行讲的我一句没听懂。您讲的一字一句我却听得明明白白！"

大会休息时，一位年轻的日本学者主动来与我交谈，问：

"您在德国哪个大学拿的学位？"

"我没有在德国念过大学。"

"真的！那您德语怎么讲得这么好？"

"因为我在中国的老师好呗。"我不经意地回答，脑子里同时出现了南京大学的叶逢植、林尔康、焦华甫等等老师的身影。

汉斯·普里斯（Hans Pries），一位晚年以中国为精神寄托的德国老先生，为给我捧场从老远赶来，这时更是兴奋莫名，不但主动承担起我的私人摄影师的任务，还一个劲儿怂恿我去跟黑塞的儿子合影。

Mensch，sei nicht so bescheiden！（老弟，别这么害羞！）错误理解我的普里斯老头说着就去把他心目中的大人物拽了一个过来，让他和"亲爱的、了不起的中国朋友"站在一起摄影留念。

我要感激现已不在人世的普里斯先生！他生前对我，对我的众多学生，对我的学校，对自己遇见的几乎所有中国人，都满怀热情，不但总是有求必应，甚至经常主动给予帮助。他对中国的一切十分痴迷，以致在他的家乡赢得了一个"中国人"的绰号。老先生尽管有好出风头的毛病，在德国人里边也算不得高雅之士，但确实是一位忠诚而无私的朋友，值得我们永远怀念。

还值得一提的是，黑塞终生研读中国古籍，并称中国是他的"精神故乡"。他最重要的代表作《玻璃珠游戏》，就明显地受了中国古典哲学的影响。

讨论会结束后，在返回海德堡的车上，我想了很多很多。我想到，我们对自己伟大作家的纪念是否也可以更多地采用类似讨论会的形式，并使之经常化，成为具有定期性、群众性和国际性的活动呢？

我国那些文化名人不一定有名的故乡，它们在文化建设等方面，是否也可向卡尔夫借鉴些什么呢？

不能不承认，在以经济建设为中心和大力加强物质文明建设的时候，我们对文化建设注意得太不够了，我们对自己的文化名人及其精神遗产的保护、研究和宣传，都做得太不够了。我前些年去过绍兴的鲁迅故居和乐山沙湾的郭沫若故居，所看见的不过是经过维修的房子和园子，相当令人失望。又过了许多年，但愿早已变成另一番景象 —— 富有人文精神内涵的、令参观瞻仰者流连忘返的景象。

1984 年始作于海德堡

1999 年改定于成都

古城盛兮　历史新页

—— 第七届世界日耳曼学家大会杂忆

　　联邦德国下萨克森的大学名城哥廷根，自 18 世纪以来就是学者、诗人荟萃之地。人类科学文化史上的明星，如洪堡兄弟、格林兄弟，以及亨利希·海涅，都曾在此留下了光辉的足迹。还有我们敬爱的朱德元帅，早年也不远万里，来哥廷根大学求过学。

　　1985 年 8 月 25 日至 31 日，在艳阳高照、鲜花似锦的夏末秋初，古城哥廷根的历史又翻开了新的光辉的一页：来自世界 53 个国家的 1400 名日耳曼学家云集城中，出席国际日耳曼语言学与文学联合会（IVG）的第七届会员大会。这是战后在德国本土举行的第一次世界性的日耳曼学者学术研讨会，加之盛况空前，受到东道国举国上下的格外重视。开幕式上，联邦总统魏茨泽克博士以温文尔雅的学者风度登上讲台，发表长篇演说，强调国际学术交流对增进各国人民友好、加强世界和平的积极作用。仅有 12 万余居民的小城哥廷根敞开胸怀，热情接纳各国学者。在拉玛博士夫妇家中，我本人再次亲身感受到了德国人民对中国人民的友好情谊。

　　在市政当局，以及邮政、交通、旅游等服务部门的有力支持下，大会的节目安排得紧凑而又丰富多彩，对 1400 多名各国客人的接待工作有条不紊，充分表现了以联合会主席雪涅教授为首的东道主的组织才能和办事认真精神，令人佩服。

　　为期一周的大会，总题目为"新的与旧的论争"。除开幕式、闭幕式和会间穿插的八个大报告和主席团换届选举，与会者多数时候都在按专题分的二十三个小组里宣读论文，进行研讨。一共宣读了论文四百多篇，专题分得很细，但大致可以归纳为文学、语言学、词典学，以及犹太学等几个大类，其中，犹太学是我第一次接触，不想竟成了日耳曼学的一个重要组成部分，叫人不由得猜测会不会是德国人弥补自己过失的一个实际措施。根据我1982年以来一次次旅德的经验，在国际交流和国际援助中确实有不少类似的表现。二战中受纳粹之害最烈的波兰，获得德国有关基金会奖学金的人数就明显地相对多于他国。在大小会上，各国学者之间还展开了深入的讨论，坦率的争鸣，整个气氛紧张、活跃、热烈、友好。

自1983年以来，我国已有二十多位学者成为该会会员。加上正在联邦德国进修学习的德语教师和研究生，今年我国首次出席这五年一届的世界大会一下子就有三十人之多，引起了各方面的注意。我们除在会上会下与各国同行进行广泛的接触交流外，北京大学的孙凤城副教授和我还分别宣读了自己的论文。

我参加并发言的为第十六小组，即"世界文学中的德语文学"组，本来一直在大学经济系一间仅容二三十人的普通教室里活动，不知怎的轮到北大的孙凤城老师和我发言，却突然宣布改换地点，转移到了一间宽大的阶梯教室中，让我们面对着电视摄像机和众多的听众。一开始，我的心情自然有几分紧张，但稍稍冷静一下以后，紧张便化作了迎接挑战的喜悦和亢奋。在良好的状态中，我宣读完题为"从卡夫卡看德语文学在中国接受之变迁"的论文，回答了与会同行和听众提出的一个又一个问题。当主席宣布讨论结束时，大厅中响起热烈掌声，表达了听众对中国学者的赞许。

随后，我接受了电视台的采访。在第二天，即8月30日的《哥廷根日报》上，还发表专文对我的论文进行评述。

1985 年第一次在德国上电视

　　写到这儿，我想讲两个小插曲，以便重温一下当年的气氛，了解人家对刚刚开放的中国的复杂心态，因为这两个插曲，都带着明显的政治色彩。一是大会尚未正式开幕，我们便发现一个严重问题：不知是有意或无意，在有关的文件标识中，竟把台湾搞成一个国家，于是引起了我们的集体抗议，气氛顿时紧张起来。幸而组织者知过即改，我甚至想，我们的发言安排突然提高规格，也是组织者弥补失误、表现善意的一个举措。

　　另一个小插曲，是评介我发言的署名文章，尽管内容基本上是重述我讲的事实，却取了一个叫我不敢苟同的题目：《大墙背后》（Hinter der Mauer）。对此，我当然不能无所表示，便抓紧休息时间写了一封信给报纸编辑部提出抗议，结果石沉大海，因是个人行为引不起重视，再说，对这个题目完全可以有不同的解说，因为 Mauer 也不妨理解为 die Grosse Mauer，即长城，整个译作《长城那边》未尝又有什么不妥。总的说来，那年头儿我们脑壳里的某根弦仍然绷得很紧。

当然不光有紧张的讨论乃至论争，还穿插了各种联欢、参观旅游和观看演出的活动。夜晚在席勒草地上的帐篷酒会，已不十分年轻的男女学者们忘情地又喝、又唱、又舞，叫拘谨惯了的我们既惊讶又羡慕。

几十辆大巴士拉着代表们浩浩荡荡地驶过绿色的田野，沿途参观古老的修道院，游览下城汉诺威哈芬，坐在日光暖照的游船甲板上，任和风拂面，身心的紧张疲劳顿消。这次与会的，有我在南京大学的好朋友舒雨，有我尊敬的诗人和介乎师友之间的前辈同行绿原，等等，自然消除了身在异国的寂寥，增加了携手同游的快乐。

跟历届大会一样，这次也特邀了几位著名德国作家当嘉宾。一次会议休息，突见迎面走来一位背着个大挎包，蓄着两撇宽宽的八字胡的人，身边跟着一男一女俩青年，既像是他的助手，又像是他的学生。只见此人大步流星，"那不是大名鼎鼎的君特·格拉斯吗！"我刚认出来，他已经走远。他是来朗诵自己新作的。只不过，这次会上的明星不是格拉斯，而是更加现代的诗人扬德尔。

在哥廷根的大会之后，1990年和1995年我相继参加了东京和温哥华举行的两次会议，但最令我难忘的还是哥廷根，还是它老城中心那个"牧鹅丽丝"的塑像，也许就因为在那儿经历的事特别多，也许就因为那是第一次，也许就因为它是洪堡兄弟、格林兄弟和海涅的城市吧。十多年过去了，工作之暇还时时忆起那古城盛会的一个个热烈场面，忆起在那儿度过的紧张、兴奋而愉快的日日夜夜。在我眼前，还时时出现拉玛夫妇的亲切容颜，还出现哥廷根城中的一条条古老街道，以及漫步在这些街道上的不同肤色、不同国籍的人们脸上漾着的暖人笑意。

偶然的邂逅　难忘的亲情

　　旅居联邦德国，邂逅和结识了一些台湾同胞，他们给我留下的印象，久久难以忘怀。

　　去年十月的某天，在法兰克福火车站的站台上。我正与前来送我回海德堡的德国朋友话别。这时匆匆忙忙来了一位旅客，一手提着只沉重的皮箱，肩上还扛着个大帆布旅行袋。他和我一样的黑头发、黑眼睛、黄皮肤，只是穿着、打扮和举止都显得与刚到德国不久的我不同，可又很难断定是日本人、韩国人，或是……

　　"北京来的?"我还在打量他，不料他已在车厢门口停住脚步，先开了口。

　　"嗯。您呢?"我回答。在海外，凡从大陆出去的中国人，都被视为"北京来的"，我也没有进一步说明：我家哟，住在也，"天府之国"叫四川啰喂!

　　"台北。"他一边回答我的问话，一边扛着大包上了车。

　　到了车上，我们两个有意无意地又坐在一个小间里。车刚开动，我们便攀谈起来，而坐在旁边那位前往温泉城巴登巴登的印度旅客，却很快开始打瞌睡。

　　他姓陈，父亲在台北做外贸出口生意。他大学毕业后到德国攻读硕士学位已经一年多，这次是刚从台北探亲回来。他显然比我年轻，我自然便叫他小陈。

　　一路上，小陈与我无拘无束，开怀畅谈，从家乡建设，到个人生活际遇，以及在德学习居留的经验、心得等，没过多久，简直就像两个"老朋友"一样的亲热。他告诉我，他在海德堡第一年打工挣了不少钱，几乎玩遍了整个德国，"哪儿顾得上念了什么书！"还告诉我，他年前才结婚，他对自己年轻的妻子"很放心，因为她和娘家人住在一起"。

小陈甚至坦率地承认，他和他的台湾老乡有时也干些荒唐事儿，可一旦不幸给德国警察逮住了，通常都以自己是日本人或者韩国人搪塞，非不得已决不说自己是来自台湾的中国人，因为谁都不愿意丢中国的脸。

在轻松愉快的交谈中，转瞬间，一个多小时的旅程便结束了。下车后，我替小陈提着旅行袋，一边继续谈话，一边朝出站的天桥走去。走着谈着，停站的火车已经开动。谁料突然间，小陈将手中的皮箱往地上一扔，二话没说，甚至连瞅也没瞅我一眼，便像离弦之箭似地向着行驶的火车冲去。我大吃一惊，不知出了什么事，或将出什么事，站在原地呆若木鸡。

约莫半分钟过去了，小陈终于又穿过人群向我走来，一脸憨厚的笑，额上缀满黄豆大的汗珠，手里却摇晃着一个小拎包。

原来，我们一路只顾谈得高兴，竟将他这个专门装护照等贵重物件的拎包忘在了车里，多亏好心的印度旅客一觉醒来及时发现，在行驶的列车上哇啦哇啦喊叫。当他将拎包给飞奔着赶去的小陈扔下来时，小陈笑着告诉我，站在附近的旅客吓得慌忙逃走，以为又有恐怖分子在扔炸弹了。

后来，在海德堡，我与小陈见面的机会不多，但却始终没有忘记我这位热情、坦诚、乐观、爽朗的年轻同胞。

还有一位王婉贞女士，我也永远忘不了，虽然我去年再次到德国时，她业已作古。

前年，我随冯至老师到海德堡参加"歌德讨论会"。一天，在前往会场的路上，王女士发现了我们，便主动热情地上来招呼。事后她不仅来旁听我们的发言，送饮料到我们住的旅馆里来，还两次邀请我们到她经营的中国饭店"文士阁"去，而且不只是对我们这样来自祖国大陆的"代表团"，对每一个新到海德堡的中国进修生或留学生她都要免费招待一次，这已成为惯例。同时，她还充当中国民航驻法兰克福办事处的"义务顾问"，为她所谓"不大会做生意"的大陆同胞出谋划策，以及招揽乘客。

王女士生长在台湾，父亲算得上是当地一位政要。她早年毕业于海德堡大学神学系，后来却成了本地一位尽人皆知的精明干练的中国饭店"老板娘"。尽管有这样的出身和这样的职业，她对祖国大陆的同胞仍满怀同胞之情。

还有法兰克福大学汉学系的系主任张聪东教授，还有我新近才结识的出生在台湾的四川小同乡，还有洪堡奖学金获得者于乌尔姆聚会时遇见的两位台湾年轻学者 …… 他们，尽管性别、年龄、地位、经历存在差异，但都同样在与大陆同胞的接触交往中用言论和行动表明：骨肉情深，血浓于水，国家统一、民族的团结，是人心所向，大势所趋。

1984 年于海德堡

游瑞士少女峰杂记

"到了瑞士而不登阿尔卑斯山，那将是最大的遗憾！"

"要登山就登少女峰，那里才真正有意思……"

瑞中友协的丽塔·艾尔勃（Rita Elb）女士和其他朋友都这样向我建议，于是，在饱览卢泽恩、洛桑、日内瓦的秀丽风光之后，我便怀着勃勃的兴致，到少女峰探险去。

八月二十七日。清晨，火车从伯尔尼出发，东南行约一小时到了因特拉肯。在此换乘山区小火车，进入少女峰地区。

山间的小铁路为私人经营，不同的地段属于不同的公司，这不仅使票价昂贵，游客还得多次倒车。一路上，牧场、村舍、湖泊、松林，还有那远方蓝天下白云缭绕的座座雪山，令人目不暇接，车厢里不断响起相机快门的咔嚓声。在众人的感染下，尽管我一再提醒自己更好的景色还在峰顶，可在车里还是拍掉了所带胶卷的三分之一。阿尔卑斯山的魅力如此之大，有什么办法呢！

又行了近两小时，才到最后一个换车站——小分水岭。

站在小分水岭抬眼望去，少女峰好似身披白袍、头顶蓝天的巨人。你看，峰顶上缥缈游动的薄云，不就是少女肩上的轻纱？阳光下熠熠生辉的冰川，不就是少女项上的珠链么？

小分水岭海拔两千余米，处于群山环抱之中，但旅店、餐厅、纪念品商店等旅游设施一应俱全。在车站侧边一家古老旅店的门面上，像西欧城市里的许多大旅馆一样，老板为招徕顾客，也挂着一些五颜六色的国旗。其中，日本和韩国的国旗，特别引起了我的注意。

稍事停留后，登车继续前进。车中开始广播，先用瑞士通行的德语、法语，再用英语，最后还用了日语，介绍即将到站的站名、海拔高度以及站旁景物的特色等。当广播里第一次响起日语的时候，车里的日本游客个个喜形于色，叽里呱啦，而我心中却有一种说不出的滋味儿。

"女士们，先生们，你们就要到达欧洲地势最高的火车站 —— 海拔 3454 米的少女峰车站啦！……"广播未完，列车已停在一个很大的山洞里。

下车后，一边走一边浏览身旁墙上那些密密麻麻的"到此一游"的题壁。闯入眼帘的汉字实在不少，但都是中山、二宫、吉田之类的日本姓氏。

不知不觉间，我开始认真搜寻起来，好不容易才终于找到"中华赖少华"几个字，心中感到了几分快慰和欣喜。我当然无从得知这位赖君是何许人，来自何方，但他是中华民族的子孙，这就够了。我虽不赞成在游览区随意涂写，可于此时此地，心中对赖君却不无感激之情。为了减少以后来此旅游的同胞可能产生的孤寂感，我随后便在车站准备的签名簿上大大地写下了自己的名字和地址。

孤独的登山者

走出山洞车站，便是"高山雪原"。放眼望去，远方是连绵不断的雪山，近旁是闪着蓝光的冰川，脚下是一片开阔的大峡谷，在阳光辉映下恰似一面巨大的银盘。定睛细看，始能发现盆底上有一串小黑点儿在缓缓移动，那是一队拄着防滑杖的徒步登山者。

"高山雪原"上空气稀薄，一些年老体弱的游客坐在地上气喘吁吁地休息，年轻力壮者则多半拉着系在木桩上的绳索，嬉笑着向面前的峰巅爬去。红红绿绿的衣裙映衬在蓝天白云和银山构成的背景上，煞是好看。

离开"高山雪原"，便进入"水晶宫"。所谓"水晶宫"，乃是在冰山中凿出的曲折甬道。人们穿行其间，四周一片白亮，寒冷彻骨。时不时地能在身旁的洞窟中发现一件冰雕或者一幕用灯装点成的"仙境"，虽也玲珑剔透，于一刹那间造成某种幻觉，但在我看来，却远不如我国桂林的芦笛岩那么自然天成，变化神奇。

走出"水晶宫"长长的地道，便是在山峰另一侧的滑雪训练场。时值正午，在八月的骄阳下，人们踏着滑雪板在雪地上盘旋急驰，从事这原本在冬天才能从事的运动，自然是别有一番情趣。广阔的滑雪场旁边坐满了旅游者，要么歇脚，要么观景。更有少

品尝胸暖背凉的奇妙滋味

数年轻姑娘，穿着"比基尼"泳装躺在雪地里晒太阳，那胸暖背凉的滋味想来十分美妙、奇特。为了领略这奇妙的况味，我也仅仅穿着背心，仰卧在了松软的雪床上。

稍事休整，我又参观了设在山洞中的高山科学研究展览厅。登临雄踞山巅的"斯芬克斯"高山科学观测站，高大的雪山全都匍匐脚下，仿佛此身已入蓝天。

午后三时许，我踏上归途。车中，倦游的人们多已睡去，我则开始回顾一天的经历。

少女峰令我心旷神怡，不虚此行。可我更希望和相信，有那么一天，大批的中国人也有机会出国旅游，在驶往少女峰的列车中也将响起华语广播，在小分水岭以及其他许多的旅馆前也将挂上五星红旗。

艰苦历程的记录

—— 访瑞士伯尔尼爱因斯坦故居

伯尔尼克拉姆街 49 号二楼，有一套朴实无华的市民住宅，这就是物理学家爱因斯坦的故居。1902 年至 1907 年，爱因斯坦在这里度过了自己生命史上至关重要的几年。在这几年中，年轻的爱因斯坦总共发表了三十二篇科学论文，特别是在被称作他的"命运之年"的 1905 年，当时才二十六岁的爱因斯坦不仅提出了具有划时代意义的狭义相对论，还提出了布朗运动理论等重要的物理学学说。

古城伯尔尼以接待和庇护过杰出的科学天才而感到骄傲。爱因斯坦曾作为"三等技术专家"在市专利局工作过，市专利局所在的大街因此被命名为爱因斯坦大街。

1977 年，在马克斯·弗吕其格博士创议下，伯尔尼成立了爱因斯坦协会。1979 年 3 月 14 日，值爱因斯坦百年诞辰之际，克拉姆街 49 号正式辟为了爱因斯坦纪念馆，向公众开放。

穿过伯尔尼的老钟楼，踏着克拉姆街用石块铺成的路面，来到顶上竖着伯尔尼城徽 —— 一头穿着盔甲的熊 —— 的著名喷泉旁，抬头就到了故居楼前。楼下是一间生意兴隆的咖啡馆。咖啡馆的墙壁上悬挂着爱因斯坦的大幅相片。我们推开咖啡馆左边一道厚重的木门，登上狭窄的楼梯，进入了故居的小走廊。走廊两侧雪白的墙壁上贴满文字说明和图片。往左跨进起居室，对门的墙上有一幅放大成真人般大小的照片：一个蓄小胡子的年轻人站在三脚架支着的小桌前阅读文献资料，神情专注。它就是爱因斯坦在伯尔尼专利局时的工作照。

这工作照和故居中的其他展品一样，生动真实地记录了科学家早年创业的艰苦历程。爱因斯坦从苏黎世大学毕业后来到伯尔尼，无职无业，囊空如洗，不得已在报纸上登出广告，希望谋得一个家庭教师的职位。后来好不容易才在市专利局得到一个"三等"差事。一天紧张工作之后，他才有时间从事自己心爱的理论研究。实在累了，便踱到窗前，一边观赏克拉姆街美丽的街景，一边拉一曲小提琴，作为休息和调剂。如今，这琴、谱架和乐谱，还有那求职广告，都陈列在故居中，凡来参观的莘莘学子，无不睹物生情。

一位个子高高的中年男子来到我们面前，他就是当天在这座不收门票的纪念馆负责接待和解说的唯一工作人员，名字叫郁泽勒。他领我们走进内室，指着墙上一帧妇女的照片，给我们讲了一个有趣而动人的故事：

> 1903年新年，年轻的爱因斯坦有了一个幸福的家庭。妻子米勒华·马里克是他大学的同学，一位很有才华的女数学家。在丈夫推导、论证和提出狭义相对论的过程中，她承担了大量繁复、艰巨的数学演算工作，使年轻的爱因斯坦如虎添翼。
>
> 论文发表了，他早年在苏黎世的数学教授大为惊异，不明白这个从前很少来听课和懒于演算的学生，何以一下子变成了数学天才。
>
> 爱因斯坦自然非常感激自己的妻子。1921年，在获得诺贝尔奖后，虽然他俩当时已经离婚，爱因斯坦仍直接从领奖

地点 —— 斯德哥尔摩赶到苏黎世，将全部奖金交给了米勒华·马里克。

望着照片上那张贤淑、聪慧而美丽的脸庞，郁泽勒先生最后说："米勒华·马里克和爱因斯坦的故事使我想到，在许多杰出而伟大的人物背后，都站着杰出而伟大的妇女，虽然她们常常默默无闻，不为人知。"

是的，在爱因斯坦走过的艰难历程上，也有他妻子的脚印。

话说步行区

西欧国家的城市大多辟有步行区。这儿没有穿梭急驰的汽车、电车，没有成群结伙、呼啸狂奔的摩托骑士；这儿听不见马达的轰鸣、机械的噪响，空气中也较少汽车尾管排放的废气。人们在这儿放心大胆地溜达，悠闲自在地观光。在这儿，西方社会快速、紧张的生活节奏，仿佛一下子松弛了，放慢了。

西欧的城市多半分为老城和新城，步行区几乎全设在老城里。这儿集中了包括昔日的市政厅、市集广场、教堂、剧院、博物馆，以及民居等富有历史意义的建筑，例如不久前还是德国首都的波恩市中心步行区就十分典型。这儿街道古老、弯曲、狭窄，各种风格的古建筑鳞次栉比，罗马式的教堂、巴洛克式的市政厅以及现已改作大学的王宫，虽都不同程度地遭到了战争破坏，却已恢复或庄严宏伟或金碧辉煌的旧貌。除此之外，在近旁的小广场上，蓝天白云下还有乐圣贝多芬的全身塑像，在一条名为波恩胡同的僻静小街，还完好无损地保留着本城这位最伟大的儿子诞生的故居 …… 毫不夸张地讲，这由许多街道和广场构成的迷宫般的步行区，就是千年古城波恩悠久历史的缩影。

步行区无例外地又是商业中心。在法兰克福、慕尼黑和纽伦堡等大城市，步行区的街道比较宽阔，不少商店干脆就把橱窗设在路中间 —— 当然事先须得到批准。即使街道不甚宽敞的中小城市，店铺门前也陈列着应时的或减价的商品，尽量给人提供浏览与拣选的方便，同时也多做买卖多赚钱。在外来游客和当地居民心目中，步行区也是"购物天堂"。

适应游客们的需要，步行区内经营各种旅游纪念品和照相器材的商店，以及文化娱乐场所特别多，餐厅、酒吧、快餐店和咖啡店更比比皆是。在气候暖和的季节，餐厅、咖啡馆往往当街设座，让人一边晒太阳，一边欣赏街景，观察过往行人，一边满足口腹之需。在维也纳和巴黎，这样的露天咖啡座特别享有盛誉，不但受到游客青睐，也是文人骚客聚会的场所。不过，这些都是要花钱才能得到的享受。为满足那些花不起钱或不愿花钱的人们的需要，步行区大多设置了花坛、喷泉、座椅以及简单的文娱器材和儿童玩具，例如在伯尔尼的市集广场，就常见人站在棋盘上下棋子大如热水瓶的国际象棋，四周围着一圈又一圈的观众。对于老人、闲人和无业者来说，步行区又是休闲和打发时光的好去处。更别提在圣诞节、狂欢节或每座城市都有的特定节日，步行区简直成了民众欢乐的海洋。

每到一座新的城市，我没有不去步行区走走，看看的。在波恩住了八个月，后来每次再去仍然会在它的步行区流连忘返。在以风光秀丽著称于世的大学城海德堡生活得更久，不论春夏秋冬，工作之暇都会穿行于它那号称全德国最长的步行街 —— 豪普特街，一边散步一边浏览异域风情，观察人生百态。特别是那些各怀绝招的街头艺人，以及周围随意站着或坐在地上的形形色色的观众，更构成一道我们国内难得一见的民俗和文化风景线。每当夕阳西下，迎面飘来圣灵教堂悠扬清越的声声晚钟，站在内卡河对岸眺望海岱山上红光闪闪的古宫废墟，胸中不禁诗情汹涌，人仿佛真的置身在了德国浪漫派的诗人和哲学家生活的那个时代……

最近几年，国内的大城市也纷纷辟出步行街，北京的王府井大街和上海的南京路更投入巨资进行改造和建设，确实为市民做了实事和好事。只不过愚见以为，王府井大街也好，南京路也好，都还不能成为其他城市的样板，都还存在明显的不足，那就是太缺少历史感和文化气息，有的只是现代商业和服务业，与我们这个文明古国极不相称。这样的一两条街不但形不成"区"，而且对谁来讲都没有多少看头，走头。但愿已开辟的步行街逐渐扩展，不断完善；正待开辟的步行区认真选点，精心规划，切莫满足于再增加一条商业街，还要使其成为能展现一座城市的个性和历史面貌的观光胜地，以及文化和休闲中心。

东京去来

　　说是相隔"一衣带水"，超音速大型客机波音 747 仍然足足飞了两个半小时。对于习惯了国内昼夜在火车中颠簸的人们来说，这段旅程自然说不上辛苦，何况在机上还有一餐挺丰盛的午饭。唯一遗憾是离开北京不久就一直飞行在云层顶上，看一眼日本海的愿望只有留待梦里去实现了。

　　东京成田机场，现代化的设施，繁忙而有条不紊的运作，跟其他国际大机场没有什么两样。只是与去西欧相比，在过海关前又填了一张表格，显示出东方不同社会都存在的拘谨和烦锁。

　　这次为了办理来东京参加第八届世界日耳曼学大会的签证，日方东道主和我们都折腾了好一阵子！我们向日本驻北京使馆交了办签证一般都够了的与会邀请信不说，还由东道主出具了"入国理由书""身元保证书""在日活动日程"等所谓"三书"，一脸的不信任，生怕我们这些书生图谋不轨。不知道日本"贵宾"来中国是不是也对等？不知道美国"朋友"去日本是否也受到如此的"照顾"？

　　从成田国际机场进入东京市区，来接我们的大型旅游车行驶了约莫两个小时。车流大多缓慢地行进在并不宽阔的高架公路上；路两侧的隔音墙后边，不远处就是密集的楼宇和住宅，让我对地窄人多的岛国日本有了直观的感性认识。沿途的建筑也不像西欧的瑞士、德国、奥地利似的色彩鲜明，造型别致，我心想：别对此次东京之行抱太多的希望吧。

然而小住两周我已体会到，东京自有东京的特点和妙处。

我们下榻在东京市内的后乐宾馆。早在半年以前，根据日本东道主的建议，大多数来参加会议的中国学者都在这儿订了房间。宾馆的其他住客显然也多半是国内来的公出人员，因为常常听见"处长""经理""老张""老王"的大呼小叫声。论规模和档次，后乐据说在价格方面还有所照顾，我们这些口袋里外汇不多的教授、副教授以及处长以下的公出人员，住在里边可谓适得其所。

初来乍到，我们以每人每天2500日元（相当于65元人民币）在宾馆的中餐厅包伙。两天下来，男女同胞们除去对早餐时那婴儿拳头大小的一个馒头、严格定量的半块豆腐乳和无风三尺浪的一碗稀饭印象难以磨灭之外，就唯有饥肠辘辘的抱怨。大伙儿坚决要求退伙，因为已经摸清外边吃馆子的行情。餐厅领班模样的工作人员赶紧出来说，作为对集体包伙客人的照顾，稀饭嘛大家就随便吃好啦。好个"稀饭随便吃"，我心里一笑。原来这就是"照顾"二字的实在含义呵。

不过话说回来，如果将来再去东京，我还是准备在后乐宾馆下榻。它那闹中取静的位置和环境，它那小而舒适的十分雅洁的房间，它那些不动声色却又彬彬有礼的服务人员，都使你住在那儿有一种宁帖之感。更何况，宾馆内是说汉语的人的天下；在房间里还破中外宾馆之例，除供应茶叶之外还备有一套简易的炊茶用具，让在外活动了一天的旅客晚上归来能喝一杯清茶，享受享受中国式的闲适与温馨。

穿过宾馆的自动门，立刻被热乎乎的空气包裹了起来，身上一会儿就汗涔涔的，虽然我们只穿着衬衫。八月末的东京似乎全没一丝儿秋意，但看大街上匆匆来去的日本男士们，一个个仍旧西服领带，毫不含糊。每天我们去应庆大学开会，都得乘坐半个多小时的地铁，正是在并不总是宽松的地铁中，日本民族重仪表、讲礼节的作风给人留下了难忘的印象。

车厢内的男女老少个个坐有坐相，站有站相，绝无西方国家那种在公共场合勾肩搭背，甚至搂抱长吻的时髦男女，也听不见有谁在旁若无人地高声谈笑，更别提乘客之间的争吵了。人人都像谦谦君子。

上下班的高峰期，车里尽管也挤挤挨挨，却仍清丝哑静，井然有序。遇有座位空出来了，站在附近的人要么装作没有发觉，要么相互看看，谁都不肯先坐下去。先坐甚或抢着坐下去的人，以公众的正常心理衡量，该是很掉份儿的吧。

在东京生活了两个星期，我再不会觉得咱们讽刺日本人见面时相互行鞠躬礼的相声有什么好笑，相反，如果谁问世界上是否还真有"礼仪之邦"，我就会毫不犹豫地回答：有，日本。

包括现代日本人的重礼仪在内，东瀛岛国的大和民族受中华文明的影响可谓多矣。东京街头的大小商店几乎用的都是汉字招牌；各种招贴和广告，一个有文化的中国人稍加琢磨便会猜个八九不离十。在高速公路上见过收费的小亭上写着"料金所"三个字，于是举一反三，就知道市内的"无料驻车场"是免费停车场。新宿一座摩天大楼的"××阶无料观光"，是××层免费对公众开放，让人们从空中观赏这个集中了大公司、大银行的现代化街区的夜景。有的店铺门面上只写着"喫茶"两个大字，读过几本明清小说的人都明白"喫"即吃的古写，而"喫茶"的店铺多半就是茶室茶馆了。

当然，也有些招牌不是一看就懂得的，例如那不在少数的"麻雀"店，一开始我们谁都摸不清里边是什么的干活。后来实在好奇，走到店门前去看了"麻雀"两个大字底下的"全自动桌"

这行小字，才恍然大悟，原来那就是打麻将的赌馆。西方人曾经把打麻将——过去也叫叉麻雀——讥为中国的"国粹"。想不到它今天不但风行中华，而且还飞到日本，接受了现代化的洗礼。

在东京，中国古老文化的影响——包括积极的和消极的——真是随处可见。即使最繁华的珠光宝气的银座，五颜六色的霓虹灯照得人眼花缭乱，街边上的小食摊却挂的是一盏盏长筒状红色灯笼，灯笼上还浓墨重笔地书写着汉字，叫人一见仿佛回到了另一个世界。

浸润着中国古代传统文化的东京固然使我们觉得亲切，也是它区别于西方大都会的一个显著特点，但是，东京更加触目也更加本质的，却是高度的资本主义化和现代化，是市内飞速运转的上中下三层的立体交通网，是人们快节奏的生活和强烈的竞争意识……

晚饭后我们常去大街上溜达，但见两边的写字楼在七八点以后仍然灯火通明，很少有一扇窗户是黑暗的。一问在东京进修的中国同志才知道，原来职工们都习惯了加班加点，而且是"自动地"，毫无加班费，仅仅是为了如我们所说的"挣表现"，以求在激烈的竞争中保住自己的地位甚至谋得一个升迁的机会。由此，我们就理解了上下班前后地铁车站的人潮为什么都是争先恐后地小跑；为什么不论早晚，车厢里的乘客总有两多：一是打瞌睡和闭目养神的多，二是看书读报的多；为什么天气尽管很热，去上班的职员们仍要紧紧地系着领带。拿我们的话来说，日本人活得也真够累。

可是，不累又哪儿来战后的迅速复兴、崛起？又哪儿来称雄世界的经济实力和傲睨全球的高科技水准？又哪儿来生活的现代化和自动化？日本的自动化，从东京来看似乎已经超过了西欧。

各种各样的自动售货机、售票机不说了，就讲公用电话，也已经基本上普及插卡记数的方式，而不用再投放硬币。

一天晚上，坐在一位大学教授来接我去吃海蟹的小卧车里，我惊讶他放的贝多芬田园交响曲音响效果实在美妙之极，注目一看才发现他前方的仪表盘旁装的并非一般的车用卡式收录机，而是现代化激光唱盘。前边已提到打麻将的"全自动桌"，估计那自动就是赌客们不用洗牌、砌牌什么的吧。大会结束后，我应邀到一位日本友人家小住，意想不到的是一具电子调控的抽水马桶让我开了眼界。我还在友人的陪同下，走马观花地参观了著名的私立法政大学和朋友家的孩子念的一所小学，那校园的整洁，设施的齐备，教学手段的现代化，都让我这个作教师和家长者羡慕。

东京同样也有资本主义大都会纸醉金迷、物欲横流的一面。柏林也好，罗马也好，哪儿我都没见过东京这么多、这么大、生意这么兴隆的电子游戏机中心。名为游戏，实乃赌博：人与机器赌博，顾客与机器背后的老板赌博。中心的门面几乎全是一眼能望穿的大玻璃，只见楼上楼下数十架乃至上百架游戏机前座无虚席，赌客们在电光闪闪和噼里啪啦的搏击声中，一个个玩儿得如醉如痴，两眼充血。我在东京期间，还碰见有新的游戏机中心开业，说明这深得人心 —— 玩儿的都是成年人 —— 而又有利可图的行道正欣欣向荣，方兴未艾。

人们如此醉心于博取金钱，就因为在那个社会里确实是金钱万能。有了钱便什么都买得到，包括"爱"。东京也有公开与合法的所谓红灯区，只不过那儿的买卖做得不像西方似的张狂和放肆，有的淫窟甚至还从中国古典文学借来诸如"花影""桃源"这样风雅的名称，真个叫人啼笑皆非。

我们这次到东京出席的日耳曼学大会，是全世界研究和教授

作者与朱雁冰先生的合影

德语和德语文学学者的盛大聚会，每五年举行一次。参加东京大会的五大洲日耳曼学家多达 1700 余人，会议的组织和接待工作井井有条，忙而不乱。学者们分散住在市内的十多家宾馆，除了开会的几天在应庆大学集体午餐，有一天观光旅游由大会提供车辆，其他时候全得自己照顾自己，不像在中国开会一直有主人陪着。这样不仅减少了大会组织工作的困难，而且给了我们自己去了解熟悉东京的交通和饮食的机会。

两天紧张的学术交流之后，大会安排了一整天的观光，不过交通费和途中的食费得学者们自付。我选择了四条线路中的富士山-箱根一线。

早上八点，十多辆大旅游车浩浩荡荡开出东京，行驶在异常平整，但并不很宽的黑色沥青路上。渐渐地，两边的房屋变得稀少，取而代之的是赏心悦目的绿树青山。汽车开到半山腰上的一小块开阔地便不再往前走。据导游介绍，这儿是富士山的最佳观景点，再往上不再通公路，而且能见到的也只是秃坡上的一些火山灰罢了。原来，这座被看作日本象征的金字塔形的山峰，本是一座死火山。下车后，我们果然发现在右上方的云雾缭绕之中，那常常进入画面的富士山近在眼前，心里油然生出了不虚此行之感。

给我留下更难忘印象的却是神奈川县的大涌谷。谷中到处都是热气蒸腾的温泉，空气充满了硫黄味儿。从泉眼内汩汩涌出的热水温度高得能"煮"熟鸡蛋，而"煮"过的蛋壳都变成了黑色。据说，吃这种黑鸡蛋——日本人称黑玉子——可以延年益寿，难怪有那么多游客在购而食之。站在一处只见冒着热气的无底大泉坑边上，我突然想起不久前看过的日本电视系列剧的一个情节：一位富翁被继承人推进泉坑中，尸骨全融化了，给负责办案的侦探们出了个大难题。想到此我赶紧后退两步，身上不禁起了鸡皮疙瘩。

观光热气腾腾的大涌谷

离开热气腾腾的大涌谷，我们来到日本历史上闻名的箱根，参观箱根御关所博物馆。这儿原是封建割据时代一处税卡的旧址。馆内陈列的多为当时的文书、印信、兵器之类。我们匆匆浏览一遍，就来到馆外。只见右边一片湖光山色。在波光粼粼的湖面上，远远地有两艘樯桅高耸、旗幡飘飞的古式大游船缓缓驶来。

正看得出神，忽然耳畔响起婉转清脆的鸟鸣声。我们一转头，却发现是一男一女两位卖细竹管做的鸟哨的小贩。女的一位穿着蓝底白花的和服，腰缠一条宽有尺余的黄色丝带，头戴一顶折叠得很别致的小草笠，整个形象就如舞台上的演员。时下在东京穿和服的女性已十分罕见，我和同行的几位与会者都赶过去，请她与我们合影。她落落大方地点点头，脸上露出自然的微笑。

在山水自然和历史陈迹中徜徉、流连一整天之后，我们又回到用钢铁和水泥堆积起来的拥挤繁嚣的东京市内。

学术会议继续进行了两天。闭幕前夕，在一家据说是东京最豪华，实际并不比我们各大城市争相修建的旅游饭店更气派的宾馆里，开了盛大的招待会。报名参加的学者们同样费用自理。为了大家到得整齐和准时，组织者破例提供了车辆，虽然宾馆离开会的应庆大学并不远。到了宾馆中，我立刻感到气氛很不一般，因为时时有神色严肃，口袋里藏着步话器的男士在眼前晃来晃去。

看样子会有大人物光临。我们正在猜疑，蓦地传来咚咚咚的鼓声，告诉大伙儿该进入会场了。会场是一间可容数百人的敞厅。正对厅门的墙上，悬挂着白底红字的第八届世界日耳曼学大会的横标，再朴素简单不过。厅中央，排列着一圈大桌子，桌上摆的是供人们自取的冷餐，色彩鲜明，形状优美，可吃起来味道并不十分可口，而数量仅勉强够而已。

七时许，厅内突然鼓声大作，人们的视线立刻集中到了两男一女的三个古装擂鼓人身上。鼓声刚停，大厅入口处便拥挤起来：该光临的要人 —— 当今日本皇太子 —— 果真光临了。皇太子生得秀秀气气，二十五六岁光景，个头儿不高，一身合体的黑西服，显得潇洒而有教养。他只在一个可以搬动的小台子上作了简短的致辞，更多的时间却是走下来与站在周围的各国学者用英语自由交谈。他举止谈吐温文尔雅，无拘无束，使各国学者对现代日本的象征性人物留下了一个挺不错的印象。

除去应庆大学的校长坐着轮椅，招待会上主人和宾客一律站着，加之食物也不丰盛，于擂鼓之外别无花样繁多的节目，八点左右学者们便一批批自行离去。如此简洁轻松但不失隆重的招待会，体现了现代日本的务实精神。

在东京，我确乎没有在欧洲那种身处异国，举目无亲的孤寂感和陌生感，整个心态就跟在香港乃至广州差不多。在广州和香港，一个操普通话的内地人经常还可能遭到某些自命"高等"的同胞的白眼；在东京和日本，一位外国学者即使一句日语不会讲，仍然会受到人们的尊重。

我在东京逗留的第二周虽然单独一个人活动，却未感孤独和不便，原因不仅是前文讲过的语言、文化的亲近感，更主要的还是我所接触到的日本人真诚热情的态度。除去拜访一些老相识，我还通过旅居东京的同事结识了几位新朋友。在与他们的交往中，我发现日本民间确实存在对中国友好亲善的感情。渐渐地，正像我习惯了清淡的日本料理，对本来"谈虎色变"的生鱼片已吃出味道来一样，我也消除了内心深处笼而统之的对东瀛岛国的反感。我暗暗告诉自己，日本民族的确可亲可敬，的确有许多地方值得我们学习。

作为真诚友好的例子，我只想讲一位代田升教授。他在率领儿童文学家代表团访华时我们有过接触，算是一位老朋友了。得知我到了东京，他就一定要我去家里小住。我如约去到他东京市内的宅子，发现他已做好送我去别处的准备。他嫌市内的住宅有小孙子在一起吵闹，于是驾着车穿过狭窄的七弯八拐的胡同，带着夫人以及特地采购的大包小包食品，陪我一起住到了他在郊外的别墅里。明天一早，他就要乘飞机去他兼职的别府大学授课，于是下午抓紧时间送我去游览风景区。

浏览归来，代田升夫人让我品尝到了很有风味的日本烤肉。我感觉之美好，不亚于与皇太子共享的那一次盛宴。就寝前，我被安排去沐浴，但见日本式的直桶形浴缸中已盛满热气腾腾的清水。按照日本家庭的习惯，陪我同去的中国旅日学者解释说，这一缸水是供全家挨个儿蹲在里边浸泡的，我是贵宾，所以第一个享用。我呢，由于不习惯而没有享用，心里却领了这一份盛情。

在东京仅仅逗留了两个星期，匆匆去来之间仍感触良多，印象深刻。与送行的友人在成田机场握别之际不禁有些恋恋不舍。

眼下春风骀荡，从东京捎回来挂在阳台门下的"浅草风铃"不时地发出清脆悦耳的叮当声，一次又一次撩起我对那个融汇着古老传统和现代文明的东瀛岛国的思念……

1992 年初春时节　川大竹林村　远望楼

补记：

离第一次访问东京快十年的 1999 年，我又应歌德学院东京分院和东京大学木村直司教授的邀请，准备去出席一个纪念歌德诞辰 250 周年的国际学术讨论会。令人十分失望、不快甚至恼火的是准备了好几个月，东道主同样费了不少力气，我终究未能去东京出席为期不过两天的学术会议，因为签证到底还是晚了一天才由北京的代办者取到！主要是由于邀请者歌德学院是德国机构，不了解日本国的中国人入国规程。

真不清楚，日本人来敝国手续是否也如此烦琐、严格，严格得近乎苛刻，是否除了有效的邀请和过硬的经济担保，还要什么"身元保证书"，什么"入国理由书"，什么"在日活动日程"？这所谓的"保证"，所谓的"理由"以及所谓的"日程"，不都已在邀请信和经济担保里写得清清楚楚了吗！如果不要，又何来外交对等可言？

"外事无小事"！这很可能的不对等 —— 我想说不平等，让笔者切身体会到祖国真得赶快富裕起来，强大起来！不然鬼子们老以为，中国人无例外地都想去他那儿讨生活。

　　还有，近年来日本右翼军国主义势力甚嚣尘上，明目张胆地否认其侵略中国的历史，否认南京大屠杀的存在，更加让人愤怒。这样一股思潮甚至也影响到学术界，在我碰见的日本同行中竟也有人一听侵略二字就脸青面黑，更叫我难以理解。而今，我对大和民族的好印象已经淡薄许多，责任全在这帮混账东西。

　　写到此，不禁想起十多年前的一张传遍整个世界的新闻照片，以及我所写的一首没有题名的诗：

　　　华沙

　　　犹太人墓前

　　　跪着一位

　　　男人

　　　他用

　　　真诚的

　　　哀悼与反省

　　　修复了

　　　一个民族的

　　　形象

　　　赢得了

　　　世界的

　　　同情

　　　和尊敬

　　　何其可佩啊

　　　这位伟人

东京

也有人

在亡灵前

顶礼上香

追思默祷

却戕害

一个民族的

心灵

刺伤了

世界的

感情

忘记了

历史的

教训

何其可悲啊

多么可恨

这帮小人

不说大家都知道，下跪于二战中遭德国法西斯屠杀的波兰犹太人墓前，代表一个民族进行忏悔的伟人，是时任联邦德国总理的威利·勃朗特。与这个表情真诚痛苦、身材高大伟岸的德国男子相比，那帮日本政客实在太渺小、猥琐，面目太狰恶、可憎。

秋临阿尔卑斯

十月中旬，应邀赴奥地利因斯布鲁克大学讲学，主人安排我头两天住在离城不远的阿尔卑斯山中，以便消除长途旅行的疲劳，我得以饱赏阿尔卑斯秋色，领略山中的美妙风情。

抵达山间别墅已是傍晚。稍事休整，便随男主人去屋前的草地上拾枯树枝，以便在砌于室外正面墙上的壁炉里生火，使我们于秋凉的夜晚在露天下进餐不至于感觉寒冷。

那真是一次奇妙难忘的晚餐啊！大块的劈柴在壁炉中熊熊燃烧，噼啪作响。粗木头长桌上点着婴儿拳头般粗大的红蜡烛，烛焰在炉火掀起的热气流中不住摇曳。四周一片幽暗，一片宁静，唯有影影绰绰的远山顶上，有几点亮光闪闪灼灼，也不知是人间的灯火，或是天边的星星。

享用着主人现做的美味烤肉，三个人心照不宣，都对周围宁静的自然怀着敬畏，在说话时尽量压低了嗓音。

两位主人都是因斯布鲁克大学的教授，也刚远游归来。他们告诉我，今天上午他们提前来打扫房子迎接远道而来的嘉宾，不想却发现自己不在期间家中已来过一群不速之客，毫不客气地在我们眼下进餐的凉台上"安营扎寨"……

我听了不由一怔，女主人赶紧解释：

"不不不，不是小偷或流浪汉，也不是狐狸和狼，只是一群此地很多的麋鹿。住在山里头嘛，免不了跟一些动物打交道。没有关系，没有关系！"

我下榻的小楼坐落在一个小坡上，周围是一块两个篮球场光景的草坪。越过它正面的木板围栏，是一片宽广青翠的牧场，在晨光中一直伸展到墨绿色的远山脚下。山虽不高，在乳白色晨雾的缭绕下显得虚无缥缈，悠远神奇。在近前的牧场中央，则有三五成群的黄牛在吃草，随着它们的昂首低头、来回走动和嬉戏追逐，便响起阵阵咚咚当当的铃声，在静谧的四野里播扬、回荡。

"呵，"我心里说。"这就是闻名于世的阿尔卑斯牧场！这就是备受文人墨客青睐的阿尔卑斯牧铃！"

自然，牧场、牧铃的存在并非仅仅供人欣赏，更重要的还是此地山民的经济来源和生存依靠，十多年前更是唯一的来源和依靠。早餐桌上，我便享用了本地产的牛奶和黄油，并在主人劝诱下吃了两片本来不沾的乳酪，觉得那味道其实不坏。

早餐后，我们徒步越过前边的大牧场，来到一个村子里。只见稀稀疏疏的房舍一律就地取材，土木结构，黑顶白墙或者黄墙，十分雅洁。几乎家家的阳台上和屋门前都养着花，一片姹紫嫣红，在明丽的秋阳下格外地生气勃勃和美丽。

"这儿的人看来很富啊！"我一边张望，一边说。

"现在是的，十多年前还很穷，那时还没有发展旅游业。不过现在富是富了，却一年到头忙得不可开交。"

确乎如此，几乎每一幢村舍都在醒目处装着"家庭旅店"或者"有房间出租"的木牌。我奇怪为什么见不到游客，回答是：目前为冬、夏两个旅游旺季之间的间隙，过几天雪一降，全部床位都要住满。我这个时候来游山真算运气。

说着我们出了村，正遇上有村民驾着拖拉机在牧地上撒牛粪，为的是来年牧草丰茂，牲畜肥壮。

往前走不多远，却见路边立着一幢孤零零的小屋，屋顶上竖立着尖塔，塔端还有一具小小的十字架，整幢房屋比停在一旁的那台小拖拉机大不了多少。我们低着头走了进去，原来是一座圣坛、圣像、跪凳一应俱全的家庭小教堂。它的存在，无疑表明了此地山民的富有和虔诚。当然呐，富有的原因并非虔诚，而是他们终年四季、年复一年的辛劳。

时近正午，我们漫步到山脚下一大片池塘边。只见青粼粼的水面上，不时有半尺多长的鱼儿跃起，泼喇一声，冲破四野的寂静。二三渔人站在塘中宽宽的木板栈道上垂钓，煞是悠然自得。这儿人工养殖的鳟鱼远近闻名。

第二天天气仍然非常好，我们一致同意去爬山。主人开了半小时车，来到真正的大山跟前。说是"大山"，其实海拔整个儿不足三千公尺，加之路又宽又平，走起来一点不累，更没有丝毫的惊险。途中碰上不少骑自行车的登山者，最引起我注意的是一家五口，除去还在吃奶的小不点儿由父亲带着外，其余四人全蹬着高矮不等的车，很是神气。

十点钟光景，走在一段两边长着参天云杉的山路上，在前边带路的女教授突然扭过头来对我喊："快，快！来了！来了！"

我正纳闷儿，一片咚咚当当的牛铃声由远而近，从正前方传来。我明白了，立刻作好拍照准备。进山两天，尽管牛铃声不绝于耳，这却是我第一遭邂逅一位装束特殊的阿尔卑斯牧人，第一次看清系在牛脖子下的铃铛。它大如茶杯，扁扁的形似中国的扁钟，也就难怪声音那么浑厚、洪亮。在整个阿尔卑斯山区，这铃铛都格外受人喜爱，成了最普通而又别具风情的旅游纪念品。

和山上所有不期而遇的人一样，我们在与牧人擦身而过时也互道一声"上帝保佑你！"整个登山途中，我入乡随俗地一次次重复着这问候和祝愿，心中有所感悟：当人处在雄伟壮丽、威严博大的自然中，很容易感到自身的渺小无助，因而也就格外虔诚地信仰神灵或者上帝，格外富有同类之间的亲近感，格外乐于善意地相互关照。

在爬到接近峰顶的时候，再回首连绵不绝直至天边的阿尔卑斯群山，它的确异常辽阔、壮丽、博大！时值秋高气爽，丽日晴空，但见白云蓝天之下，远山茫茫，灰黄的秃峰白雪覆盖，近处却层峦叠嶂，莽莽苍苍，到了眼前则于青绿中夹杂着红、黄、白、紫，真个色彩斑斓。我久久地伫立远眺，心旷神怡，直至耳畔响起女教授柔和的声音：

"和中国的山不大一样，是不是？"

"是的，欧洲的山，包括阿尔卑斯，我感觉都整治得很好，树更多，似乎也更加驯化，不像中国的山更高、更大，更富于原始的野趣和幽趣。不过它们仍然十分美，别有一种美啊！"

1991 年秋

雪原上一片火红的枫叶

—— 加拿大印象

1995 年 8 月，为出席国际日耳曼语言与文学联合会（IVG）的第九届会员大会，我从北京动身飞行约十个小时横越太平洋，到了加拿大的温哥华。这每五年举行一次的大会在市郊的不列颠哥伦比亚大学举行，来出席的为世界各国从事德语和德语文学研究及教学的一千多位学者。与会人数虽没有超过在哥廷根和东京举行的前两届，仍然可以讲规模巨大，但是却丝毫没有在哥廷根特别是东京到处是人的拥挤感觉，不仅因为同样处于暑假中的校园显得格外空旷，主要还是地多人少的加拿大确实到哪里都显得宽松、从容，辽阔、广大。

加拿大的面积至少与中国差不多，人口却只有两千多万。它濒临大洋，气候温和，春夏秋三季都异常优美，冬天虽长一些，却也是蓝天白云，不像四川和德国冬季难得见到阳光。广大的国土上布满森林、草地和湖泊、河流，空气异常清新，连大城市里也干净得很。加拿大远离战火，本身几乎没有敌对的国家，也难得见战争和难民，所以一派和平景象。

加拿大的宽松、辽阔，在我实地停留的近二十天里，时时处处都得到了体验，加深了印象：去温哥华市里，在美丽的海滨漫步，偌大的一片草坪上除了几只鸽子，就仅仅只有我们五六个中国来的日耳曼学者。会后从温哥华去多伦多，超音速客机也飞了四五个小时，也就是说差不多从南到北飞越了整个中国或者西欧，在飞机起降之时，抑或从无云的晴空凭着舷窗下望，能看见的城镇和居民点实在不多，点缀着片片湖泊的广袤大地真个叫莽莽苍苍；就算后来到了多伦多、渥太华和蒙特利尔的市中心，到了多伦多那位于安大略湖滨的游乐场，到了世界闻名的旅游胜地尼亚加拉大瀑布，也丝毫没有在国内身处闹市和游览地人满为患、扰攘喧嚣的紧迫感。还有我所访问的几位中国学友的居住环境，还有那称作"蘑儿"的融购物、休闲、娱乐为一体的巨型超市……总之，无处不可以用宽松清爽，悦目赏心这样的词语来形容。

"加拿大啊，你真正是大！"在游历该国的日子里，我不由得一次次发出感叹。

也就因为地多人少，辽阔广大，便奉行的是相对宽松的移民政策。不管你是哪国人，只要有相当的资产就可以作"投资移民"，只要有吃香的技能和够格的学识就可以作"技术移民"，而且是一去便拿绿卡，不用像在德国甚至美国似的一等再等，一审再审。总而言之，只要符合一个条件，即有利于该国的经济和社会发展，枫叶之国便张开双臂欢迎你，并且只要住上三年，你便可以申请成为它的公民。对于移民者来说，加拿大也真是个好地方！

不仅好在它的生态环境异常优越，已连续多年被联合国评选为"最适合人类居住的"国家，多项人文发展的综合指数均名列第一。更加难能可贵的是，这儿基本不存在种族歧视和文化冲突。根据我的观察和判断：在全世界的发达国家中，加拿大恐怕是最适宜于中国人移民和居住的地方。该国原本就是由移民组成，除来自欧美的白人外，中国人、印度人、黑人同样已经非常多，仅多伦多一市就有华人三十多万，所以很少发现歧视和排斥外国人的现象。加拿大目前仍依法每年接收一定数量的移民，移民在成为该国公民后便享受平等的权利，不像在一些欧洲国家即使有了绿卡甚或公民权，也仍旧不能融入主流社会，在事业上获得与该国人同等的机会和发展。

为了实现民族和睦，加拿大政府还真心实意地提倡和促进多元文化。举两个例子：一是到处都有意识和认真地保护原住民印第安人的文化遗迹，就讲在我们开会的不列颠哥伦比亚大学，不仅于校园的中心位置竖着印第安人的图腾柱，还有一座规模不小、收藏颇丰的印第安文化博物馆。再如温哥华景色如画的海滨，既新立起了一头象征吉祥的中国石狮子，也原封原样地保留着一架形似我国牌坊的印第安"神门"。还有，一降落在温哥华机场我就发现，在我到过的好些个国外大机场中，唯有这儿考虑到了中国乘客的方便，因为也有黄皮肤、黑眼睛并且讲汉语的华裔工作人员在忙碌。后来看见飞机上的乘务组也是如此。

种种迹象表明，我们的无数同胞已在枫叶之国加拿大找到了自己新的乐土。一次，在温哥华的中国城走进一家吃早茶的茶楼，突然之间竟面着满满一个大厅数以百计的华夏子孙，人恍若置身香港乃至广东，一瞬间真感到愕然，震惊。二十年来十多次出洋，到过的国家也不算少，但实在想不起在什么地方曾见过海外的中国人像眼前似的怡然自得，随随便便地聚在一起如同就在家里。

在首都渥太华，我参加过一个华人社团的集会和聚餐，那气氛同样惬意而亲切。前来凑热闹的也有一些白皮肤的先生女士，一位政府官员或者议员什么的还热情致辞，看来都十分在乎华人社团的影响力和它们所掌握的选票。

领我去参加集会和聚餐的是姚锦清先生。他在国内时是我翻译界的一位小朋友，而今已当上渥太华一家华文报纸的主笔。在加拿大这样的华文报刊有好多家，锦清的报纸虽说不怎么大，在侨界却颇具影响，并且还能挣钱给他养家糊口。就是在他的这份小报上，我惊讶地发现：与中国餐馆开业、出让、招工等广告一样多的是遗失启事，具体讲是遗失我中华人民共和国公务护照的启事！

见我大惊小怪，锦清便平静地解释说，其实护照这么重要的东西谁也没有真正丢，公开登个遗失启事只是为了去使馆另外领一本，亦即用因公护照换取因私护照，然后好拿去申请作为移民留下来。

鄙人尽管已没移民的兴趣和条件，却衷心祝愿客居异国的同胞好运常伴，康乐永驻。对那些急于想去闯荡世界的朋友，我劝他们先老老实实创造条件，然后再到枫叶之国寻找幸福去。须知，移民在加拿大完全合法，既不用花太多的钱，更不用冒在海上漂流甚或憋死在集装箱中的危险。我的老朋友牛抗生在大学里教书，太太任职于律师楼同时经营移民公司，与政府联手每办一个移民平均不过才收取三万多元人民币。我认为他们做这件事既利人又利己，好些个熟人朋友已在他们帮助下实现了自己的梦想。

在温哥华开完会，正是应牛抗生夫妇的邀请去了多伦多。随后以他家为根据地，我再去了渥太华和蒙特利尔，整个行程四千多公里，几乎到了加拿大的所有主要城市。在他家时，适逢他们从本已不窄的旧居乔迁新居。新居和旧居一样单门独户，只是地面建筑从一层变成了两层，再加一个冬暖夏凉、完全可以住人的"地库"，实在宽敞得很，而且屋后的花园也扩大了。抗生还告诉我，四川外语学院在多伦多校友不少，大家过得都挺不错，其中一位 70 年代的法语毕业生更已成为知名企业家，前些年加拿大总理访华也有幸随行。尽管如此，身上流淌着中国的血，胸中跳动着中国的心，大家仍难忘故土，难忘母校，于是便成立了一个"歌乐联谊会"，逢年过节便相聚一堂，回忆共同在重庆歌乐山麓的川外度过的峥嵘岁月，畅谈祖国近年来日新月异的变化。

1981 年作者与牛抗生在圆明园遗址的合影

10 年后与牛抗生合影于多伦多

谈起自己的第二故乡加拿大，抗生和其他朋友的热爱和赞美之情溢于言表。除了上面已述及的种种优点，还特别讲到了它的社会福利制度。拿朋友们的话来说，那真是比社会主义还社会主义哩！举个例吧，抗生的夫人到来之后不幸生了重病，住进医院不仅不花钱，而且还有免费的营养伙食吃，还不时有社会工作者来陪她谈心，做她的思想工作，怕远离故土的她感到寂寞，怕她因为患病背思想包袱。

这不，在如此精心和温暖的照料下，重病很快也就好了！写到此，我不由得想到了加拿大伟人白求恩。对照今日中国的医疗服务状况，那些伤天害理的江湖骗子"德国牙医"章俊理之流不必说了，就连某些国家大医院及其大夫的医道医德，不是也令人忧心、痛心，叫人不由得要呼唤：白求恩精神啊，回到中国来吧！

还有一件事也值得一提。北京大学一位学友的夫人原来是位电教管理员，作为所谓"人道移民"获准与丈夫团聚，到了蒙特利尔以后马上被请去免费上法语学习班，而且为此还给她生活补贴，为的是她学习起来更加安心。

像加拿大这样优越的福利制度，这样对包括外国移民在内的国民无微不至的关怀照顾，这世界上恐怕实在不多。

不厌其烦地谈了许多优点，但愿别引起误解，让人以为加拿大简直就是人间天堂，甚至是个有煮熟的鸽子飞进嘴里的懒人乐园！

加拿大缺点仍然很多的。例如气候就不理想，据说除了温哥华冬天不太冷，其他地方都有漫长的寒冬。再者，税收十分厉害，收入越多税率越高，因此大富豪常常待不住，但不如此，优越的社会福利制度也没法维持。还有，上大学得花不少钱，这一点不如联邦德国。一句话，没本领，不肯干，在加拿大也未必能过好日子。这些年加拿大的经济并不怎么景气，为了改变现状，加快经济和社会发展，对移民的要求也逐年地提高了。要想去真得有好的素质，好的条件。

对于我这个中国文化人来说，加拿大还存在一个严重缺点，那就是文化积淀太浅，人文景观太少，与其辽阔、宽松的生存环境和粗犷、原始的自然景象很不相称。二十天，除了在温哥华参观大学的印第安文化博物馆，在渥太华浏览国会大厦和附属的图书馆，在蒙特利尔漫步奥林匹克体育场，就再没踏访什么文化遗迹。还有城市里也是一律的现代化建筑，一点不像在欧洲似的多彩多姿，风格各异，多数城市都有自己引以为傲的历史，不少建筑都有自己发人深思的故事。加拿大的历史毕竟太短，它自己的文化毕竟太年轻，不过，可喜的是政府当局显然已意识到这个缺陷，所以才真心实意地提倡多元文化，为促进文化的发展和交流不遗余力。

2012年冬重聚德国科布伦茨莱茵河畔

二十天的短暂逗留，乘飞机和名为"灰狗"的长途汽车东奔西走，跑马看花，对这个远在北美的大国说不上有多少了解，只是得到了一个粗浅的印象。然而这印象却意想不到的美好，意想不到的富有人情味儿，就如这个国家独具一格的国旗：洁白无瑕的雪原上，躺着一片火红的枫叶，让人既感受到宁静、圣洁，又产生出热烈的激情，温暖的希望。

1995 年秋

第四辑

| "苦力" 心语 |

在西方，文学翻译家被称为"文学界的苦力"——这称谓好不令人心酸！但是"苦力"自有"苦力"的快乐、尊严和骄傲，须知没有他的长途跋涉，辛苦搬运，我们的文学将更加困窘，我们的精神将更加贫血。

翻译界犹如一座巨大的林子，既有参天的大树，繁茂的佳木，也有芜杂的莠草，迷人的毒菌。时有盗贼出没幽暗的林间，更难免凄风冷雨的侵凌。译林啊，同样需要护林人！

五十岁的男人

子曰：五十而知天命

说什么年已半百？
分明是五十刚过！
男儿五十正当年啊，
他已有了许多，
　　还会有许多许多。

他有过贫贱和饥寒，
　　知道忍受也是生活。
他有过屈辱和痛苦，
　　知道抗争才能解脱。
他有过挫折和失败，
　　知道失败可泣可歌。
他有过奋斗和成功，
　　知道什么是真正的快乐。
是的，不必隐瞒，
他做过错事撒过谎，
　　偷食过酸涩的禁果，
　　知道问心无愧最难得。

他受过愚弄，遭过背叛，
　　知道虚伪的友情最可恨，
　　过河拆桥最可恶。
他知道"名位是虚影，事业是一切"，
　　因为他读过《浮士德》，
　　自己也是浮士德。

最可贵，他还有过爱情和友谊，
　　知道如何唱"我的太阳"，
　　什么天长地久，暖人心窝。
他啊，尝遍了人世的酸甜苦辣，
　　知道该怎么更好地生活，
　　怎么才会获得更多，更多。

说什么年已半百？
分明是五十刚过！
男儿五十正当年哩，
他本该是一首歌，
　　　　一把火，
　　　　　一条河！
一首声情激越的爱之歌！
一把熊熊燃烧的爱之火！
一条汹涌澎湃的爱之河！

他可以爱父母兄弟，
他可以爱儿女老婆，

他可以爱不是父兄的男人，

他可以爱不是老婆的女人，

他可以爱不是儿女的孩子！

他可以爱一切善美的人，

不管他们的国籍、种族、肤色。

他可以爱生养李杜的黄土地，

他可以爱哺育贝多芬的莱茵河。

他可以爱自己的创造性劳动，

　　爱自己明亮宁静的书斋；

他可以爱书斋外沸腾的生活。

他不妨生活得自在又潇洒，

　　去登山，去漫游，

　　去纵情狂跳迪斯科。

五十岁的男人啊，不该未老先衰，

与笼鸟相守，把生命消磨在麻将桌。

五十岁的男人该用厚实的肩膀，

　　扛起家庭、社会、人生，

　　过更加充实有为的生活！

秋天是美丽的收获季节，

男儿五十不过立秋刚过。

加紧浇水施肥，耕耘培土，

生命之树将结满金色硕果。

辛未年初秋时节

1988 年第一次到魏玛

这儿也少不了爱！

　　《世界文学》嘱我为其专栏《文学翻译漫笔》撰稿，我不敢有所怠慢或推托。因为，30 年前，正是在《世界文学》扶持下，我得以登上译坛，而且它今天的主编李文俊先生，又恰是当年给予了还是大学生的我以热情帮助和巨大信赖的责任编辑。单凭这点缘分和情分，我也得就编辑部所出的题目，认真地思考，写出一篇稍微像样的东西才是。更何况，我从十七八岁开始就怀抱着成为一名文学翻译家的梦想，几十年追求的事业就是文学翻译。

　　文学翻译这个大题目，可以谈的实在太多。我想还是只谈一点自己切身的体会和认识，就是：这儿也少不了爱！

　　一爱我们的文学翻译事业本身，二爱我们所译介的作品以及作家，三爱我们的读者。

　　文学翻译不论对于我们还是对于社会，都应视为一项事业，而且是像教育工作、文艺创作等一样神圣的事业。文学翻译工作者，在一定意义上讲，同样可以称作"人类灵魂的工程师"。要证明这个论断，只需举出自"五四"以来，进步的、革命的文学作品译介，对塑造我们一代又一代人的心灵所起的积极作用，对我们现代文学的诞生所产生的巨大影响就够了。

　　文学翻译既然是一项事业，一项神圣而崇高的事业，我们当然应该爱它，而且还必须爱得热烈、真诚而又执着，还必须心甘情愿地为了自己的爱而做出牺牲和奉献，要爱得不怕为它含辛茹苦，爱得有一股子"衣带渐宽终不悔，为伊消得人憔悴"的痴迷劲儿。否则,你是很难数十年如一日地坚持从事这项事业,很难真正有所建树,成为此一行道中对人民有所贡献的佼佼者。

的确,要想成为一位杰出的文学翻译工作者,我们必须付出数十年的心血和努力,必须做有心人,时时刻刻不放过任何一个机会学习、积累本领和知识,时时刻刻注意提高自己,完善自己。

文学是人学,是人类社会的现实和历史、思想和情感等方面艺术而富有个性的反映。它与人和人类社会一样,是极其复杂、无穷丰富和多姿多彩的。正是基于这个无可否认和无法回避的现实,人们都认为优秀的文学翻译工作者应该是学识广博的"杂家"。我根据自己的实践经验,在一篇文章中曾提出一个想法,即真正的文学翻译家必须同时既是作家又是学者。这儿我只想强调,要成为文学翻译家,必须做长期的、非凡的努力。光外文好中文也好不行,仅仅才思敏捷也不行,就算有硕士、博士乃至教授头衔,未必就能做好文学翻译。如此讲并非"王婆卖瓜"(抬高自己),因为事实正是如此。

文学翻译工作今天在我国的文学界、学术界和有关领导部门,尚未受到足够重视,甚至为一些人所鄙薄。我们文学翻译家更有必要提高对自身价值的认识,增强对自己的工作的挚爱,虽然她是个"灰姑娘",是个受虐待的小女仆。

当今之世,一个印就能盖出一台冰箱,一首歌就能喊出一名歌星,一篇小说就能写出一位作协理事,搞文学翻译实实在在是太吃力不讨好。待到做了长期而艰苦的努力、具备了必需的知识本领之后,你真要动笔翻译一部像样的作品了,还得有忍受盛夏酷暑的煎熬和寒夜孤灯的寂寞的耐力和毅力。这耐力和毅力从何而来?当然首先来自对于事业的爱,虽然它是那样的名小利微。

同样,从对自己事业的爱中,还应该产生出责任感和荣誉感。

想当年，我们的文学翻译前辈曾享有过"偷天火赈济人类的普罗米修斯"的美誉。今天，他们的后继者就不只应该自尊，也应该自爱，绝不能以不负责任的行事玷污自己神圣而高尚的事业。近些年我们队伍中出现的少数文化垃圾的走私贩运者和伪劣商品制造者，应该迷途知返。

总之，文学翻译家必须有对自身价值的明确认识和足够的自豪感，有自己的事业心和责任心，有自己独特的品格。这一切，首先来自他对自己的"灰姑娘"的爱。

文学翻译家还必须爱自己翻译的作品和作家，但这种爱与前一种爱不同，不应是痴迷的爱，神魂颠倒的爱，就像热恋者之间那样，而应是敬爱，是冷静的有分寸的爱，就像一位艺术鉴赏家之于艺术珍奇，抑或忠实的仆从之于贤明的主人。

原著与译本、原作者与译者之间的关系，是一种主从关系。我们常讲文学翻译为艺术再创造，这再字的含义之一，就体现于文学翻译家的创造是在原著所给定的范围乃至线路中进行的，只许尽可能地遵循和贴近，不得随意偏离、自由放任。上边在谈到社会分工和事业心时，我强调了文学翻译家应有充分的自我价值认识和职业自豪感。现在，在谈他与原著的关系的时候，我却认为翻译家应该尽可能地克服或消除他的自我意识，应该尽可能地谦卑忘我，自然而然地进入自己的角色。

现代阐释学称创造原著的作家为上帝，称作品的阐释者为传达上帝旨意的神使。文学翻译照我看也是一种阐释，一种更直接、全面、具体、忠实的阐释。从这个角度看，原作者与翻译家之间的主从关系同样非常清楚。

一般地讲，只有对自己真正喜爱的作品和作家，我们才会心甘情愿地顺从，才会自然而然地做到谦卑忘我。只有做到这一点，我们才能够深入地去理解原著的思想、精神，悉心地去体会它的艺术风格乃至细微特征，并将它们一一地传达和再现出来，就好像只有谦卑忘我的仆人，才会对自己的主子体贴入微，才会理解他的一言一笑、一举一动，才会不折不扣地满足他的心愿，但是，这样的谦卑忘我有一个前提，就是主人确实贤明可敬，仆人确实尊重他，热爱他。

翻译一位我们所喜爱的作家的作品，在我们既是一种献身，也是一种享受。我们真的常常会忘记自我，变成作者的代言人或替身，将他所思所想、所经历的苦和乐再思想一次、经历一次，以致忘记了自己周围的现实，忘记了流逝的时间，忘记了工作的劳累。一般地说，这样产生的译作，才是有生命的，才富有感人的力量，才容易臻于"化"境。反之，一部我们本来就讨厌或者无所谓的作品，即使勉强硬译出来了，效果顶多不过差强人意，甚或连差强人意也做不到。

不知同行们的情况怎样，我自己翻译的绝大多数都是我喜爱的作家和作品，因而也从工作中得到了极大的乐趣，加深了自己对文学翻译工作的热爱。我认为，在确定选题时，我们应该有更多的自主意识才好。

现代接受美学将读者纳入了文学研究的视野。作为文学活动重要的一支，文学翻译同样只有有了读者的参与才能最后完成。文学翻译家必须时时心中装着读者，必须满怀对读者的爱。这种爱首先表现为对他们尊重，为他们负责。这种爱也将成为一种力量的源泉，增强我们对自己事业的热爱，使我们在工作中更加一丝不苟，兢兢业业。

对于一位严肃的文学翻译家来说，读者将不是一个泛泛的概念，一个远离自己的陌生人群，而应是"我的读者"甚至"我的这部译著的读者"。从确定选题到具体翻译时的字斟字酌，到超出翻译"本职"之外的加注作序，在这整个的过程中，负责任的翻译家始终都必须想到他自己的读者，考虑到如何帮助读者更好地接受他翻译的作品。为此，翻译家就不只应该对原著及其作者有真正的研究和理解，还应该了解和熟悉自己的读者。说到底，读者作为我们精神产品的享用者和服务对象，也同样是我们的"上帝"，我们不尊重他、热爱他，定会遭到惩罚。更何况，咱们中国的读者确实十分可爱，他们对文学翻译家的理解和尊重，堪为世之表率，也给我以鼓舞和力量。

文学翻译家必须同时是学者和作家，其地位介乎于两者之间，可谓非驴非马，不伦不类！他必须同时效命于两位"上帝"，即原作者和读者，一仆二主，处境真叫尴尬！由此，便形成了文学翻译家特殊的人格心理和道德规范，使他们面对着种种特殊的问题和矛盾。

近一个世纪来，文学翻译理论研究花在标准、原理、技巧方面的精力和时间可谓多矣，可是，却忽视了一个非常主要的方面，忽视了文学翻译活动的主体和中心，也就是文学翻译家本身，忽视了对他的人格心理特征的研究。文学翻译家究竟是个什么角色？是甘当替身和代言人，或是立意做"背叛者"？他应不应该有自我？他的自我在工作的不同阶段应如何摆放才算正确？

我个人深切地体会到，爱 —— 爱我们神圣而崇高的事业，爱我们所译的作品和作家，爱我们可爱的读者，能够帮助文学翻译家摆正自我的位置（包括在社会上的和工作中的位置），解决他面对的特殊问题和矛盾，达到他心理的平衡。

要做好文学翻译工作，爱是少不了的！

1990 年元月　重庆歌乐山舍

《杨武能译文集》

卅年不解缘 苦乐寸心知

——"三十年译文自选集"序

1

包括德国、奥地利以及瑞士文学一部分在内的德语文学，从其发端到现在已经有近 1200 年的历史。在这漫长的过程中，德语文学的发展曾出现过一次次影响深远的高潮，产生过难以计数的杰出作家和作品，因而在世界文学之林中，占据了一个牢固而突出的地位。在我国，德语文学的重要性也得到了公认，可是实际上，它却远远没能赢得我们的读者和出版界应有的喜爱和重视，只有歌德的《少年维特的烦恼》、海涅的抒情诗、茨威格的小说，以及布莱希特的戏剧可以算是例外。德语文学的精品绝不只是列举的这些，还有多得多的作家和作品事实上被我们忽视了。

那么，从整体上看，德语文学为什么在我国得不到喜爱和重视呢？

对这个问题，一般的回答都是简简单单的三个字：不好看。

为什么不好看？笔者经过一番考虑，觉得主要可以归结为这样两个原因：一，德语文学本身的确有它突出的个性和鲜明的特点 —— 关于这些特点，下文会再讲到 —— 它们不完全符合我们的欣赏习惯；二，从客观上讲，我国译介德语文学的人，远远不像搞英美文学、俄苏文学乃至法国文学的同行似的"人多势众"，干劲十足，许多该做的事情没有做或者做得不够好，就连最重要作家和作品的宣传和评介也难得一见，天长日久，德语文学自然便受到了读者和出版界的冷落。

笔者长期业余从事德语文学的翻译介绍工作，常常羡慕其他语种那些彼此关照甚多的同行，自觉十分寂寞，常常为德语文学受冷落的现状愤愤不平，对它的译介者后继乏人的前景深为担忧，又自感人微言轻，势单力薄，为改变全局干不了什么。无计可施，却不甘寂寞，于是向您，亲爱的读者，奉上了这部《德语文学精品》。它于源远流长、丰富浩瀚的德语文学，不过是全豹之一斑，然而却可以证明，这只"豹"确实充满活力，而且异常美丽！

亲爱的读者，您读完这本书后一定会发出感叹：

啊，德语文学原来也这么多姿多彩！

2

当然，真正的杰作不应只是好看，即具有可读性和艺术欣赏价值，而且还必须有深刻的内涵，能给读者以思想上的启迪。后面这点，正是德语文学的一个总的特点。它表现为，杰出的作家都以文学为工具或者说依托，对宇宙的奥秘、人生的意义、历史的演进、社会的公正等人类关心的大问题，做严肃而深入的思考和探索，因此，德语文学的杰作常常是于不甚集中、明朗和精彩的情节中，注入了深邃的哲理思辨，色调往往偏于沉郁，读起来便不那么轻松。

德语文学为什么有这个特点呢？

一般的回答是：日耳曼民族是个善于思索的民族，"具有爱抽象思考的性格"。至于它为什么有这样的性格，说来也比较复杂。

略而言之，笔者认为它是这个民族所处的特殊人文、地理环境，以及所经历的曲折多难的社会发展过程造成的。在人类文明史上，日耳曼民族是个后来者。在近代欧洲，它经历了特别漫长的封建统治和战乱之苦，想改变现状的努力又一次次地遭受挫折和失败，于是，在缺少阳光的天空下和索然寡味的生活中，人们便逃向内心，苦思冥索，以寻求对宇宙、人生、社会的种种疑问的解答。

德语文学的上述特点，其实也是优点，尽管有不合我们欣赏习惯的一面，却不该成为阅读和接受的障碍，问题只在于我们去认识它，理解它。否则，我们便会要么与《浮士德》《威廉·迈斯特》《绿衣亨利》《魔山》等世界名著失之交臂，要么浅尝辄止，在自己的阅读和修养方面留下遗憾。

再者，德语文学如此丰富多彩，实在也不乏既思想深刻、富于哲理，又具艺术欣赏价值、读来引人入胜之作，特别是德语作家所擅长的抒情诗和中短篇小说（Novelle）这两种体裁，更是如此。这个情况，从奉献给各位读者的《德语文学精品》，可以得到证明。

亲爱的读者，倘使您读完此书能对德语文学产生一个良好印象，或者甚至刮目相看，我愿足矣。

3

说这个集子只是全豹之一斑，只是德语文学无数既思想深刻又精彩好看的杰作的一个例证，除去它分量毕竟有限以外，还存在以下几个原因。

首先，从时代讲，这个集子只选收了 18 世纪下半叶和 19 世纪的一部分作品，虽然这一百多年，乃是德语文学发展史上最重要和最辉煌的年代。在此期间，德国出现了莱辛、歌德、席勒、海涅等举世崇仰的大文豪、大诗人、大作家，德语文学真正奠定和巩固了自己在世界文坛上的地位；在此期间，经过霍夫曼、克莱斯特、凯勒、施笃姆等人的创造、磨砺，德语文学里开放得特别绚丽的 Novelle 这朵奇葩，更变得千姿百态，生气蓬勃，令世人瞩目；在此期间，德语文学经历了它发展史上几个至关紧要的阶段，即启蒙运动、狂飙突进运动、古典时期、浪漫主义及诗意现实主义等，为从近代向现代过渡做好了准备。尽管如此，这个集子未能包括 18 世纪上半叶以前和 20 世纪以来的作品，显然有很大的不足，确切地讲只能叫作《近代德语文学精品》。笔者希望经过若干年的努力和积累，将来有机会弥补这个不足，再出一部选收德语现代佳作的补编。

其次，这个集子包含了寓言、诗歌、小说、戏剧、童话、散文等主要文学样式的德语代表作，篇幅都比较短小，虽然因此扩大了选收面，使收入的作品都是全译（除《帕格尼尼》以外），但却没法照顾那些同样堪称杰作和精华的鸿篇巨制。

再者，这个集子尽管收了十二位有世界影响的作家，却没法顾及其他许多同样十分有影响的作家。这显然也是遗憾，但并非不可弥补，因为还有德语界的前辈和同行的大量译品摆在那里，单等有心的读者去发现，去取阅。

最后，集子里收的全是笔者本人的译作。同一作家的某些更重要和更精彩的作品，如海涅的《哈尔茨山游记》，凯勒的 Novelle《乡村罗密欧与朱丽叶》，霍夫曼的《斯居戴莉小姐》等，因为已有现存的堪作典范的译文，笔者便未译未收，而选取了其他同为杰作却稍次一点的篇什作为替代。这样做，虽遗憾却应该。

在完成这个集子的选编和翻译工作时，我深感遗憾多多，只能以"世间本无十全十美的事"自慰,并把某些遗憾的弥补期以来日,寄望于我本人的后半生,特别是寄望于比自己年轻的同行们的努力。

4

是啊,我确实不再年轻!做德语文学的翻译介绍工作,也确实是自己前半生的主要志趣。

50年代中期,在念高中时立下当文学翻译家的志愿 —— 那年头儿人们还不齿于"成名成家" —— 从此便孜孜地学习、积累,并以翻译屠格涅夫的丽尼、陆蠡以及傅雷作为自己的榜样。在故乡重庆学了一年俄语,中苏关系不幸出现裂痕,我却有幸转学到富有文学翻译传统的南京大学德国语言文学专业,在张威廉、商承祖、叶逢植等老师的熏陶下,实际做起翻译工作来。1961年,在当时全国唯一的文学翻译期刊《世界文学》,我以笔名金尼发表莱辛的《寓言八则》等处女译,从那时到现在已整整三十年矣。

作为一个文学翻译工作者,在前半生的三十年中,我虽和自己的国家、民族一样历尽坎坷,但也有不少幸运或者说格外幸运的际遇,其中,我最感幸福和永志不忘的是,三十多年来在关键时刻我总"吉人天相" —— 而这个"天",不是我小时候信奉过的上帝,也不是玉皇老爷或真主阿拉,而是我各个时期的老师和朋友!是师友们给了我宝贵的教诲、热情的扶持和无私的帮助!1978年,我以四十岁的大龄幸蒙冯至老师录取为中国社会科学院的研究生,在他身边学习工作了五个年头。这五年无疑是我前半生最美好和奋发有为的一段时间。我同样感激我在重庆一中的王晓岑老师和许文戎老师。他们一位以严谨的教学为我打好语文基础，一位满怀热情地培养我学习外语的兴趣，使不幸只能报考文科的我于无所适从之际有幸找到了自己的人生位置。

三十年的文学翻译生涯，我还结识了不少前辈和同行，还与无数的出版社和刊物编辑进行过合作，在我的心目中，他们大多数是我的老师或朋友，或者亦师亦友。我这儿想到的不只是冯亦代先生和傅惟慈先生，虽然十多年来，这两位老翻译家给我的鼓励和帮助最多。我也不仅仅是指《世界文学》的李文俊先生和人民文学出版社的绿原先生，虽然他们两位都在非常情况下，破格编发对于我这个小人物来说至关重要的书稿，使我比较顺利地走上了文学翻译之路。还有许许多多译界同行和编辑朋友，也在道德、文章方面成为我学习的表率，也直接间接扶持过我，只可惜这里不能一一地列举了。我还必须再具体谈谈眼前这部《德语文学精品》。这本书，实际上是我前三十年文学翻译工作的一个小结，是一个中年译者的译文自选集。他今天之能够印出来而且印得如此精美，真是再有力不过地表明了漓江出版社的朋友对我的厚爱！

5

三十年，不恋春花秋月，甘冒严寒酷暑，只要有一点资料和时间，就伏案工作，或独自翻译，或编选并参加翻译，至今已一本本地在七八家出版社出了近二十本书。我经常打心眼里羡慕和崇敬朱生豪、傅雷、汝龙这些能集中心力于一位大作家的译界前辈，对自己译品之不够系统感到遗憾。之所以不够系统，固然有难于克服的客观原因，即决定选题必须服从出版社和图书市场的需要。在我的译作中，比较成体系的是德语国家的 Novelle（中短篇小说），总共出了六七个选本，而其中的一些名篇杰作如施笃姆的《茵梦湖》和《白马骑者》，克莱斯特的《智利地震》和《侯爵夫人·封·O》，迈耶尔的《圣者》和《普劳图斯在修女院中》，海泽的《犟妹子》和《安德雷亚·德尔芬》等，都选入了眼前这个集子里。

其次，结合着我的研究工作，我译歌德也多一点儿，而其中的《少年维特的烦恼》是我本人最受欢迎和影响最大的译品，十年来单行本由人民文学出版社反复重印，总印数已逾百万册，但是，为收入这个集子，我对它重新进行修订，改正了相当多错误和不满意的地方。

在我数百万字的翻译中，自己真有些得意的却是同样收入这集子的一个短篇，即海涅的《帕格尼尼》。我记得，是 1980 年冬天家里人都忙着过春节的时候，我却躲在一间从亲友处借来的空屋子里翻译它，整个身心都沉浸进了海涅所创造的帕格尼尼的音乐世界。翻着译着，似乎一下子对许多不甚了了的问题诸如"通感"啊，"再创造"啊，都豁然开朗，心中无比欣喜。我非常珍爱自己这篇短短的译作，视它如上天的赐予，因此也希望引起朋友们的注意。

为了这个集子，我新译了莱辛的部分寓言（加上三十年前的那八篇、席勒的名剧《阴谋与爱情》、几篇最精彩的格林童话以及凯勒的 Novelle《物以类聚》①，因为，对于一部《德语文学精品》来说，这些作家和作品都是不可或缺的。还不只此，在选收进它

---

① 拙编原篇幅差不多 80 万字，正式出版只剩下了 50 多万字，莱辛寓言和格林童话等都割爱了。

们，以及歌德、海涅的诗歌以后，这个集子所包含的体裁、风格、流派就大致齐备了 —— 对风格流派问题，书中将结合具体作家作品再分别介绍 —— 没有留下太多的遗憾。

6

作为一名锲而不舍地从事文学翻译的人，对自己的这一爱好和工作，我自然也做过不少理论上的学习和思考，对它的性质、意义、标准以及文学翻译工作者应具备的条件和修养等，都有自己的看法和理想。文学翻译之于我，乃是一件崇高而神圣的事业。在当今世界上，它起着促进国际文化交流和各国人民相互理解的巨大作用；对相关的国家，则要么弘扬传播它的文化，要么丰富它的文化宝库及其人民群众的精神生活。基于这个认识，也以杰出的前辈翻译家为榜样，我确定选题一直比较严谨，翻译出版的作品几乎都是德语文学的名著，都是内容健康而又富于艺术价值的佳作。正是在长期努力和积累的基础上，才有了眼前这部《德语文学精品》。

关于文学翻译的标准问题，前辈们已有过不少精辟的论述，从严复、傅雷到钱锺书先生，都给了我教益和启发，对我的翻译实践起过指导作用。总的说来，对于文学翻译，我特别重视文学二字，从遣词造句到行文的语气、笔调、音韵、节奏等，都极力在正确表达思想内容的前提下再现原著的风格和神韵，也就是极力使自己的译文同样地富有文学性，富有与原著尽可能贴近的种种文学品质和因素，使译文本身在读者审美鉴赏的显微镜下也是文学，即翻译文学。

翻译文学与文学翻译，虽然关系密切却并非同一个概念，前者并非后者的必然结果，而只是后者高水平的、成功的结果。事实上，很多文学翻译书籍，哪怕它们的原著是世界文学的瑰宝珍品，都离此要求甚远，难以纳入翻译文学之列。究其原因，主要是译者忽视文学二字，或并未忽视却力不从心。以我的理解，严复的"雅"、傅雷的"神似"和钱锺书的"化"，所强调的都恰恰是再现或再创原著的文学性，再创包括形式和内涵两个方面，特别是形式方面的文学品质。文学翻译除做到一切种类的翻译都必须做到的正确和达意之外，本身还必须是文学。文学翻译区别于其他翻译的特质和难点，正在于此。

一年来国内报刊发表不少品评译作的文章，打破了译坛的沉寂，是件大好事。实事求是指出某些名译中的错漏，当然也是有意义的。笔者在校订旧译时，常常惊异地发现错误真难避免，因此觉得对那些肯花时间、精力来帮助发现和改正错误的好心人，译者实在应该衷心感激。另一方面，作为文学翻译的批评本身，我认为仅只指出错漏是很不够的，还必须作总体的文学批评。后者在我看更为本质和重要。打一个也许是矫枉过正的比喻：一部译作虽说错漏不在少数，但富于文学性，广大读者乐于接受，那它仍然未失翻译文学的本质，仍然应该得到承认；因为它只是美玉有瑕，修订加工即可臻完美。反之，极少字句和语法错误，甚至标点符号也对原文亦步亦趋，但没有文学性，读来味同嚼蜡，那就只能说是照着原著一点点拼捏成的一团蜡泥而已。作为有瑕的美玉而备受珍视的例子，我想林纾的译品非常典型。不少前辈如钱锺书先生对林译的论述，则是对翻译文学做文学批评的范例。

我曾在不只一篇文章中说过，一个理想的文学翻译工作者，一个翻译家，应该同时既是作家，又是学者。所谓学者，意味着他不仅很好掌握了外语，而且有广博的知识和对所译作家作品及其文化背景的深入研究，有严谨的治学精神，这样才能从理性上吃透原文。所谓作家，意味着他不仅具备相当的汉语方字功夫，而且具有丰富的想象力和敏锐感觉，这样才能把握住原著的风格、神采、情调等微妙之处，并且恰如其分地表达出来，因此我经常认为，搞文学翻译，特别是诗歌和其他感情色彩比较细腻的美文作品的翻译，光有学者的渊博、严谨和勤奋已经不够，还需要一些别的能力，还需要包括个人气质在内的种种天赋。这就是为什么，同一部作品经不同的译者翻出来，效果会大不一样。这就是为什么，并非每一个外文好、中文也好的人，都能成为文学翻译家，都能胜任文学翻译。这就是为什么，我们不得不承认真正的文学翻译 —— 其结果能成为翻译文学的文学翻译，是一种十分艰难的创造性劳动，是一种艺术再创作。

7

我爱文学翻译。三十年来，孜孜以求的就是成为一名学者加作家的合格翻译工作者。寒夜孤灯的寂寞，工作的业余性质，身份的不伦不类招致的忽视乃至鄙薄，都算不了一回事，因为在实际工作中，我常常体验到了巨大的创造之乐。在翻译一篇篇杰作时，特别是翻译《帕格尼尼》《维特》和一些抒情诗时，我自己常常被深深感染，体会到了什么是再创造，什么是创作的灵感，精神上的享受远非单纯的阅读欣赏可比。

作为一名文学翻译工作者，我还感到另外一个快乐，就是通过自己的译作与千千万万的读者建立了精神联系，从而为中德文化交流和丰富我国人民的文化生活贡献了一点力量。不少读者成了我的朋友，更令我感到荣幸，因为这也是社会承认和报偿的一部分，而且是更重要的一部分。

作为一名文学翻译工作者，我感到幸福。为此，在这部总结我前半段工作的《德语文学精品》出版之际，我要向一切帮助我走文学翻译道路并继续前进的人们，向我的师友、编辑和读者，向长年累月支持我并且做出牺牲的亲属，向友好的出版社特别是人民文学出版社、译林出版社和漓江出版社，向我先后任职的四川外语学院、中国社会科学院外国文学研究所和四川大学，向高度重视我的翻译工作的联邦德国有关机构，如 Alexander von Humboldt-Stiftung，表达真诚的感谢！

　　卅年不解缘，苦乐寸心知。

　　漫漫译坛路，幸逢友与师！

这部定然还有不少缺点的译作自选集，我权当它是一份菲薄的谢礼，奉献在您的面前，亲爱的人们呵，请收下它吧！

1991 年岁尾于四川大学

窃贼心态初窥

湖北一位热心读者来信说，我译的《少年维特的烦恼》遭到了剽窃，并从老远寄来一本某某文艺出版社收入其"世界文学名著新译"系列的赃书，封面上堂而皇之地印着"译者"的大名：黄某某、马某某。

把这"新译"和本人的拙译对照一番，不禁悲从中来。倒不仅仅因为自己的精神劳动横遭劫掠，而是想到又不知有多少善良的爱书人将受到愚弄蒙蔽，想到炮制和推销这类伪劣赃书的竟多数是我们的省部级大出版社，想到在我们的文化人和准文化人中，竟有如此多为了区区名利而良知泯灭的败类和窃贼！

自 1981 年出版以来，拙译《维特》遭到剽窃以及其他近乎剽窃的侵权和劫掠已不止一次。有时翻翻手边这堆伪劣"文化"产品，把玩着一本本的这类"奇书"，却不想有了一点意外的收获，那就是窥见了形形色色、老老少少的窃贼们的心态。

我遭遇的第一类窃贼的杰出典型大名"钟会盛"—— 请记住这个显然并非本名却不同凡响的名字！此人不只胆大妄为，而且颇有眼光，因此得风气之先。早在借"重译"之名 —— 当然不包括某些可敬的同行们真正意义上的新译 —— 行抄袭剽窃之实的现象累累出现之前的 1992 年，他就抛出本"新译"《少年维特之烦恼》，于是一时间，我国人口第一大省的大小书摊上便充斥着这本封面红粉艳俗的"小书"。明明定价 2 元 6 角，却在地摊上以 1 元的贱价大量甩卖。如果德国大文豪歌德看见一定会气死！

种种反常的情况令人生疑。特别那封面十分眼熟。分明就是把于绍文先生为拙译设计的封面上的主人公形象，拼贴到了一张圣诞卡之类的冬景画片上了么！

忍不住赶紧买回一本"钟译"进行研究，果然是本东拼西凑起来的"歪书"：正文剽窃上海译文出版社的侯浚吉译本，只在开头改了不多几个字；"附录"照搬拙译的"后记"，只将其4个小标题中的第一个略加改动，代替"后记"二字充作了篇名；封面和"引言"前都不加说明地印上郭老《维特》的名句"青年男子谁个不善钟情，妙龄女郎谁个不善怀春……"而且书名也以郭老"之烦恼"代替了我之"的烦恼"，正所谓你中有他，他中有你！再看装帧，"兼收并蓄"的原则相同，却更有意思：扉页上也有个维特，却变了另一副模样，原来取自上海译文侯译本的封面；内封上的女主人公绿蒂像却又是从我那译本中"借取"的苏联小木刻。这位"装帧设计家"同样有个寓意深刻的名字：严国杰！

讲到这儿，读者恐怕也已窥见钟、严二君的心态和嘴脸。他们都东拼西凑，广采博取，多少存着几分这一来被窃者谁也不会发现，或者发现了谁也不肯太较真的侥幸心理。即使发现了，较了真吧，老子反正钱包已装满，胜利终归属于老子，并且不妨有言在先，老子就是要借（劫）！钟会盛（终会胜）和严国杰（言过借）嘛。

好一副地痞嘴脸，强盗心态！此辈要钱不要脸，"搞书"不在乎名不名，只要钱到手，便是大大的胜利，所谓钟会胜和严国杰，多半只是同一位仁兄一次性的化名而已。这种人我们是奈不何的，至少在对知识产权的保护还不甚有力的1992年是如此，因为他们根本就没头没脸，写文章揭发什么的对他们自然毫无用处。要是出版社不负责，甚或狼狈为奸，他们自然更加有恃无恐。

近几年来，出于众所周知的原因，外国文学翻译特别是有利可图的名著翻译，更成了侵权的重灾区。另一方面由于知识产权意识逐渐深入人心，"无脸无恐"的窃贼相对少了。像本文开始提到的黄、马二公，他们尽管胆大而笨拙，为掩盖自己的丑行却多费了点心思，所以将拙译从头到尾"校改"一通，虽然结果并不理想，时常欲盖弥彰，弄巧成拙。令人惊诧的倒是，他们竟蠢到像其前辈"钟会胜"一样，连并不能以"复译"做幌子的"后记"和注释也偷，而且手法如出一辙。关于他们的作为，有达瑰同志的文章详细介绍。我只从其表现揣测，这两位的"搞书"似乎赚钱在其次，主要是逐名，也许是为提职称什么创造学术条件，否则哪会明目张胆地亮出多半是真名的大名。幼稚可笑的文人习气呐！看水平，二位充其量算得上"后起之秀"，干起事来颇有几分愣劲！

文化出版界的窃贼当然不只上述的下三烂和愣头青。还有一些道貌岸然的老手和长者，称他们为贼实在有些不敬，但其作为又让人不能不将其归入贼类。

他们干的多为看似"不犯法"的小偷小摸，常常采用所谓"打擦边球"的狡猾手法。尽管如此，他们仍心里有鬼，因此时刻防着有人会去理睬，早准备好种种说辞和对策，而且自恃在行，情况熟悉，一副胸有成竹的样子。如有的出版界中人近水楼台先得月，大套地编选、主编和出版什么"世界文学名著"，还少见地贴上俨然名牌正宗的"防伪标记"，生怕被谁盗版和假冒，甚至摆出一副教师爷的架势，恬不知耻地充当青年导师，然而，自己却干着偷鸡摸狗的勾当，其"大编"未获授权就遍收翻译家的新旧译品，且把许多堪称大师、前辈的名字通通藏在篇末的括号里，恐怕主要倒不是目中无人，而是便于混掉和赖掉应给的样书和稿费。即使有译者或权利人找上门去，他们也会推三阻四，振振有词，就是不把什么知识产权和国家法规当一回事，虽然这些法规他们比谁都清楚。他们看透了文人同类大多耻于言利的弱点，料定多数被窃者充其量只有写几封信催索的时间、精力和耐性，于是心中窃喜老子也"钟会盛"！偶遇态度强硬者再四紧逼，他们才可能随便打发你几文，强行占有你的精神财富，却反过来对你的小家子气一副不屑的神气。这些家伙非一般偷儿，而是小有职权、大有门道的"文氓"，是欺行霸市、巧取豪夺的恶贼。这样的贼人往往拿出版社的工资自己当书老板"搞书"发财，让他们的老板和老板的老板也头痛之极。这类恶贼往往是前述小蟊贼的同伙或后台，更难整治，也为害更烈。这类恶贼为数也不少，我这儿并不特指张三李四，却绝非无的放失。

大小贼子不整 —— 不敢天真地讲什么除 —— 文化出版事业难有真正兴旺之日！

出版界也真该搞个"打假万里行"。贵刊可否率先设立一项"书林捉贼奖"？

1996 年 成都 川大竹林村 远望楼

这一回，我不再宽容

《出版广角》今年第 3 期以显著地位发表了小文《窃贼心态初窥》和达瑰同志的《如此"新译"》，不少朋友读后在称赏之余却提出疑问：为什么文中隐去了湖北那家炮制《少年维特的烦恼》"新译"的出版社的名字，隐去了那两个剽窃者的大名？

面对这个问题，而今我唯有报以惭愧难言的苦笑，因为本人着实当了一回痴呆轻信、心慈手软的东郭先生。

想当初，在收到我的抗议后，湖北那家出版社倒真的是相当迅速地做出了反应，随即便"确认抄袭、剽窃问题部分存在"，也按我要求寄来剽窃本的印刷纸型以供销毁，还准备给予我一点儿经济赔偿，并答应在征得有关方面同意以后以我的《维特》修订本名正言顺地取代其所谓"新译"。与此同时，剽窃者的"检讨书"也经该社转到了我手里。凡此种种，表明人家认错的态度是够好的，虽然我完全不同意该社所谓"抄袭、剽窃问题部分存在"的说法，也不认为他们寄来的那仅仅抵得上低标准基本稿酬的2500 元是真正意义的经济赔偿。至于剽窃者的"检讨书"，就更是一篇不可多得的妙文，兹录于后，以免湮没无闻——

　　本人在长江文艺出版社所出之译作《少年维特的烦恼》一书中，由于感到杨武能先生早已在人民文学出版社所出的同名译著中，注释和译后记都简洁、有说服力，故基本上都沿用了，而又并未加以说明，终于不自觉地犯了抄袭别人作品恶劣后果。今特地通过长江文艺出版社责任编辑吕××同志转达我对杨先生的歉意，并表达我衷心的检讨和悔过。

检讨人　黄某某（盖章）

1996.10.11

这位"不自觉地"当了文抄公、"犯了抄袭别人作品的恶劣后果"的黄先生，竟连一纸检讨也写不通顺、像样，却仍大言不惭地坚持自己出了什么"译作"！他所承认的抄袭，分明还仅只限于实在是无法以"新译"作掩护的注释和后记，而且还被他轻描淡写地定性为"基本上""沿用"而已！

对这么一篇看似幼稚实则刁猾的"衷心检讨"，我们只能嗤之以鼻。可是责任编辑却来信说黄先生已年过七旬，对于这样一位古稀老人，希望不要深究。于是乎，一贯轻信而又实在没有时间精力与之纠缠的我，便心慈手软，吁请本刊主编在文章发表时将黄先生和出版社的名字统统删去了。这样，我在文中虽高喊打假，行动表现却异常宽容、软弱，可以说姑息养奸，现在想来真是十二万分地后悔！

今天我感觉后悔，今天我不再宽容，自然不是没有原因。

前不久和朋友逛成都冻青树著名的二渠道书籍市场，不期冤家路窄，竟在一家店铺里碰上了仍在那儿以八折零售上述出版社的大批"新译"，于是我脑子里顿生诸如《维特》的剽窃本究竟是以何等的数量和贱价批发给了书商等等的疑问，胸中充满被人愚弄和欺骗的恼怒和激愤。

事情还没有完。在那装帧划一的六七种小册子中，黄先生他老人家一人竟独占 3 席，即除德国大文豪歌德的《维特》以外，尚有俄国普希金的《上尉的女儿》，法国小仲马的《茶花女》，无一不是在我国极为流行、畅销，因此原已有不止一种译本的世界文学名著！面对黄老先生的"非凡业绩"，我大为震惊，几乎不敢相信自己的眼睛。

当然，笔者不怀疑国人中确有少数同时能译多个语种文学作品的天才，也不能马上断言黄老先生的《茶花女》和《上尉的女儿》同属剽窃之"抄译"，因此缺少必要的对照和分析。但我却不妨在此介绍一下他这两部大译，因为其中有不少令人不解的情况，特提出来向法、俄语界的同行专家请教，当然也包括向黄老先生请教。

黄译《茶花女》和《上尉的女儿》，不知为什么都没有翻译的依据何种原文版本的说明，也没有译者本人评介原著和谈自己译本的后记或前言，而这类文学，我们知道在任何一位负责任的译者的译作中，在任何一家严肃的出版社的外国文学出版物中，都是不可缺少的。只是在其《花花女》的正文前边，有一篇题名为《小仲马与真正的茶花女》的"代序"，文末于括号内注明系（黄先生编译自俄文版《三仲马》一书）—— 请注意这编译二字 —— 以及一篇置于"代序"之前而未注明作者是谁的《内容提要》。

《提要》"巴黎名妓玛格丽特的足迹风流于当时巴黎最豪华、最高级的舞会、剧院"开头，简单讲了故事梗概，随后便是如下与小说"内容"无关，而只能说是对译者和译文进行评价的结论：

> ……这部世界文学名著虽已有中文版面世，但此书译者（当然指的是黄老先生 —— 笔者）数十年来反复研读中外几种不同的版本，从而使这部爱情名篇的译文更具准确、流畅、动人的特色。

说黄老先生"反复研读"过包括各种中译本在内的众多本子，这恐怕是事实，但他的"译文"是否真的就"更具准确、流畅、动人的特色"，以致超过了包括许多名译在内的其他旧译本，还有它到底是不是真正意义上的翻译，就有待法语界的专家来研究判定。

我不再宽容。我除了续写此文表示自己的惊疑和愤怒，还断然撤销了给上述出版社出版我的《少年维特的烦恼》修订本的意向性授权。我知道，我这后一举措没有多大意义，而仅仅只能表明自己耻于把名字和黄先生这类"译家"的大名摆在一起而已。

像黄老先生这样的"译家"，在当今中国恐怕为数很是不少，因此自可成为一类。他们的存在和所作所为，不只严重侵犯我国真正严肃、勤恳的外国文学工作者的权益，损伤他们的工作积极性，也愚弄、欺骗广大读者，而且破坏了整个国家的文学翻译事业，毒化了整个社会的文化氛围和道德风气，因此，问题就不仅仅存在于我与一个黄甲年之间。要解决这个问题，光靠我等本已疲于奔命的译者去发现和揭露、批判，诚如乐山兄在《中华读书报》发表的文章所说，是远远不够的，还须有出版和版权行政管理部门的高度重视，并且采取相应的真正有力措施，还须有各个出版社的积极配合，放弃唯利是图、抢出乱出外国文学名著的恶劣作风，还有我们的广大读者，也须具备和增强在购书和读书时的辨伪、防伪的能力，识别和抵制滥竽充数、鱼目混珠的劣译、抄译的能力。

1996 年 成都 川大竹林村 远望楼

大系乎大盗乎！

—— 《诺贝尔文学奖大系》"小说精选"示众

一部标榜为诺贝尔文学奖"小说精选"的出版物，大 16 开本硬面精装，上下两册共 1800 多页，满满当当 300 万字，因此就冠冕堂皇地被炮制者们美其名曰"大系"。

可不，这块头儿、这包装、这招牌、这名号，加在一起确实令人敬畏，也就难怪去年某日，在即将登机赴外地前的短短几分钟，我仍忍不住要从候机厅的流动售书车上捧起来翻一翻。看目录，从 1903 年获奖的比昂逊到 1994 年折桂的大江健三郎，均被收编其中，"大系"之名可谓不虚，但是否"精选"，却值得研究。

时间有限，只挑 1910 年获奖的德国小说家保尔·海泽看看，发现所选明白无误地全是拙译，因为《犟妹子》《特雷庇姑娘》和《安德雷亚·德尔芬》这三个篇名，都太富译者的个人色彩了。尽管目录上似乎"理所当然地"没有印出贱名，三篇译文加在一起多达 10 万余字，而每一个字都包含着译者的心血。

赶紧翻翻正文。一翻更大失所望，大感惊讶：不只每位获奖者都有的总篇目页上，就连正文的前面和后面，也同样哪儿都找不到译者的署名，找不到任何有关译文出处的说明文字。三十多位译者呀，包括一看就知是冰心、季羡林等泰斗和国宝的老翻译家，待遇统统如此，可谓目中无人到了极点！

面对如此"大系""大编"，已多次遭遇窃贼的我仍不免惊愕、震怒，当即决定买它一套作为赃证。可一看定价：差一点儿 700

元 —— 真够黑的！再掂掂分量：至少 3、4 公斤，带来带去实在费力，只好作罢。

飞行在万米云天之上，仍没法不想地上的事情，然而却百思不得其解：在著作权法和相关处罚条例已公布和执行有年的今天 —— 此书第一次印刷为 1999 年 6 月 —— 什么人还如此大胆，竟干得出相当于系列杀人越货案的罪恶勾当？依稀记得印在版权页上的出版发行单位是中国物价出版社，主编为李博等三人，难道真有这样一家堂堂国家出版社？真有三位敢于亮出真名实姓的大主编？看来多半是不法书商冒名作案。一想到这些要钱不要脸的家伙，心中顿时感到无奈。

回成都后，抱着试一试的侥幸心理，给国家新闻出版署属下外国文学出版委员会的负责人李景端先生写了一封信，请他帮助了解是否真有一家中国物价出版社？这家出版社是否真出过这样一套书？不想很快得到了答复，景端兄指示我赶快去买书，我跟即请在机场工作的学生代为办理，谁知一问书已卖完，卖书的小姐讲这套书贵虽贵，却挺好卖。无奈只得在市里寻找，终于在成都书店集中的省展览馆前购得，喜形于色的店老板边开发票边讲："这套书就是好卖。"

回到家里仔细阅读，发现此书不但有 ISBN 号，还有中国版本图书馆的 CIP 数据核查号，可谓操作正规，手续齐备，可是内容却完完全全是窃取来的。

"这一回，我真的不再宽容！"我当即下定决心。要知道，以前本人著译虽累遭侵权，却都息事宁人，以各式各样的借口做了东郭先生。如前些年长江文艺出版社抛出剽窃我译的《少年维特的烦恼》，已经引起翻译界和传媒的广泛关注，我却因剽窃者据说年事已高，而且又写来了一纸很不像样的"检讨"，就放这位黄老先生和违规的出版社轻轻松松过了关，尽管口里也喊过不再宽容。这回可不同了，别人已不止于鼠窃狗偷，而是明目张胆地知法犯法，肆无忌惮地"抢劫杀人"，受害者哪能再容忍，再当东郭先生？哪能不坚决维护自身的权益，同时也维护国家法律的尊严呢？

十年回首　感慨良多

—— 序《巴蜀译论》

　　1987年金秋时节，在风光优美、文气蓊郁的苏东坡故居眉山三苏祠，四川文学翻译界的老中青三代济济一堂，经过认真的酝酿讨论，成立了本省历史上的第一个文学翻译工作者的专业学术组织 —— 四川省文学翻译家协会（后改名四川省翻译文学学会）。

　　对于四川的文学翻译乃至整个文化事业的发展，这不能不说是一件大事，因而受到了包括四川省作协和中国译协在内的有关方面的重视。戈宝权、马识途、孙静轩、陈之光、邹绛等一大批省内外著名的翻译家和作家，专程前往出席大会，表示对协会成立的支持和祝贺，并对被其亲切地称为文学翻译界的"川军"的我们，寄予厚望。

　　岁月飞逝，转眼已过去十个寒暑春秋。在这十年间，四川省翻译文学学会历经风雨考验，不但至今仍然活跃在巴蜀大地，而且在全国范围内也产生了一定影响。这影响既来自译家们在全国各大出版社推出的众多译著 —— 其中不乏世所公认的名作佳译，来自学会举办的一次次学术活动，也不能不提到我们在钱锺书、戈宝权等前辈关怀下所创刊的《文学翻译报》。这虽是一份内部发行的小报，很不起眼，缺点挺多，但仍然为我们十分珍视，也曾受到全国同行的关注，原因在于它不仅是我国文学翻译史或者至少是新中国翻译史上唯一一份报纸，而且先后为我们题写刊名的，乃戈宝权和钱锺书这样的大师。可是非常遗憾和惭愧，《文学翻译报》已于两三年前停刊。我们虽一直希望恢复，现在仍抱有希望，然而至今尚未成功。

中国社会科学院文学研究所

钱锺书先生题写的《文学翻译报》报头

我们今天编辑出版这部译论，意义自然非止一端。

它是我们学会成立十周年的一个具体纪念！

它是对《文学翻译报》不得已停刊的弥补！

它是我们加强本会会员与全国同行联系和学术交流的手段！

就事论事，它更是我们译论研究成果的检阅……

具体说到译学理论的研究，不能不讲，我们在这方面的水平和成果都只是差强人意，和不少省级兄弟学会比相对落后，需要在将来作更艰苦的努力。

天府之国四川历来文风鼎盛，富有文学翻译的传统，即使不算郭沫若、巴金等巨匠、大师，有成就、有影响的大作家和大翻译家仍多不胜数。本译论集也收了几位活跃在外地而影响及于全国的川籍译家的论文，以弥补我们自身的不足。对于他们，特别是对为我们题词的中国译协会长、译界前辈叶水夫老师，还有为此书的出版多有贡献的朱蓉贞女士和四川人民出版社，我们都要表示衷心的感谢。

1997 年 10 月 锦水河畔 四川大学

《少年维特的烦恼》重订感言

　　1980 年，在蓬勃掀起的思想解放运动的感召下，虽年已四十却仍在当研究生的我动了重译半个多世纪以前由郭老译介到我国的《少年维特的烦恼》的念头。这一当年可算是十分大胆的想法，得到了时任人民文学出版社编辑的绿原和社领导孙绳武两位前辈的热情支持。有关的详细情况，见于事后不久我在《中国翻译》上发表的一篇短文《我译维特》。

　　拙译于 1981 年由人民文学出版社顺利而不声张地推出，虽未像郭老 1922 年问世的《少年维特之烦恼》似的风靡一时，却同样受到了广大读者的欢迎和同行专家的好评，几乎年年得以重印。仅人民文学出版社一家，至今已用小 32 开和条 32 开等 4 种不同的开本，印行了单行本约 130 万册，收入其他各种选本的印数估计也已超过 20 万，极有可能创下了我国翻译文学史上，或者至少是新时期以来，同一个译本重印次数最多和印行数量最大的纪录。在我本人为数不算很少的著译中，《维特》这本小书既非耗费心血最多，也称不上洋洋大观，却无疑是社会影响最大，因而对于本人的文学翻译生涯来说也是至关重要的一部。甚至在国外，我这个译本也受到相当的重视，为不止一家歌德博物馆或文献馆所收藏。

　　鉴于上述的种种情况，我特别珍视自己这本不起眼的译作。对上面提到的绿原和孙绳武等帮助过我的前辈和同行，对十多年来坚持以各种开本出版拙译的人民文学出版社的有关同志，对一

部分版本的杨译《少年维特的烦恼》

直给予我厚爱的一代一代广大读者，我始终怀着由衷的、深深的感激。

正因为珍视，正出于感激，我便十分注意发现十多年前完成的这部旧译的错漏和不足，希望能有机会经常进行修订，使其日臻完美。1993年，漓江出版社友好地推出我的译文自选集《德语文学精品》，我已对《维特》作了数百处修改，但令我深以为憾的是，由于种种原因，经过我修订的单行本却一直未能面世。特别是最近几年，《维特》的新译蜂拥上市，其中固然不乏同行专家值得称道的认真复译，纯粹追名逐利的滥竽充数乃至"抄译"、剽窃之作，也时有发现，其中被抄、被窃最严重的当数拙译（请参阅《窃贼心态初窥》）。这些所谓"新译"包装往往更加精美，更加讨好，大有劣币驱逐良币之势。面对此情此景，我越加迫切地感到完善自己的译本以赢得更多读者的需要。

而今，二十年来坚持出版拙译单行本的人民文学出版社，又推出了它的修订本，我对他们，特别是绿原同志等多位责任编辑，真要表示衷心的感谢。

附带说一下，为了完善，除去文字加工，这个修订本还选用了几幅由德国杜塞尔多夫歌德博物馆（Goethe-Museum Duesseldorf）提供的原版插图，增加了两个具有一定学术性和文献性的附录。这样，不仅为我的旧译平添了几分新意，也使认真的读者可能有更多的收获。

重订旧译，抚今思昔，感慨良多，此所记仅十之二三而已。

1997 年 4 月 锦水河畔 四川大学

20年，理想在蓝天翱翔、奋飞

大概在十年前的1988年，我应邀为杨选民主编的《中国名人得失谈》写过一篇短文，题名《40岁，我抓住那只美丽的小鸟》，粗略地讲了我如何在40岁以后随着新时期的到来，才终于"交上了好运"。它是我当时心境和情感的真实记录，因此，我敝帚自珍，在进一步讲个人近十年的情况和感想前，先将这篇末有多少人注意的旧文部分抄录在这里：

> 母亲告诉我，小时候曾经有人替我算过命，说我要到40岁才时来运转，才会百事顺遂。对于母亲的话，我至今不以为然，虽说当我满40岁的1978年，确乎成了我生命中的一个转折，可以称作我的命运之年。
>
> 在此之前的漫长岁月里，除去懵懂无知的童年和耽于幻想的少年时代，我没有过过多少舒心的日子。清贫的家境，"出身不好"的精神重负，尤可以忍受；经过艰苦努力学得的知识不能充分发挥作用，长期怀抱的理想无从实现，这才是最大的不幸，最深的悲哀啊！
>
> 我早早地立下了当一名文学翻译家和作家的志向，还在大学二三年级，已有作品陆续发表在《世界文学》和《人民日报》上。可是1962年从南京大学德文专业毕业分配到四川外语学院当了教师，做文学翻译的条件差多了。随之而来的是"十年浩劫"，面对着流逝的青春，蹉跎的岁月，我，一个

已届而立之年的有泪不轻弹的男儿，夜里躺在床上也常常禁不住哽咽失声，不知不觉泪流满面……

难忘的 1978 年，北方遥远的天际升起了美丽迷人的希望之星！在一片"提高全民族的科学文化水平"和"人才难得"的呼唤声中，中国社会科学院新组建的研究生院招生了！加之德国文学专业的导师又是我景仰已久的冯至教授，我便迫不及待地去报了名，参加了考试。后来听说，老人家是排除了种种异议，硬收下我这个外地户口的大龄考生的。而我，在接获录取通知后，更是怀着破釜沉舟的悲壮决心，置已经取得的讲师头衔于不顾，放弃相对安定与舒适的生活，抛下即将分娩的弱妻和尚在念小学的幼女，带着简单的衣物和沉重的书箱，离开故乡山城重庆，挤在硬座车里苦摇苦熬两个昼夜，千里迢迢地向着北京，向着理想与希望之光奔去。

随后，是三个充满艰辛的寒暑春秋。当时中国社会科学院研究生院这被戏称为"翰林院"的全国文科最高学府，竟然连自己的校舍也没有，"人才"们只好六个人挤在一间从北师大借来的学生宿舍里；为了能安静地读书、写作，只好去人家的图书馆"打游击"；进餐时常常为排完长队却买不上一份红烧排骨而唉声叹气。然而，尽管如此，我们生活中却不缺少欢乐，精神上却不缺少寄托，因为当时我们的国家于大病之后正迅速康复，我们自己都在为着自己梦寐以求的理想的实现而努力。

在那三年里，我带着人到中年的紧迫感，真是贪婪地索取和利用每一分每一秒自由支配的时间，于完成导师规定的学习任务后大量地实践，没冬没夏地译呀、写呀，甚至春节回家探亲也未停笔。这样，我便赶上了"十年浩劫"后的

"文艺复兴"和我国出版事业空前兴旺发达的时期，等到毕业时，已在人民文学出版社等出版了五六种译著、编著，成了《读书》这样在学术界有影响刊物的"老作者"了。

我跟随冯至教授研究的主要课题是歌德。我一毕业，正赶上歌德逝世 150 周年的 1982 年，便不失时机地把早已准备好的文章一篇接一篇地发了出来，引起了国内外的注意。联邦德国《慕尼黑日报》载文报道了"北京学者杨武能"的研究工作；香港唐琼先生援引"杨武能教授"的研究成果，在《大公报》接连发表两篇文章，他不知道我还是个刚进研究所的小字辈，尚等待着领导确认我相当于讲师的助理研究员资格。接着，我又随冯至教授出席了 1982 年初夏在联邦德国举行的"歌德与中国"国际学术讨论会，宣读论文，参加讨论，拿会议主持者华裔德籍的著名日耳曼学家夏瑞春教授的话来说，"为祖国争了光"。第二年，我被原来工作的四川外语学院破格提升为副教授 —— 其时我人和组织关系都还在中国社会科学院 —— 选拔为副院长。同年，我获得了最重要的、在世界范围内竞争的洪堡研究奖学金。几年来，我八次登上国际学术讨论会讲坛，和其他学者一起两次受到联邦德国总统的接见。1985 年，我在四川外语学院主持召开了我国外语界第一个较大规模的国际学术讨论会，不但在国内外产生了影响 —— 中央电视台播出了专题节目 —— 而且意外地促进了学院建设和发展。次年，我破格晋升教授。对于我的学术活动和成就，国内、香港、联邦德国的报刊、电视时有报道；我的论著、译著在省、市多次获奖；在《中华文化名人辞典》《中国新文学辞典》《中国当代作家辞典》《中国翻译家词典》《中国当代社会科学人物传略》以及其他一些辞书中，已载有我的条目……

　　总结自己十年来走过的路，回忆自己40岁时默默无闻的一介寒儒，抛妻别子，背井离乡的情景，不禁生出今非昔比、"鸟枪换炮"之概，仿佛我小时候的那位算命先生的预言真的应验了。可仔细一想，却大谬不然。是的，我在40岁时确实叫作时来运转了。这"时"者，党的十一届三中全会后拨乱反正的大好形势也；这"运"者，在大好形势下产生的机遇也。对于我具体地讲，就是当时全国上下"人才难得"的共识，就是研究生制度的恢复，就是德高望重、博学仁厚的冯至教授对我之不弃。然而，时运也好，机遇也好，都像天空中美丽的鸟儿，在我们眼前一飞而过，稍纵即逝，你不去抓住它，没有必需的勇气、决心和能耐，待到时过境迁，你就只能望空兴叹！所以，归根到底，我的命运还是掌握在我自己手里。而40岁，只是一个巧合；如果一定要从它找出一点什么道道来，那只不过40岁是考研究生的最大年龄限制，因而坚定了我孤注一掷的决心。

　　朋友，你问我，"有生以来最得意的一件事"是什么？告诉你吧：40岁，我抓住了那只美丽的小鸟！

　　从1978年到1988年，再从1988年到1998年，我逐渐驯服这只小鸟，让它驮负着我的理想飞上蓝天，在晴空中奋飞、奋飞、翱翔、翱翔……

　　最近这十年，我个人的变化和国家的变化同样巨大，而且成果更加地看得见，摸得着。为了实现做一个文学翻译家的理想，专心致志地研究和译介德国大文豪歌德，我摘掉乌纱之后调到了四川大学。八年来，我著译和主编出版的书，不但数量远远超过了前二三十年，而且都显得更加大气，影响也更深远。其中，特别是 6 卷本的《杨武能译歌德精品集》（安徽文艺出版社）和 14 卷的《歌德文集》（杨武能、刘硕良主编），更使我引以为豪。因为，论学术性、系统性和规模，它们都是国内迄今绝无仅有，可以说实现了郭沫若、田汉、宗白华等前辈欲把歌德的一切名著杰作"和盘翻译介绍过来，做一个有系统的研究"的夙愿（见《三叶集》）。我的恩师冯至先生要是地下有知，谅必也不会后悔当初破格招收了我这个大龄四川弟子。我学术上的这些成果，不只体现个人的劳绩，代表个人水平的提高，也反映出在思想解放的前提下，整个国家的文化建设，包括出版事业取得了飞跃的发展。

在接受这篇约稿时，我正准备去德国文化的圣地魏玛做短期的研究和访问，为参加明年在那儿举行的歌德诞生 250 周年的世界盛典做准备，因此便自然而然地想到了十多年来自己在国外的经历以及种种的见闻和感受。现在略记一二，因为它们不只曾使我个人刻骨铭心，也从一个方面更加深刻地反映了现时中国的巨变。

1978 年以前，我和许许多多所谓"家庭出身不好"的人一样，长期被剥夺了出国学习的权利和资格。感谢小平同志拨乱反正，1982 年以后，我十余次出国研修、讲学和出席国际学术会议，到过欧洲、美洲、亚洲的十余个国家和地区，以行动证明了我这一代知识分子对国家、民族的忠诚。同时，十多年来在海外的经历和所见所闻，也使我感到现在的中国和中国人已经是另一个样子。

回想 70 年代末 80 年代初，也许由于国家外汇过分紧缺吧，硬是从国外提供的奖学金中扣去约三分之一，使人以钦羡的目光视为天之骄子的留学人员大多生活在人家的贫困线以下，加之当时国内生活水准很低很低，谁都希望节省一点外汇带回国补贴家用，就难怪赶"跳蚤市场"一时间成了学子们的共同爱好，就难怪有国内某名牌大学的副教授、教务处长不顾一大把年纪还去餐馆当 Boy，端盘子，就难怪出国的中国人会整箱整箱地带牙膏、肥皂、方便面，回国的中国人会拼命往回搬运电视机、冰箱和大包大包的旧衣物……其情其景，现在想起来还叫人脸红、心痛。

我算留学人员中的幸运儿，所获得的洪堡奖学金不但丰厚，还明确规定不得"抽成"并且免税。尽管如此，早些年在国外，我同样时时感受到身为中国人的自卑感和孤独感的侵袭。每次参加大学和基金会组织的旅游，途中进餐时同胞们总是留在车上，或在车下找个僻静所在以自带的食品草草充饥，我当然也不好意思跟着其他国家的人一道去进餐馆。其时，中国人给人的印象都是小气、拘谨、刻板。还有，公费出国的代表团也不分场合清一色的西服，走到哪儿都成为"一道特殊的风景"。

久住国外，自己平时常被当作日本人已够窝火，一次观光瑞士的旅游胜地少女峰，发现众多旅游者中仅有自己一个中国人，不禁顿生孤独之感，对百般讨好日本游客的瑞士当地人简直是满怀愤懑。回程中，一位瑞士导游欲使自己的日本客人坐在一起，提出要先已落座的我另觅座位。她用德语和我交涉，我用中文予以回答；她讲日语，我仍讲叫她摸不着头脑的中文；她讲英语，我还讲中文，就是偏不让座，气得她和她的日本客人脸红筋涨。"谁叫你不懂中文呢，活该！"我当时觉得出了胸中的闷气，现在想来却太幼稚，颇有些阿Q的味道。

令人痛心的例子不胜枚举哦！

遥忆当年，国弱民穷，"天之骄子"也寒酸、狼狈、可怜！

弹指一挥二十载，中国百姓，包括知识分子的政治地位提高了，多数人的生活明显得到了改善，一部分人的口袋里还有足够的余钱，也可以结伴潇洒新、马、泰和其他国家和地区，海外的学子们同样扬眉吐气、挺直了腰杆。我1995年去加拿大，1996年去德国，对此感受尤深。而今在外边碰见的同胞已不都是在中国餐馆里讨生活了，当教授的有，搞艺术的有，开公司当老板的也有。留学生们，包括大量自费留学生的情况则大为改观，不只改观，有时简直叫人生出另一方面的担忧来。在我认识的小伙子中，不乏痴迷于开宝马、奔驰等名车和精于"吃道"者。一次，为了品尝新上市的牡蛎，他们硬是开着车，把我带到好几十公里外的另一座城市。据说，有人为饱口福竟驱车从德国长途奔袭阿姆斯特丹。这样的事情，在80年代的留学人员中只能是传奇，今天也不一定多，却带有值得引起我们注意的倾向性。

讲这些情况，自然并不表示我一概地反对享受。我只是想讲，二十年的变化发展真是太巨大、太深刻。可尽管如此，我们仍不能说完全摆脱了贫穷落后的状态，我们社会的问题实在还多得很，因此，国家也好，个人也好，都决不可陶醉于已取得的成绩，而必须在成功实现大转折的基础上，继续地艰苦奋斗下去。

1998年6月 锦水河畔 四川大学

《浮士德》"译场"打工记

在西方国家，职业翻译家有一个令人心酸的别名，叫作"文化界的苦力"。你看，他经年累月地忍受寂寞和艰辛，默默无闻地搬啊运啊，所得不仅微薄，更令他寒心的是自己的劳动还常常不受人尊敬、珍惜。翻译工作者与一般苦力的差别，似乎仅在搬运的是知识、文化，所以勉强能跻身文化人的行列罢啦！

言归正传，这儿要说的却是另一种意义的"苦力"，也即自己作为文学译者在刚过去不久的 1999 年的实际遭遇。

年初，德国歌德学院慕尼黑总部来函，问我可愿参加将就《浮士德》的翻译问题在魏玛举办的国际学术活动。我想无非又是个研讨会罢了，就复信表示愿意。能于歌德年躬逢"欧洲文化之都"的诸多盛事，何乐而不为！

两个多月后收到了正式邀请——

讨论会全称："国际《浮士德》译者工场 —— 歌德的《浮士德》：翻译的跨文化比较"；

时间：8 月 15 至 19 日；

地点：歌德学院魏玛分院；

费用：歌德学院全包，还礼赠与会者每人 500 马克作为"多半只是象征性的酬劳"；

参加人员：以东方语言和德语以外的西方语言为母语的十位"杰出《浮士德》翻译家"。

随邀请信寄来了准备讨论的几组题目和对题目的详细解说，以及研讨的具体要求和程序，也就是说已提前下达生产计划和产品订单。到这时，我才预感到这"译者工场"恐怕非同一般，心里有些没了底儿，同时却怀着好奇和期待。

不禁想起我国古代曾经有过的佛经译场，想起德国当今一些名为译场的翻译机构和翻译培训学校，想起自己曾在国内外参加过的大大小小数十次学术讨论会。魏玛这个"译者工场"看来不属前两种，多半还是一次研讨会吧，我猜想。既是研讨会，就没啥好担心的了。无论中外，不管大小，这种学术讨论会多半已成为老一套：开幕时先请领导讲话，再听学术权威作主题报告，然后才由与会者依次念事先写好的发言稿，念得多半急急匆匆，讨论又总嫌时间不够，但会间会后却少不了"参观考察"，整个过程虽劳民伤财，却皆大欢喜，轻松愉快，本人也主要视其为与新朋老友聚首的绝好机会……

谁知完全出乎意料，在魏玛的"工场"我实实在在当了几天"苦力"！

8月15日中午乘火车抵达喜气盈盈的"欧洲文化都城"，还未进下榻的宾馆的房间，就在接待处集中，一同步行前往将近一公里外的歌德学院魏玛分院。两点半钟，工场准时开了工。大伙儿像开圆桌会议似的围桌而坐，没有任何一位领导或者头面人物莅临讲话，没有任何开幕仪式，甚至连个开会的会标也没有，只由从歌德学院总部来负责组织工作的玛图舍女士讲了几句开场白，随即轮到与会者一个个自我介绍，重点要求的是说明自己如何与歌德攀上了关系。

一如从事先寄发的材料中所了解，受邀到"工场"打工的总共 13 人，除去 3 位德国本国的歌德专家，其他 10 人确实全是《浮士德》的译者，分别来自欧洲、亚洲和拉丁美洲的 10 个国家，使用的本族语却多达 9 种，只有西班牙和墨西哥的两位同操一种语言。除去他俩，欧洲还有英国、法国、意大利和俄罗斯各一位，亚洲的 4 人则分别来自中、日、韩、印度。人数是少得不能再少了，代表性却不输于某些数十人甚至成百上千人的大型会议。

自报家门之后，便由负责学术策划的德国学者，一位三十来岁、专攻比较文学的女博士波涅康普进一步解释"游戏规则"，这规则尽管事先已人手一份，她仍讲得一板一眼，毫无走展、遗漏。讲了整整一个钟头，讲完大家才休息半小时喝水、喝咖啡 —— 此即德国人所谓的 Kaffeepause（咖啡间隙）。

端着矿泉水，抓紧时间参观这座前两次访问全然不曾留意的小楼，才从在另一间屋子里办公的鲍尔院长口里得知，它原来就是大名鼎鼎的封·施泰因夫人的旧居 —— 歌德从自己不足一箭之遥的府邸来此会他这位女友、情人和一度的精神向导，只需穿过一条背静小巷，实在方便、容易。还有，曾以主演由亨利希·曼的小说改编的《蓝天使》等电影而名满欧美的玛丽莲·迪特里希（Marlene Dietrich，1901-1992），也曾长时间栖身于此 —— 一只玻璃柜陈列着她的肖像和剧照，以及包括一双高跟鞋在内的各种遗物。我不禁感叹，小小的魏玛啊真无处不是文化遗址，并对自己置身其中的古老建筑顿生敬意。安排在这样一个诗人肯定经常光临的所在讨论他代表作的翻译问题，你能不兢兢业业！

喝罢咖啡是另外两位德国学者做报告，一个报告题为《"职业媒人"—— 歌德与翻译》，另一个题为《一个文本与众多的读者：略谈〈浮士德〉的研究现状》。对于来自德国以外的与会者来讲，显然都极富针对性。

下午六点多才收工，穿过伊尔姆河畔树木葱茏的园林返回宾馆，夏日的黄昏已是红霞漫天。只需往左拐上几分钟，就是歌德的园林小屋，可却没有工夫去。

七点半进晚餐，同时节目单上却安排有一个任务，就是与会者相互进一步认识。"唉，我们这些可怜的'苦力'呀！"没有午睡已经累得半死的我，忍不住在心里发出叹息。

第二天上午九点又准时开工了。"苦力"们按姓氏的字母顺序依次报告自己翻译《浮士德》的经验心得，内容相对地分散和自由。每人报告加讨论计划一小时，时间可以说相当充裕。除去午餐和上下午各一次的"咖啡间隙"，活儿一直干到了傍晚六点半。更要命的是晚餐后八点半大伙儿还得去歌德学院围桌而坐，按照节目单规定逐个用自己的母语朗诵《浮士德》的片段，先念第一部开场老博士诅咒知识的著名独白，再念女主人公独坐在纺车旁唱的相思曲。"苦力"们尽管已经劳累一整天，却个个抖擞精神，使出浑身解数，努力要念出自己译文的格律、韵味。须知，这不只是展现译者个人的水平，也关乎自己国家的脸面啊，因为人家可以据此评价一国的语言，乃至译艺和诗艺。拿我来讲，平时很少练习朗诵，这晚上却拼命要念得抑扬顿挫，要念出诗的味道和感情，因为我事实上代表着中国，尽管中国没有任何的机构、组织和学术团体委派我。

第三天上午，"咖啡间隙"之前，终于轮到姓名以 Y 开头的我最后一个做报告，同样只好豁出去，用上了能用的全部力气。

喝罢咖啡，按节目单规定"处理文本"，具体而细致地逐段逐行讨论预先选好的"天堂里的序幕"，从如何理解到如何翻译。

午饭后终于安排了一点儿参观时间，让大伙儿去瞻仰其实近在咫尺的歌德故居和歌德博物馆。心想这个下午该自由活动了吧。

错啦！五点至六点半，抓紧时间继续"处理文本"和朗诵译诗，特别以老博士开场的独白和地灵显形的片断为例，探讨如何复制诗剧变化多端的格律和音韵问题。晚上八点半至十点，照样接着干。

如此这般，第四天和第五天上午，在两位像靡非斯托一样无情的女监工带领、驱赶下，"苦力"们把《浮士德》原文中的重点、难点统统过了一遍，特别讨论了那些对亚洲人，对欧洲和基督教文化圈以外的译者，可能是费解的背景、典故、隐喻、影射乃至文字游戏等的理解和表达，以及原著复杂多变的诗体如何尽量等值再现的问题。

读到这儿，读者诸君多半已经烦了并且会想，我肯定对魏玛的"译者工场"及其"监工"充满了怨毒之气吧？

要说怨气也有，以前参加学术活动从来没有这么紧张，这么辛苦，这么不自由，这么要命！

不过事情还有另外一面，我也从来没有得到过这么丰硕的收获，从来没有经受过这么严格的考验！

先说考验。因为总是得逐个地按要求"过关"，谁也休想滥竽充数，马虎了事，除非自愿丢脸 —— 丢个人的脸，丢国家的脸！

说到收获，特别是对来自欧洲以外的译家们，不啻在歌德身边认认真真补了一次课，上了一次《浮士德》讲习班。

还有，尽管总共不过 14 个参加者，却紧紧扣着《浮士德》的解读和翻译这同一主题进行研讨，便实现了来自不同国家的学者和翻译家之间的对话，世界不同文化之间的对话。

既是对话，难免较量。在对话与较量的过程中，我不但收获巨大，还感触良多。感触之一便是生平第一次体验到了作为中国学者的自豪。

是的，我确实感到自豪！并非为自己的翻译比同行高明 —— 在不同归宿语的翻译之间应该讲很难分出孰高孰低 —— 而是为中华民族悠久而卓越的文化传统，为我们汉语强大而丰富的表现力，为我们高度发达的诗艺及其多彩多姿、美不胜收的风格和样式。以诗体翻译诗剧《浮士德》，还它变化有致的格调音律以相应的格调音律，这在笔者看来是理所当然的事。我国从郭沫若以来的所有《浮士德》译家，没有一个不这样做。打工在《浮士德》译者工场，我才知道世界上还有不少堪称文明的语言满足不了这个要求，以致我的好几位"工友"坦言自己的译本不得不完全用的是散文。

为了证明自己没有吹牛，证明以中国丰富的诗歌宝藏应付一部《浮士德》的翻译确实游刃有余，在发言时便穿插背诵了一些中学生都会的唐诗宋词，不但让各国学者听得津津有味，还引来"工友"们明白无误的艳羡。通常在国际学术交流中表现高傲的日本学者有几分无奈："可惜啊，我们没有你们那么悦耳动听的语言，那么抑扬顿挫的格律！"原本谦逊的韩国学者则表示惋惜，说从韩语中废弃汉字实在是太愚蠢了。就连来自文明古国意大利和西班牙的翻译家，也对汉语诗艺的神奇发出了由衷的赞叹。

真是一种精神享受啊，在国际交往中第一次感到扬眉吐气！还有什么收获更加实在，更加宝贵！从小得到中华文化的哺育，一辈子受惠于汉语和唐诗、宋词，却生在福中不知福，花甲之年才终于在远离故土的异国他乡，在中华文化与多种异质文化的遭遇、碰撞和较量中恍然醒悟，切身体会，还有什么收获比这更大，更值得珍惜！

精神的享受，见识的增长，这些收获确实应该摆在首位，但物质生活也不能略而不计。

在这个问题上，歌德学院的安排真没得说的。一句话，在从事精神生产的"工场"虽然从早到晚干苦力活儿，我们在工余享受的却是德国人所谓近乎皇帝的待遇，住着环境幽雅的五星级宾馆，顿顿饮食丰盛，还吃了魏玛城中的不少名餐馆。

为什么如此厚待这帮"苦力"？就因为他们是"德国文化在各自国家的大使"！

这话原出自现任国际歌德协会会长郭尔兹教授之口，讲话的地点是图林根州州政府所在地艾尔福特市那座金碧辉煌的巴洛克大厅——歌德1808年就在这里会见了拿破仑皇帝——听讲的是紧接着开幕的另一个歌德译者研讨会的二十多个国家的翻译家。笔者有幸应邀接着来开这个会，并作为"《浮士德》译者工场"的代表，向大会汇报"工场"的得失和个人的"打工"体会。从印发的剪报上，读到会长先生热情洋溢的开幕词，特别留意到了报纸大标题中的"大使"这个称谓。

通过在魏玛的《浮士德》"译场"打工，我再次领教了德国人办事和治学的严谨、务实，一丝不苟。从"苦力"到"大使"的感受，我深深体会到了德意志民族对自己的文化传统有多么珍惜，对自己民族文化的传播，以及作为其传播者的外国翻译家，是何等重视。

1999 年　成都锦水河畔　竹林村　远望楼

就歌德译介问题答《德国之声》电台记者问

（1999 年 8 月 23 日，德国科隆）

●杨武能　▲张晓颖

▲ 杨教授，谢谢您在百忙中抽出时间，来科隆接受我们《德国之声》电台的采访。据我所知，您是中国研究和翻译歌德的权威专家。您不但个人选译了 6 卷本的《歌德精品集》，同时还主编了 14 卷的《歌德文集》。可是在此之前，歌德作品已有不少的中文译本，和以前的这些译本相比，您主编的《歌德文集》以及自己翻译的《歌德精品集》有什么不同呢？

● 首先我要说，由于历史的、经济的和政治的原因，我们国家在翻译和出版歌德的作品方面还相当落后。比如日本，早已有不下十种这样的多卷集、文集乃至全集。出版比较系统和完整的歌德文集，我国是从郭沫若开始的一代代歌德翻译家就已经想要做的事，可惜一直没有做成功。所以说在最近的八九十年，都只是单本单本地在翻译出版。今年纪念歌德诞辰 250 周年，是一个很好的契机，于是在出版社和翻译界同人的共同努力下，我们推出了中国第一套比较大型的 14 卷《歌德文集》，同时我个人也选译了《歌德精品集》，后者已经出版 4 卷，计划总共是 6 卷。您问它们和以前的译本比较有什么不同？首先，规模显然就大不一样。以前是单本单本的搞，你译一本《少年维特的烦恼》，我译一本《浮士德》。现在是把歌德作品进行系统和科学的分类，编辑起来出成一套，这样就能够让读者对歌德有一个比较完整的印象。再者，译文几乎全是新的，与旧译也自然有所不同。因为一般说来，每出一个新译本，都会向原作靠近一步，也只能一步步地靠近。新译本的一个重要任务，就是要在某些方面超过原来的译本，同时必须更容易为现在的读者接受。因为社会在不断发展，语言在不断变化嘛。比如我在翻译歌德时对自己的一个重要要求，就是时时刻刻要想到面对的读者，力求使我的译文他们不单是能够读懂，而且要读起来觉得有文学味，并且能够欣赏。

▲ 您自然而然地引到了我的下一个问题。我想问的就是歌德生活在两三百年前，他那时候使用的德语现在的人读起来未必都能懂。那么，您怎样把歌德的这些著作翻译成中文，才能让现在的中国人都能够读懂？您肯定得招兵买马，得有一班人来参加翻译您主编的《歌德文集》。您是怎样召集这么多翻译人员，来完成这个大项目的？

● 歌德的语言，对我们研究者来说不算太难，但是现在的德国年轻人读起来也许就不那么容易接受，那么有味道 —— 这都有可能。那么中国人呢？中国人首先认为，歌德是世界文学的一位大家，一位大文豪，同时也是一位伟大的思想家，因此我们在翻译他作品的时候，既要传达出它的思想内涵，还要保留原来的审美价值，即同时得注意保留它的艺术性，并且还要注意目前我们中国语言的发展状况和读者的欣赏习惯，以便他们接受和欣赏起来容易一些。您还问，怎么组织那么多人参加《歌德文集》的翻译。除了我自己翻译得比较多以外，有北京、上海、广州的专家、教授们通力合作，例如广州外国语学院和中山大学都有人参加，北京更多，上海也不少，但因为是以我为主，所以我自己的译品收的就多一点儿。整个组织工作自然相当复杂，但由于我熟悉德语界的情况，加之另一位主编刘硕良先生是一位著名编辑家，所以物色译者也不太难，可以说我们把中国译介歌德的多数行家里手都动员起来了。

▲ 杨教授，您不只是《歌德文集》的主编，而且据我所知，这次先后在魏玛和艾尔福特参加歌德翻译国际学术讨论会的都只有您一位中国代表，可您却生活在处于内地的成都。我因此是否可以认为，成都乃是中国研究和翻译歌德的中心？

● 首先得声明，我并非国内任何组织和单位派出的代表。我只是分别接受德国歌德学院总部和国际歌德协会的邀请，出席了上述两个研讨会，而且10月底还将接受东京歌德学院和日本爱知大学的邀请，出席东京的歌德研讨会。至于说成都是不是研究和翻译歌德的中心，这个问题我真是很难回答。按照中国的传统美德，我们不好自称中心，也不想争当中心，尽管在译介歌德这个领域内，我们做的事的确多一点儿，在海内外的影响也大一点儿，但是，四川参加翻译《歌德文集》的毕竟不过三四个人，与北京、上海相比力量仍显单薄。当然啦，我们成都也有优势，那就是十多年来我自己真正是潜心译介歌德，更加重要的是，我所在的四川成都可以说很好地继承了中国翻译和研究歌德的传统。您知道，郭老以及陈铨、董问樵等前辈歌德专家都是四川人，在翻译歌德这点上，我们可以讲是继承了郭老等人的传统，而对于中国的歌德研究，我的导师冯至先生本是享誉海内外的权威，我跟随他专攻歌德，并且一直坚持到了今天，因此也把他研究歌德的传统带到了成都，带到了我现在任职的四川大学。不过，在这次的国际歌德研讨会上，我深感势单力薄 —— 不说欧美各国，连亚洲的日本、韩国、印度都有不止一个参加者 —— 因此也认识到自己责任重大。要想把歌德研究和译介推上一个与中国的国际地位相当的水平，我们实在是任重道远，实在是必须狠下功夫培养接班人，把郭老和冯至先生翻译和研究歌德的衣钵继续传下去，并且发扬光大。在这样做的过程中，如果成都自然而然地发挥起中心的作用来，我们也该当仁不让。

▲ 您刚才提到，是郭沫若第一个翻译了《少年维特的烦恼》。60 年以后，来自四川的杨武能教授又率先重译了《少年维特的烦恼》。提到这一本书，我就想问，当时郭沫若翻译歌德的这部作品，影响了中国几代青年人的人生，那么现在的中国青年，还会不会有人读这本书？还有没有人会受它的影响呢？

● 有许多人读，而且也有人受它的影响。关于郭老，他译的《少年维特之烦恼》影响非常大，像您说的那样影响了几代青年人。现在国外还是认为在中国影响最大的歌德作品是《少年维特的烦恼》。正因为如此，这次日本 10 月份举行的歌德研讨会在邀请我时，建议我讲关于《维特》在中国的接受和"维特热"。我心里想，我早就不只是翻译了《维特》，干吗还要我讲这个题目！不过，不要紧，我还是会讲。我的新译本是 1981 年问世的。到目前为止，差不多每年都重印一次，总共印了多达 150 万册，而且还不只我的这个译本，还有上海的一个译本印得也不少。后来其他出版社看见这本书印量如此之大，也纷纷搞自己的译本。如果没有人买，没有人读，怎么会争着搞呢？

▲ 听说当年有人读了《少年维特之烦恼》就试图自杀。您觉得现在有没有青少年读了这本书，失恋了也会去自杀？有没有这样的报道？

● 这倒没有。当年，就是郭老翻译的《少年维特之烦恼》出版以后，确实引起了一些像这种在我们看来是消极的反应。从文字资料里我也找得出很多例子。在我的《歌德与中国》这本书里面 —— 我在三联书店出了一本书，叫这个名字 —— 关于这个

"维特热"在当年的表现写得比较多，由于时间的关系，我就不讲了。今天还是有些青年受它的影响，主要是那些不太成熟的小年轻。嗨，他们读过以后就觉得社会怎样黑暗，自己前途多么渺茫。例如上海有个女青年读者给报社写信，说她在班上老是受到人家的忌妒，感到很孤立，说读了《少年维特的烦恼》以后心里感到特别压抑，不知将来自己前途会怎么样，等等。报社的编辑回了信开导她……所以说，读都仍在读，但绝大多数的青年人，特别是文化层次比较高一点的，他们都知道，不能这样地去接受这本书，觉得应该把它作为一本文学名著，一本杰作来读。现在多数人都是这样的。

▲ 好，那么歌德对于中国人来说究竟代表什么，他仅仅只代表德国的文学吗？

● 不，我特别要强调一下，您这个问题提得非常好。如果歌德光是一个文学家，那么世界上的文学家多得很。在我看来，在世界级的大文豪里头，能够像歌德那样既有非常杰出的成就，丰富的作品 —— 他创作了各式各样的作品，不但数量巨大，形式也多姿多彩 —— 同时又是大思想家的，实在是并不多。他有几个方面的思想，现在看来仍然非常有意义。早在二三十年代，一批先进的中国人已经看到了这个问题，就是不把歌德单纯地看成一位文学家。例如张闻天 —— 一位大政治家，他就认真研究过《浮士德》，写过一篇题名为"哥德的浮士德"的长篇论文。在详细分析了《浮士德》的思想内涵以后，他说的最后一句话，发出的一句叹息就是："唉，保守的，苟安的中国人呵！"是的，这就表明，张闻天希望用浮士德的精神，用他那敢作敢为的精神，不断拼搏和勇于进取的精神，来改造中国人在传统哲学思想影响下产生的"安贫乐道""知足常乐"的人生观和世界观。对于《浮士德》，这样去认识和接受的不光是张闻天。很多先进的思想家，包括郭沫若以及后来的人都这样看待这个问题。今天，歌德的思想家地位，在我看来比他的文学家地位更加重要。我们一贯强调浮士德身上的自强不息精神，用出自《易经》的自强不息这个短语来概括浮士德精神也对，但是，还要特别强调浮士德这个人物和《浮士德》这本书所表现的仁爱精神。诗剧的最后一句，为什么叫作"跟随永恒的女性，我们向上、向上"。什么是"永恒的女性"？"永恒的女性"代表仁爱，就是西方始于文艺复兴的传统的人道主义或曰人本主义。还有，大家都在讲是歌德第一个提出了"世界文学"的构想，他这个"世界文学"的内容是什么呢？主要就是主张，不同的民族——作家也好，普通人也好——应该相互理解，相互容忍，相互学习和交流⋯⋯

▲ 您讲到这儿，我想起了一些现在的时髦词儿：全球化，商业全球化，文化全球化，等等。如此说来歌德是很超前了喽，他当时就创造了"世界文学"这个概念？

● 他是第一个提出来的，比马克思还早几十年。

▲ 杨教授，您多年来一直在研究歌德，那么，请问，歌德的什么作品在中国最有名？

●《少年维特的烦恼》。

▲ 他的什么作品在中国最受爱戴？

● 从不同层次的个人来看有所不同。据我看，广大读者最喜爱的，目前是歌德的诗歌，当然还有《少年维特的烦恼》，但是，在一些比较有头脑、有思想和文化层次比较高的人里面，大家特别推崇的还是《浮士德》。

▲ 杨教授，您用德语撰写了一本题为《歌德在中国》的书，将由佩特·朗出版社出版发行。您能大致介绍一下歌德作品在中

国的传播和接受情况吗？

● 歌德的作品在 20 世纪初开始介绍到中国，第一个翻译歌德作品的学者和翻译家叫马君武。马君武先生是一位民主主义革命家，曾追随孙中山，当过孙中山（时代）的教育部长。他在日本留过学，是第一个在德国拿到博士学位的中国留学生，不过他学的是冶金。他同时也做文学翻译，首先翻译的是歌德和席勒。这大概在 1902 至 1915 年之间。他以后最重要的歌德翻译家就数郭沫若了。郭老在日本留学时就开始译《少年维特的烦恼》，也译了《浮士德》的一些片断。他得到了当时在国内的学者宗白华先生的支持 …… 还有田汉，也曾是一个歌德迷。郭老在翻译歌德的时候创作也受到了歌德的影响。1922 年，他在上海第一个出版了歌德的《少年维特之烦恼》的译本，书一出来就像您刚才所说的那样，产生了非同小可的影响。1928 年郭沫若又翻译出版了《浮士德》的第一部。因为二三十年代出了很多歌德著作的译本，当时在中国的确掀起了一股“歌德热”，单《少年维特的烦恼》就有译本十多种，《浮士德》也有四五种。但是最后流传下来的只是郭老的译本。新中国成立前，在相当长的一段时间里，歌德可以讲是我们中国人最喜欢的外国作家。我这是根据统计数字说的，当时普希金的作品，其他如巴尔扎克等作家的作品，都还不如歌德的作品受我们中国人的喜爱。

▲ 那么，重新掀起歌德热是在什么时候？

● 1982 年。1982 年是歌德逝世 150 周年。那时候我们已经登台了，在冯至先生带领下已经登台了。所以 60 年后由我完成的第一个《维特》新译本在 1981 年出版，就是为纪念歌德做准备。然后我又翻译了其他一些东西，写了一些介绍文字，也可以说是我率先撰写有关歌德在中国的影响的文章，写歌德与中国现代文学的关系，特别论及了歌德作品对我国书信体小说发展的影响，提到了《威廉·迈斯特的学习时代》的人物迷娘怎么演变成街头剧《放下你的鞭子》里面的香姐 …… 是田汉把歌德小说中有关迷娘的情节改编为独幕剧，叫作《眉娘》—— 眉毛的眉。后来，在抗战时期，陈鲤庭、崔嵬等戏剧工作者再把《眉娘》改成了《放下你的鞭子》。这个街头剧当时在中国影响很大，不少大艺术家都参加过演出，比如金山、张瑞芳、凤子等等，而其中最重要的一位要数王莹 ……

▲ 像翻译歌德这种大文豪的作品，我想，除了语言上的困难，肯定还有文化上的障碍。您这次代表中国参加了魏玛和艾尔福特的国际歌德译者大会，有没有机会和其他国家的同行交流经验？各国的翻译家在翻译中遇到的困难相似吗？

● 作为中国去的唯一与会者，我当然应该向大家介绍中国的有关情况。这次我很高兴，也很自豪。我出席过无数次国际会议，这次特别感到自豪。自豪什么呢？为我们中国的文化，为我们的语言，为我们诗歌的艺术感到自豪。我们讨论的多数问题都是共同的，但也有的问题并非如此。日本的学者也好，韩国的学者也好，他们面对着《浮士德》有些音韵方面的问题，都很坦率地说："我们没有办法，毫无办法。我们只能用散文来译，为什么呢，因为我们语言里面没有这么丰富的音韵、格律。"德国学者却特别关心这个，问大家："你们怎么复制原文的格调，怎么表现原文的风格呢？"我可是能够回答，我们虽说没有完全相同的音韵、格调，但是中国富于诗歌传统，有很多很多音韵和格律，要找到与之相近或相似的实在不难，比如要表示高兴，表示忧郁，要长一点儿的，短一点儿的，中国都有好多好多。我们不单有律诗、绝句，还有词和曲，古典的加上现代的，真是应有尽有，千姿百态 ……

翻译时只要努力去寻找，虽说不可能找到与原文完全相同的韵律、格调，但是总能找到相近的，我们不追求与原著完全一样，但却能创造大致相同的意境，取得大致相同的效果 …… 第二个问题，就是有关文化背景、宗教背景等，我们作为研究者，当然多数都知道，但也有一些问题是在会上通过讨论才真正搞清楚的，所以这次参加研讨会收获很大。

▲ 杨教授，谢谢您接受我的采访，祝您在德国生活愉快，在研究和翻译工作中取得更大的成就。

（王荫祺　根据录音整理）

1999 年于德国科隆

格林童话辩诬

—— 初析《成人格林童话》

    春节过后不久，一位学友从北京打来长途，问在我翻译过的格林童话里有没有夹杂着露骨的色情内容。我当即予以否定，并对这怪问题的提出表示不解和惊讶。学友解释说，他也是有媒体问起而自觉回答没有把握，才来"请教"我这位专家。他还告诉我，提出这问题是因为近日坊间出现了一本冒用《格林童话》之名的黄书。

    多半又是唯利是图的文痞和书老板干的好事。只要能挣大钱，这帮家伙什么损招都想得出来啊！

    事过一月，终于在《成都晚报》的"大千世界"版读到一篇题名"《成人格林童话》触目惊心"的报道，才知道这本鄙乡称为"歪书"的非法出版物或不良出版物，"黄"得有多厉害，"歪"到了什么程度。一句话，真正叫"触目惊心"！

    在这本歪书中，据转载自3月1日《齐鲁晚报》的报道披露：美丽、善良的白雪公主原来"骄傲自大"，欲害死她的继母则从继母变成了生母，生母欲对她下毒手，竟是因为她与自己的父王乱伦，招致了母亲的刻骨嫉恨。还有《睡美人》中那位勇敢、仁爱的王子，他拯救中了魔法而长睡不醒的公主，竟是因为他有性变态的"恋尸癖"，如此等等。一句话，在相当于"儿童不宜"的"成人"二字掩护下，原本清新、纯美的民间童话故事已篡改得恶俗不堪，面目全非。

然而，就是这样一本丑陋的歪书，"原作者仍然署名为'格林兄弟'"！

　　还不止此呐！为了加大挑逗性和诱惑力，使炮制者心中的"卖点"更加耀眼，《成人格林童话》公然在封面上印着：这是"每个母亲念给女儿听时，会不由得羞愧脸红的故事集"。注意，这儿单单只提母亲、女儿，把父亲、儿子排除在外，再清楚不过地反映出了这伙男性"策划者"潜意识中对女性的淫邪心态。

　　为了以假充真，蒙骗读者，歪书的炮制者煞有介事地宣称：近两个世纪以来风行于世的是什么"经过了格林兄弟再三删改的'格林童话第七版'，而最原始的格林童话却充斥了性和残暴，《成人格林童话》则是编译者透过史料而建构格林童话最原始面貌"。

　　完全一派胡言！本人是新中国成立后《格林童话》第一个全译本的译者，手里掌握的原文版本至少五六种，格林兄弟的传记和研究资料也不在少数，可以负责任地告诉读者：所谓格林童话，指的仅是由格林兄弟采集、整理和出版的《儿童与家庭童话集》中的德国民间童话，除此根本就不存在什么"最原始的格林童话"，更谈不上所谓的"再三删改"。对内容和总体风格的忠实，乃是他们在做艰苦的搜集和记录工作时所信守的准则，即使因此不得不保留某些不适合儿童阅读的内容，如以牙还牙的残酷复仇，杀人、食人的血腥描写等，其后主要由弟弟威廉·格林承担的整理和加工，只是对文字作了必要的润色，以使全书具有统一的、娓娓动人的童话语调，并且提高它的文学价值罢了。这就是将格林兄弟1810年的手抄稿和1812年出版的第一卷作了对比研究以后，德国学者所得出的结论。也就难怪赫尔曼·黑塞在谈到格林童话时，会特别强调："在记录它们时所表现的忠诚，我们尽可以心安理得地写进德国人的光荣册中去。"

特别要指出，格林兄弟搜集、整理、出版这些民间童话的目的，诚如威廉所说，"原本是希望它成为一本有教育意义的书，因为我再也想不出什么更富有教益、更天真无邪、更令人心旷神怡的读物，能比它适合于儿童的心性与能力了"（H. Gerstner：《格林兄弟评传》，德文版第43页）。同样的表白还很多，例如在致歌德的信中威廉讲，这些童话没有掺入任何杂质，完全体现了"民众固有的思想意识和文艺观点"（同上），等等。

试问，抱着如此严谨的态度和高尚的追求搜集、整理成的格林童话，可能收入上述成人"黄话"那些乌七八糟的内容吗？

实际情况是最近一些年，凡销势好的书都免不了遭到不法书商的作践。《格林童话》堪称德语读物中印数仅次于《圣经》的大热门，在我国同样十分受欢迎，仅以译林版的拙译为例，1994年问世以来已出过精装本、平装本、普及本、带插图的选本等六七种不同装帧和封面的本子，年年重印，年年旺销。这样的一本书，自然在劫难逃！君不见有些先生不懂德文，岂止不懂德文，甚至连搜集者格林兄弟的名字都闹不清楚，却在书商的怂恿下炮制出一个又一个的"新译本"吗？对于诸如此类的现象，我已见惯不惊，但是，面对《成人"黄"话》这样恶俗不堪的歪书，我仍然吃惊又纳闷。

正在百思不得其解之时，又接到《北京青年报》读书版记者尚小兰的长途。她告诉我：《成人格林童话》是山西古籍出版社的正规出版物 —— 真没想到！—— 原作者系两个日本人，日文原著和台湾的中译本都很畅销，于是前不久中国大陆也弄出来个本子，且作者的署名改成了格林兄弟本人。她问我此书与格林兄弟和格林童话是否真有关系？我本人对出版这本《成人格林童话》有何看法？

上面讲过的不重复了。在进一步了解情况后我只想重申，这本挂羊头卖狗肉的"黄话"是本地地道道的非法出版物，既盗用和玷污了格林兄弟的名声，又侵犯了日本原作者的署名权，是否应受到追究、查处，该由有关部门去考虑。

至于与格林兄弟和格林童话有没有关系的问题，可以补充的只是，在格林童话很快风行于世以后，确曾引起学术界的重视，因此出现了各式各样的研究著作，也有学者以弗洛伊德的心理分析和荣格的潜意识理论，从性心理的角度对其中的某些篇进行阐释。所谓《成人格林童话》的日文本，多半是拾人余唾而已。可尽管如此，它要是作为一种学术研究与探索，原本无可厚非，即便其结论未必正确，未必能为我们认同。现在的问题是我们这儿有人鱼目混珠，把它包装成大众读物抛上书摊，蒙骗读者特别是那些对格林童话情有独钟的少年儿童及其家长，毒害他们的心灵，污染社会的文化气氛，其危害就远远超过洋垃圾的走私、偷运和贩卖者了。

笔者从事德语文学的译介已经40年，译著曾不止一次遭到见利忘义之徒的侵权和作践，但没有哪次像眼下得知格林童话惨遭亵渎一样感到愤恨。笔者为自己的译文写过无数的引言和译序，唯有给《格林童话全集》的是一首诗"代译序"，诗名《永远的温馨》，因为在我的心目中，在全世界亿万儿童和也曾为儿童的成人的心目中，格林童话原本就是一首长长的诗，一首无比奇妙而又温馨的诗。现在有人竟用一本《成人"黄"话》来冒充它，诋毁它，破坏它留给我们的温馨诗情，给我们心中的圣地泼污水，是可忍，孰不可忍！！！

译林品格和译林人

我和译林的交往始于 1982 年，其时我还是个刚从研究生院毕业的"小毛头"，在回母校南京大学时顺道走访业已崭露头角的《译林》杂志，见到了它的副主编李景端先生。面对这位两三年前因众所周知的原因备受关注的"风云人物"，我作为引发事端的那位老先生的弟子，多少感到有点不自在：我要是他，难免心中会存一些委屈和怨气啊。可老李却坦坦荡荡，不但热情接待我，而且当即向我约了两部书稿。这样，1984 年，译林出版社建社前所依托的江苏人民出版社就推出《施笃姆诗意小说选》和《海涅抒情诗选》，和人民文学出版社出版的《少年维特的烦恼》一样，它们都成了我早年最受欢迎的书，为我日后的文学翻译奠定了基础。

1985 年年初，应邀出席《译林》杂志创建五周年座谈会。东道主招待我们十多个人住在中山陵 5 号，南京市郊环境极其优美、以往只供接待毛主席等中央首长的高级招待所，心里自有一番感受。座谈会留下了一张我备加珍惜的照片，眼下虽然收藏在成都的远望楼，我身处万里之外的德国却能忆起二十五年前拍照的情景，以及照片上那一个个人物的音容笑貌。

不像一般会议合影似的正襟危坐，更没有依循尊卑、老少的原则排定位置，而是自自然然地大致站成了两排：后排站着戈宝权、吴富恒、冯亦代、杨岂深、陈冠商等外国文学界的权威老专家，前排则双手撑着膝头、上身微微前倾地半蹲着董乐山、施咸荣以及我这个小字辈，还有梅绍武、屠珍夫妇以及一位美女编辑

作者与余光中先生的合影

在内的诸人，也随意地站立在左右。人人笑逐颜开，其中董乐山和施咸荣两位更是笑得俏皮，笑得可爱。

在此之前，与会者中我较熟悉的只有冯亦代先生，其他人都是自己慕名已久却无缘谋面的前辈同行，这次便有幸近距离接触，特别是德高望重、享誉中外的戈宝权先生，这位过去只是在社科院外文所破烂的走廊里敬而远之地仰望过的戈宝老，不期然竟跟我住在同一个标准间里。还记得临睡前我俩总爱盘腿坐在各自的床上闲话，有一次，老先生一边搓着脚心一边对我讲，搓脚心这事儿简易可行，乃是他的养身秘诀。

一天，在主人陪伴下出游。经常笑眯眯的戈宝老眯缝着眼，津津有味地观察着眼前人头攒动的市集。突然他侧过头来对我讲："你看，杨武能，有的人戴蛤蟆镜不撕去上面的外文商标，以标榜时髦。还有那个男青年，头上蓄着长发，脚下穿着高跟鞋，你说怪不怪！"

讨论《译林》办刊大计之余的这些不经意闲谈，给我留下了深刻印象，而今已成为我对业已作古的戈宝老亲切回忆的组成部分。

随后的二十多年，译林社和《译林》举办的类似活动异常之多，不但独家办，还联合别的单位一起办。作为受到译林青睐的德语界好动分子，我受邀参加的次数真是不少。最难忘珠海白藤湖那次海峡两岸四地文学翻译研讨会，我不但与闻了王佐良、方平、李文俊、董衡巽、孙致礼等专家的精彩发言，还跟来自台、港、澳的余光中、金圣华等一大批译界精英做了很好的交流，特别是谈吐清雅、睿智的余光中，由于他和他的"新娘"都是喝过川江水，吃过川地粮，品过川窖酒的"下江人"，一见面就把我成了小同乡，与我相谈甚欢……

没法历数、更不能细讲译林邀我参加过的一次次活动和会议。我只想问一问，如此劳神劳力费钱的事情，译林人为什么总是积极承办，乐此不疲？据我所知，他们的国内同行包括同样出版外国文学的大社，不是就没有这么傻么！

细细一想，我发现这跟译林这名字有关，跟他们办刊办社的理念、风格有关。译林这名字既不限于表现行业和学科，也没强调它所在的地域，而是一个富有象征性和包容精神的意象 —— 在20世纪的70年代末，一家刊物能如此命名，真可谓独辟蹊径，个性鲜明，即便不是独此一家，恐怕也绝不多见。不管李景端们当年在讨论时是否明确说了出来，译林二字都蕴含着一种强烈的群体意识，独木不成林！所以它一开始就十分注意团结广大翻译工作者，特别是依靠其中前些年备受冷落的老翻译家和老学者。除了群体意识，事实表明译林还有群众观点，大众眼光，所以，它一开始便定下一条要打开窗户让国人了解当下世界，要易于最广大人民群众接受的通俗路子。为了团结和依靠翻译家，让他们帮助自己把路走正、走顺，少不了得请人坐到一起来探讨切磋，出谋划策，于是开会、搞活动、聘请编委；为了培养新一代的翻译家和未来的可依靠者，于是组织各类翻译竞赛和评奖；为了弄清楚自己编刊、出书的成效，于是定期不定期地进行读者意见调查，如此等等，不一而足。不过归纳起来，所有举措可以是四个字，叫作"目中有人"——目中有著译者，有读者，有民众，有社会和社会责任！

我所说的译林理念，译林作风，译林精神，译林品格，当然不局限于此，不仅仅是群体意识，不仅仅是"目中有人"，虽然这是其最根本、最重要和最可贵的表现。

弹指间近三十年过去了，当年的"小毛头"也老喽，那些一同出席译林杂志五周年座谈会的前辈如戈宝权，还有我的北京老哥们儿冯亦代、董乐山，先后离开了人世，叫人不胜感慨，不胜唏嘘！不过，在改革开放的阳光雨露下，经过一代代译林人的不懈坚持，奋发努力，出版社和刊物都赢得巨大人气和名气，成了不止在全国，乃至在国际上也响当当的一个品牌。看看眼前铺展着的这片广袤、茂密、生命力旺盛的莽莽森林，发现我自身也是林中的一棵树，我的《格林童话全集》《茵梦湖》等等则形如树上的一丛丛叶簇，不禁触景生情，回忆起桩桩往事，的确使我感受到跟译林共生共荣的骨肉亲情。的的确确，我真为自己也是译林一分子、也是译林人而备感自豪，备觉欣慰。

2009 年 6 月 于德国北威州望云居

五十回眸：有苦有乐　无悔无怨

"五十"不是讲笔者撰文时已届知天命之年，而是说我做文学翻译已超过半个世纪。五十载的"苦力"生涯前文多有述及，这里再做一些补充：

一、迷失《魔山》二十载

20 世纪 70 年代末 80 年代初，中国遽然迎来了自己的"文艺复兴"。漓江出版社的总编辑刘硕良继海泽的《特雷庇姑娘》之后，又来约我为"获诺贝尔文学奖作家丛书"翻译另一部德语文学名著《魔山》。

《魔山》是托马斯·曼继《布登勃洛克一家》之后又一杰作，对立志非名著杰作不译的我，刘的约稿可谓正中下怀。尽管如此，我却未当即应承，原因一是我主要研究歌德，对托马斯·曼知之甚少，再则那是部厚达千页的现代经典，要一句句读懂并恰如其分地译出来实非易事。然而，既已给刘硕良盯上，他哪会轻易罢休。我一经涉足《魔山》也不免受其诱惑，想不进去都不行了。

端的是一部大师杰作，其深邃、宽广的意蕴和机智、隽永的语言，令读者有如登临险峰，品尝酽茶，艰难是艰难，苦涩是苦涩，却从中能感受到非同一般的浓烈兴味。在社科院新职工那工棚似的简易宿舍里，我开始全身心投入《魔山》的翻译，初步体会到了《魔山》这部杰作之所以为杰作，也尝到了啃硬骨头的苦辣酸甜。

由春入夏，一笔笔地书写，一步步地攀登，好不容易译完了引言和第一、二章，谁知这时却不得不因调动和出国而放下刚刚变得自如的笔。等到从德国返回川外已是 1984 年年底，除了副院长繁杂的行政事务，还要教书，尽管刘总编不断催稿，中断了的译事仍只好搁在一边。几经周折和迁延，直到 1985 年年底，才在刘总编如十二道金牌的一封封电报催逼下，终于硬着头皮再闯"魔山"。只不过此时能用于翻译的时间既有限又零碎，加之山中的道路越来越曲折、崎岖，越来越幽秘、险峻，我吃力地跋涉了快一年，才差不多完成全书的四分之一。时间转瞬到了 1986 年春天，不得已只好考虑请人合译，心急的刘总编求之不得。

真是十分感激母校南京大学的学长洪天富教授和郑寿康教授。两位慨然应允与我结伴完成《魔山》苦旅，并商定了分工：由他俩各译全书四分之一即小说的第五章和第七章，我在妻子王荫祺的参与和协助下再译四分之一即第六章。

那是 1986 年的盛夏 —— 山城又一个难熬的季节。在重庆这座有名的大火炉中，为了抓紧暑假的宝贵时间赶译我们承担的近二十万字，一大早就把当书案的活动饭桌搬到紧靠歌乐山麓的阳台，到了午后又搬回屋里，直接摆在旋转的大吊扇底下。如此这般，才好歹避免了赤裸的身体沁出的汗水打湿面前的稿笺纸。

1990 年，四人合译、由我统稿的《魔山》，终于在漓江出版社面世了。书出版后引起各方面相当的重视，例如第二年，在德国洪堡基金会举行的文学与社科翻译研讨会上，《魔山》的中译本成了德语文学成功译介到世界各国的重要佐证，但同时不少朋友和同行却表示遗憾：这样一部为数不多的名家杰作我竟只译了一半，致使前后风格明显地欠和谐统一。我有苦难言，面对自己养育的这个有先天缺陷的孩子，心情很快便由喜转忧，后悔当初没有咬咬牙坚持将他孕育到足月再生下来。亡羊补牢，我很快下定决心，什么时候一定要治好这个孩子身上的毛病。

可是一等等了15年，直到进入新世纪，我研究译介歌德的主业有了勉强交代得过去的建树，在川大也基本不再授课，而且刚好2004年又受聘担任欧洲翻译家协会的驻会翻译家（Translator in Residence），有了在其常设机构欧洲译者工作中心整整半年不受任何干扰地干活儿的机会，于是才抛开一切，去了结我背了十多年的债务，去继续我在"魔山"中的攀登！须知，我初探《魔山》时四十五岁，年富力强，而今却已年近古稀，此时不去还待何时？2005年恰是托马斯·曼诞生130周年和逝世50周年，此时不出版《魔山》新译，哪里还有更好的时机？

在欧洲译者工作中心宁静的生活环境和学术氛围里，由妻子陪伴和照料饮食起居，我从早到晚坐在独自使用的电脑前，日复一日地在托马斯·曼的《魔山》中攀缘、徜徉、览胜、搜奇，随着手指不住地敲击键盘，待译的书页便一点点减少。在这个过程中，我深感知识面狭窄、浅薄，对生理学、心理学、解剖学以及音乐、摄影、赌博和接灵术等懂得实在太少，如果不是手边有那么多资料和工具书，真会"旬月踟蹰"，举步维艰哩。

我译《魔山》前后经历二十载，二十年来通过翻译《魔山》《浮士德》一类作品进入了一个又一个陌生、奇特而精彩的世界。在进出"魔山"之间，我的眼界得到了极大的扩展。有了"魔山"之旅的历练和积累，我便能以新的眼光观察、认识自己和世界——这大概就是文学翻译工作的最大魅力。

二、杨译《格林童话全集》的诞生

半个多世纪的文学翻译生涯，我始终难以忘怀的还有《格林童话全集》的苦译。而今，它已成了我最受欢迎的译品之一，二十多年来译林等多家出版社推出了数十种不同装帧设计的版本，摆在一起跟成排成群的孩子似的，叫生养他们的父亲我看在眼里油然生出幸福感。可是谁又知道当年为他们的诞生，我受了多大的苦啊！

不错，这是本民间儿童文学，内容不深奥，文字也浅显，但却厚厚两册，译成汉语多达五十余万字。想当年，计算机汉字处理刚起步，我想用却怎么也用不起来，只好一笔一笔地写！每天这么译啊写啊，要写上八九个小时。终于熬到全集的后半部分，却突然一天脖颈发僵，手腕颤抖，躺着站着直觉得天旋地转，头晕目眩 —— 后来长了见识，才知道是闹颈椎病啦！再也译不下去，只得拉也是学德语的妻子和女儿来"救场"，自己只能勉强完成最后的校订，所以，译林的那个版本，译者多了一个杨悦。

1993 年，新中国成立后第一个格林童话全译本《格林童话全集》由译林出版社出版。

出生前和出生后不一般的经历、景况，都决定《格林童话全集》是我最疼爱的孩子，所以，每当有见利忘义的无耻之徒损害他，我都会挺身而出，拼命护卫。

三、"返老还童" —— 感谢译林的又一个理由

《格林童话全集》延续了我跟老李和译林始于二十年前的友谊，俨然成了我们之间斩不断的血肉联系。还不只此啊，为了

《格林童话》这个我翻译生涯中后期最有出息的孩子，只有我自己知道还有不止一个原因，近十年来我内心深处始终怀着对老李和译林深深的感激。

一是在进入 21 世纪，原出版合同到期之后，他们慷慨放弃了对杨译《格林童话》的"专有"即垄断，给了咱们的孩子施展拳脚的广阔天地，自己呢却更精心地打造本社的本子，在控制书价的前提下尽量提高孩子的素质，结果既保持了一定的市场份额，又有效阻止了其他一些社"另起炉灶"，雇人炮制新的本子。

二是因为《格林童话全集》帮助我返老还童，使我这棵翻译老树在风风雨雨半世纪之后又发出了新枝：二十年来《格林童话全集》不断重印、再版，其影响和受欢迎的程度，在我数十种名著翻译里唯有早期的《维特》堪与比拟。这个情况，当然早已为业内注意到，于是我慢慢也被视为译介少儿作品的好手，因此收到了各式各样的约请。

2007 年，经儿童文学理论家王泉根教授推荐，我应邀担任湖南少年儿童出版社"全球儿童文学典藏书系"的"翻译专家委员会委员"，不但接受组织德语作品翻译的委托，自己也承担和完成了《七个小矮人后传》和《胡桃夹子》等几本小书的翻译。书虽说单薄，跟我已出版的大多数译著比微不足道，却是我进入新的年龄段，即七十岁后的第一批成果，不但使我重温了约二十年前翻译格林的美妙滋味，还认识到为孩子们干活儿的非凡意义。不再做翻译的决心动摇了，开始考虑在保持健康的前提下，力所能及地再为孩子们做点事。

2010 年，以出版少儿读物享有盛誉的二十一世纪出版社找到远在德国的我，约我翻译德国当代著名儿童文学作家普鲁士勒的《大帽子小精灵霍柏》和《霍柏和他的朋友毛球儿》。为考验该社诚意，我提出相当高的签约条件，不想他们慨然应允。这就使我再也脱不了手，两本小书交稿后又请我重译已故当代德国儿童文学大师米歇尔·恩德的代表作《没有结尾的故事》和《Momo》。我查了资料，发现这两本书的旧译不但广为流传，而且译者都是熟人，因此颇感为难和犹豫。把疑虑告诉了联系人，回答却是请我重译经过慎重考虑，而且决定系由社长张秋林本人做出，只因他喜欢我翻译古典和现当代童话的译笔。思考再三，几经踌躇，我终于决定接受约请，理由是应该以广大小读者的接受为重，以大师恩德杰作的传播为重，而不能太在乎个人的得或失。

这样，我开始"返老还童"，决心在有生之年集中精力、心思于少儿文学的译介，相信假以时日，也会有一些建树吧。

四、《杨武能译文集》：不是全部，更非终结

回顾、总结五十多年的文学翻译生涯，计出版名著翻译六七百万字，其中大部分都收入了 2003 年广西师范大学出版社推出的《杨武能译文集》，由此我有幸成为中国史上头一个健在时即出版十卷以上大型译文集的翻译家。能了却出译文集的多年夙愿，我很感激我在社科院的同窗好友法国文学专家郭宏安，是他给了我广西师大出版社的联络方式，更感谢该社的呼延华先生和郭启明社长，感谢他们在出版形势并不很好的情况下，爽快地接受我这个其他社望而却步的大选题，并及时推出了大气而漂亮的译文集。

《杨武能译文集》尽管多达 11 卷，却并未囊括我全部的翻译成果，还有《魔山》《纳尔齐斯与歌尔德蒙》《歌德谈话录》《魔鬼的如意潘趣酒》，以及后来的一些重要译品未能纳入其中，更不意味着我翻译事业的终结。

五、歌德与我同在

五十多年的翻译经历，可以回顾记述的虽说还很多很多，却也没有什么不可以略去不提，唯独歌德的译介是个例外，它非得讲，而且好好地讲，因为歌德对我太重要了。

信奉上帝的基督徒有一句祝福语曰"上帝与你同在"，我却庆幸"歌德与我同在"，以为自己三十多年来的好运气，很大程度上都源于自己的这位"上帝"。我这么想，并不仅仅因为在德语里，上帝 Gott 与歌德 Goethe 发音近似，而是自 1978 年考入中国社会科学院研究生院，我便与这位德国大诗人、大文豪、大思想家结下了不解之缘：1981 年以一篇评说《少年维特的烦恼》的毕业论文获得了硕士学位，同年更因出版《维特》新译而小有名气，第二年又应邀参加德国海德堡的纪念歌德学术讨论会而第一次走出国门，翌年更以《歌德与中国》为研究课题获得享誉世界的洪堡博士后研究奖学金，获得在德国长时间研修的机会，并终身受到洪堡基金会的关注和扶持 —— 我因译介研究歌德而受到的眷顾，真可谓一言难尽。自然我也尽心竭力地侍奉自己这位"上帝"，即使在当川外副院长和苦译《魔山》的那些年，歌德仍始终是我最大的牵挂，只是苦于缺少时间和精力，我那七八年能为他做的实在有限。

1990 年调入四川大学，我才有了专心致志地研究译介歌德的可能。一进川大，我便蓄意摆脱一个享受高干待遇的前副院长循例受到的一切羁绊，包括参加校一级的中心组学习等职权、义务、应酬、礼仪，以及照顾，因而赢得了最大限度的自由和异常充裕的时间。如此一来，便能在七八年间出版《歌德与中国》和《走近歌德》两本专著，完成包括《浮士德》《威廉·迈斯特的学习时代》《迷娘曲——歌德诗选》《亲和力》等在内的四卷本《歌德精品集》的翻译。这几部专著和译作，连同我和刘硕良主编的 14 卷《歌德文集》，都在 1999 年歌德 250 年诞辰之前面世，不仅成了我个人文学翻译生涯超越系统译介德国 Novelle 的又一建树，也是我国百年来研究、译介歌德最具规模、最为系统也最令世人瞩目的成果。

作者撰写的有关歌德的论著、译著、编著。

与提前准备好迎接 1982 年的歌德 150 周年忌辰相比，我对 1999 年的歌德诞辰更是早有预谋，所以才能一下子出版这么多著译。不，还不只是准备和预谋，我甚至还为此做出了在今天看来是极重大的牺牲，即为按时完成我个人认为意义极其重大的《歌德文集》的出书计划，我放弃了已申请到手的一项国家社科基金课题和一项教育部基金课题。不想这却令学校的科研管理部门难堪、恼火，我后来便尝到了苦果。

然而，我的牺牲和吃苦都很值得，因为就是上述令世人瞩目的译介研究歌德的建树，使我 1999 年接到德国歌德学院和魏玛国际歌德协会的邀请，作为唯一的中国翻译家，出席了魏玛的"《浮士德》翻译工场"，以及艾尔福特的歌德翻译家研讨会这两项纪念歌德诞辰的重要学术活动。也主要因为这些成果和建树，我于2000年获得约翰尼斯·劳总统颁授的联邦德国国家功勋奖章，2001年获得终身成就奖性质的洪堡奖金。与此同时，我有关歌德的著译，在国内也获得了包括国家级奖项在内的许多奖励和荣誉。

身为中国人和中国翻译家，我更珍视以下两项既无奖章也没奖金的荣誉：一是中国译协在我七十岁前破例选我为了名誉理事；二是我的母校南京大学把我定为了"杰出校友"或"知名校友"。特别是后面一项，当我在网上读到《维基百科全书》和《中

在国际歌德译者研讨会做报告

在柏林接受洪堡学术奖金颁奖

领奖前受到德国
总统接见

德国国家功勋
奖章

歌德金质奖章

国百科全书》的南京大学辞条所列"杰出校友"或"知名校友"的名单，我更觉得这实在是一项区区如本人愧不敢当的殊荣。年轻的时候，是母校和老师们培养造就了我，而今进入老年，母校仍心系自己的孩子，给予我极高的荣誉。我视这荣誉为母校对我的鞭策和勉励，决心老骥伏枥，知恩图报，在余下的岁月里尽可能再做出一点像样的成绩，以不负母校的厚爱和期望。

六、身为文学翻译家的欣慰和自豪

综观半个多世纪的翻译事业，感到欣慰和自豪的有两点：

一、一生所译几乎都是名著佳作，其中尤以古典名著居多。既翻译古典名著，就难免重译。重译的必要已为业界公认，问题只在质量和效果。如重译做到了推陈出新，更上层楼，有利原著进一步传播，有利读者更好地接受，其价值就不容否认和低估，也不一定比某些新译或所谓"原创性翻译"来得差。具体说到我重译的《少年维特的烦恼》等歌德代表作，以及《格林童话全集》《茵梦湖》和《海涅抒情诗选》等，事实表明都取得了很好的效果，相信同行专家和广大读者会对其质量和价值做出公正的评判。

除了重译，我也有不少首译或曰原创性翻译的作品，最重要的如《魔山》《纳尔齐斯与歌尔德蒙》《特雷庇姑娘》《圣者》，以及霍夫曼、克莱斯特等作家的许多名著，还有米歇尔·恩德的现代经典童话《魔鬼的如意潘趣酒》等，加在一起不但数量可观，也同样受到了读者的欢迎，同行的肯定。

二、尽管痴迷于文学翻译实践，我却并非只顾埋头译述，做一个吭哧吭哧的搬运工，而是还对自己投身的这个行道做过不少理论思考，对它的性质、意义、标准以及文学翻译工作者应具备的条件和修养等等，都形成了有自己特色的理念和理想。

德国人称纯文学，即 Belletristik 为"美的文学"（schöne Literatur），我想也不妨称文学翻译为"美的翻译"，或曰"艺术的翻译"。使自己的译作成为"美的翻译"，成为"美玉"或美文，成为翻译文学，是我半个多世纪翻译生涯的不变追求。只是为避免误解，必须说明和强调：我翻译理念中的"美"，指的是尽可能充分、完美地再创原著所拥有的种种文学美质，而非译者随心所欲地想怎么美就怎么美，更不是眼下一些人津津乐道的所谓"唯美"。

要创造传之久远的、能纳入本民族文学宝库的翻译文学，要创造美的翻译和美玉、美文，必须充分发挥翻译家的主观能动性和艺术创造精神，因此我赞成说文学翻译是艺术再创造。我认为，翻译家理所当然地应视为文学翻译的主体，也事实上是主体。

回眸半个多世纪前开始的文学翻译之路，虽曾是不得已的、走投无路的选择，虽一路上阴晴无定、风风雨雨、曲曲折折、坎坎坷坷，却幸运地坚持走到了今天。途中确曾感受过大悲大喜、大苦大乐，因而极少有虚度年华的落寞与空虚。为此，我深深感激我的众多师友，视他们为我生命中的"贵人"；深深感激自己生活的这个风云激荡的时代，是它搭建起宏伟的背景和宽阔的舞台，让一个原本微不足道的小角色的演出也不失精彩，我才能告诉关爱我的师友亲朋和广大读者：对于自己的人生选择和人生之路，我无怨无悔！

2011 年 4 月　竣稿于川大南墙外府河竹苑

| 不闻筚篌 |

翻译家原本就该是作家，实际上也是作家，他最惬意的莫过于在长年"苦译"的余暇，能随心所欲地吟诗作文。倒不仅为证明自己也有进行所谓原创性写作的能力，更重要的是锻炼笔墨，寄性怡情，为圆自己的梦做准备。结果，真正的翻译大家莫不兼为作家还有学者，只是在不同的人身上，三者所占比例有差别而已。在我个人，一为译家，二是学者，三才轮上作家，所以创作成果微乎其微……

静静的墓园

　　苍松翠柏环绕之中，远离尘嚣，一个幽静雅洁的小天地。墓和碑都不大，但却各式各样，精雕细刻，充分显示出德国人既讲求实际，又重视美观的个性。

　　我常像浏览博物馆一样，去这儿那儿的公墓中走走，看看，读读那些承载着历史的碑文。要是偶尔碰到一个熟悉的甚或仰慕的名字，心中更会悠悠然升起无尽的沧桑之感。

　　第一次使我走进德国人安息之地的，是我的一位同胞，一个我至今只知道叫老陈的上海人。

　　七年前的秋天，去海德堡大学做研究工作。刚到不久，便与先在那儿的中国留学人员联系上了，生活工作都得到许多关照和帮助。在与我来往密切的人里，有一位格外肯帮忙的老陈。他替我烧过不止一次土豆咖喱鸡，那味道别讲他的上海老乡，就叫我这个会吃的四川人也没得说的。他经常开着车帮人搬家和买东西，总是招之即来，耐心而又热情。有一天，为解决一位进修人员学习德语的需要，他硬是哼哧哼哧地帮着从跳蚤市场抬回来一架大个儿电视机，结果却只有声音不见图像。

　　一开始，我心里挺纳闷，进修学习如此紧张，这位老陈怎么竟有时间精力来当我们上百号人的后勤部长？

　　原来，尽管老陈也戴着副大玳瑁眼镜，却并非和我一样的访问学者。他身板笔挺，又有意识用茶色镜片遮掩了眼角的皱纹，却分明是个饱经风霜的"海外华人"。

早在大战刚结束的 40 年代，老陈就到了海德堡，在美国驻军中销售香港做的西服。那年头儿，德国人还在废墟堆里讨生活；出于怜悯，这位中国阔佬确实"收养"过几个德国女子。可是，德国慢慢富起来了，他的美军生意渐渐做不下去，女朋友自然也找到了更中意的本国丈夫或男朋友，老陈于是落得孑然一身，无所事事。

　　显然就因为从前待人家不错，他最后一位女朋友的母亲现在反过来又收养了他，看样子待他也挺友善。

　　80 年代初，古老的海德堡突然来了些快快活活的、不再怕与他交往的中国人，而且还有许多到哪儿都吵吵闹闹的上海老乡，老陈心里好不高兴。于是，一有机会就来和他们聊天，就开着车带他们"白相"。他说，和"学生仔"们在一起，蛮开心的。

　　渐渐地，从我们的言谈中，老陈了解了国内的情况，知道自己不再是不受欢迎的人，动了回去看看的念头。西德虽富，海德堡虽美，可属于他老陈的，仅仅只有一辆过时的轿车，和一笔越来越小的秘不告人的积蓄，而在生他养他的上海，却有他的家，有他的妻子和一个早已成年的女儿呵！

　　在枯黄的落叶铺盖着内卡河两岸，游子们开始竖起风衣领子来的时候，老陈已在精打细算地购置带回家给妻子女儿的礼品：他和一个"学生仔"约好了，一起回上海过春节。

　　那些日子，我见老陈走在海德堡热闹的大街上身板更加笔挺，大有高视阔步、旁若无人的气概。

　　元旦前后，听说老陈得了肺炎，住进了医院。以他那样的身板，肺炎有什么了不起？说实话，对于老陈的病倒，我们和他本人一样，谁都没当回事。

　　转眼到了春节。在留学人员的联欢会上，大伙儿迪斯科跳得正

作者和老陈的合影

欢，突然慌慌张张进来一位上海同志，悄声告诉我：老陈死了！我们几个年纪大点平常又接触较多的人赶紧凑拢来，商量该怎么办。可是我们能办的实在不多，老陈未来得及留下遗嘱！

阴沉沉的冬天的早晨，我们走进海德堡城边上的一座公墓。

追悼会简短而肃穆。参加者除我们留学人员外，还有不少德国人，还有从北欧专程赶来的老陈的华侨朋友。这也表明，死者确实像致悼词的德国男士所说，是位善良、诚实的中国人。

追悼会结束后，我们鱼贯进入一条宽敞明亮的走廊。在一面下掉了护板的大玻璃墙后，雪白的灵床上安卧着老陈的遗体，饱经风霜的古铜色的脸上没再戴眼镜，也没了任何表情。

我们默默地以注目的方式向死者告别，默默地与一位站在玻璃墙前的女士握手。她自然不是从上海赶来的老陈的发妻，而是一位中年德国妇女 —— 他最后那位女朋友。

老陈使我第一次走进了德国人的公墓，正因此，每当漫步在静静的墓园中，我也总会想起老陈，总对他说："老陈啊，在这样洁净、高雅的环境里，在这些友善文明的邻人中，就好好地安息吧。"

德国的公墓往往在教堂边上

只是说不清为什么，每当想起老陈，想起这位与自己在海外萍水相逢的同胞，我心中仍会涌起阵阵凄怆，阵阵酸楚。

1991年　成都

不闻筌篌

她有一个优雅悦耳的名字，用她标准的北京话念出来，我立刻想到《孔雀东南飞》的主人公，想到那位"十三学裁衣，十五弹筌篌"的聪慧而不幸的女子。

一个阴冷的秋夜，在举世闻名的音乐之都维也纳，我偶然结识了她。

入秋后，日子越来越短，才五点多钟，城市已是夜幕笼罩。尽管施特凡大教堂旁边灯火通明如同白昼，来逛步行区的人却比往常少了许多，除去一名自弹自唱、噱头奇多的小丑还吸引着一圈不时爆发出哄笑的围观者，街头艺人看样子都没精打采，生意清淡。我也兴味索然，不觉加快了脚步。

走着走着，蓦然听见一阵叮叮咚咚的琴声，在两边店铺之间的夜空中回荡、鸣响。它是那样地流转自如，悠扬典雅，分明出自只有在大音乐会上才欣赏得到的竖琴，而演奏者显然是位高手。

我急急寻声赶去，很快便在街中心一张白色长椅前发现了她的琴，发现了她。

奇怪，她跟前一个听琴的人也没有，准备给听众投放硬币的塑料盒似乎还空空如也。我只好站得远远的，权充她今夜在音乐之都的唯一知音。

她的演奏的确不同凡响，那些仅以糊口为目的的街头卖艺人绝难与之同日而语。她所弹奏的曲子也别具韵味，叫我听来格外耳熟甚至亲切，我不由得对她细加观察。

她穿着一件紫红色风衣，瘦弱的肩膀支撑着巨大的竖琴，弯腰低头，演奏得十分专注。看上去，她整个的心灵都融入了乐曲，身体仿佛也与琴合而为一。在长短不等的琴弦间，舒展有力地上下翻飞、飘忽游动着一双素手，宛如两只在故乡的原野上自由飞翔的白色小鸽子……

我听得入迷。

听着听着，一段徐缓优美的旋律飘送过来，我猛地一怔：啊，她弹的竟是云南民歌《小河淌水》！弹的竟是我青年时代动情地唱过的"月亮出来亮旺旺，亮旺旺……"

在这异国他乡清冷无月的秋夜！

我听得屏息凝神，听得浑身战栗，听得热泪盈眶。

一曲终了，余音散去，她才慢慢垂下手，直起腰，抬起头。我才看见她用头巾裹着的黑发，看见一张中国南方女子清秀的脸。

面对眼前的一片空漠，她显得有些失望。木然坐了一会儿，她又扬起双手，十指轮番着上下来回地在成排的弦索上猛扒猛拨。巨大的竖琴发出阵阵潮水汹涌般的喧啸声，听得人心里发紧。蓦地，她戛然而止，随后长长地舒了一口气，一边整理着头巾和衣服，一边站起身来，在那儿四处张望，像是在寻找帮助的样子，目光终于落在远远站着的我身上。

我不再犹豫，快步走上前去很有礼貌地招呼她："您好！"

"呵，您好！"她语气中含着惊喜，"大陆来的？能帮我搬搬这琴吗？"

"行，"我回答，同时装得挺随便地问，"有收获吗？怎么这么早就回去啦？"

"有 ——"她得意地拖长了声音，但马上发觉太离谱，又改口道，"今儿个真不成，夏天外国游客多，那才叫不错哩。"

这"不错"的含义，根据她的解释，是一天挣几千先令，干一天就能维持半个月生活。

"干吗弹人家不懂的中国民歌？弹点奥地利或德国的通俗乐曲，例如《蓝色的多瑙河》什么的，不更好吗？"我明知班门弄斧，仍忍不住提醒她，为的是结束刚才那令人难堪的话题。

"是的是的，有时候我弹日本曲子，日本游客听得高兴，一出手就是一两百先令，好家伙！"她仰起头，满脸兴奋。

我没法跟着她兴奋，心里反倒增加了对这位在异乡寒夜萍水相逢的同胞姊妹的怜悯，一种欲知她身世的好奇心，应该讲是关切之情也油然而起。

这么个弱女子，看年岁已接近不惑，而且身怀令人钦羡的技艺，她是受什么驱使来到这万里之外的异国，在寒冷的街头讨生活呢？

于是，在帮助她把琴存放在附近一家中国餐馆之后，我便欣然接受邀请，去她在郊外的家里看看。

上了地铁，坐在空空的车厢中，她才不无自豪地告诉我，她原是国内某个一流乐团的独奏演员，年初来奥地利演出后没再回去，为的是好好学习深造。她已取得音乐学院的入学资格，而她搞作曲的先生却没有，因为刚才办旅游签证经匈牙利来到维也纳，又不会德语，只得在家待着干点家务，让她多一些时间上街挣钱。

走进她在一幢公寓楼里的"家"，只见四壁泛白，白炽灯刺眼的灯光中立着一张床，一个写字台，两三把椅子，一只衣柜。几口皮箱胡乱扔在地板上，像是随时准备搬家的样子。但在屋角里，却有一架比刚才的竖琴还大、还气派的乐器，样子也挺像竖琴，把我的目光吸引了过去。她告诉我，那是十年前才起死回生的中国古乐器箜篌，样子酷似今日西方的竖琴却不是竖琴，特别是演奏技法极富中国民族特色，表现力和音响效果也比竖琴优越……

这时，女主人突然问我认不认识某些开餐馆的人。我回答说，我有两三个熟人在经营中国饭店。

"真的吗？真的吗！那您一定得给我介绍介绍！"她简直是在欢呼，紧接着又近乎恳求地说："您知道呵，冬天没法再上街，只好去饭店弹。请告诉您认识的饭店老板，我不要工钱的，我只收取客人的小费！"

看着她这情急的样子，我不禁对先前那"一天挣几千先令"产生了怀疑。

我没立刻回答，她更急于得到我的信任，便从皮箱里取出几本相册，摊在桌上和我一同翻看。我呢，不看则罢，一看更加惊异莫名——

一个风华正茂的东方女子，身着裁剪合体、色泽淡雅的旗袍，亭亭玉立于维也纳市立公园内正在拉琴的斯特劳斯像前，好不大方、潇洒、自信！

一位长裙拖地的女艺术家，手抚一台昂首欲飞的彩凤似的箜篌，整个身心都沉浸融化在了音乐中，好不高尚、幸福！

一位出类拔萃的大赛胜利者，手捧金光闪闪的奖牌，被不同肤色的同行们簇拥在中间，活像一位女王，好不端庄，光彩！

一个个盛大辉煌的场面让人头晕目眩，耳旁只留下了她的声音：

"这一张是在新加坡演出时拍的 …… 这是我在巴黎领取国际大赛的金奖 …… 站在我旁边的是维也纳皇家乐团的指挥 …… 这是前年在东京 …… 这是去年在纽约…… 这是 …… 这是 …… 这是……"

我好不容易振作精神，抬眼望着面前这个头发蓬乱、面容憔悴的女人，不敢相信照片上那位东方艺术女神真的就是不久前的她。

临告别时，我突兀地对女主人说："可以向您提个请求吗？我非常想听您弹弹箜篌，哪怕就那么一段！"

"唉 ——"谁料她却长叹一声，回答说，"我也真想弹弹呐！只可惜不能够了。前些天在街上，一个年轻的冒失鬼把共鸣箱给我撞破了，无价之宝呵！修也没法修，就算修好了音色还会像从前吗？所以现在我上街只好弹竖琴，唉！"

我满怀失望离开了她的家，怀着未曾解开的疑窦。

我不怀疑她的身份，她的过去，她的成就。我只怀疑她自述的沦落异国的理由，只怀疑她出此下策，究竟于己于国、于人类音乐文化的丰富发展有什么好处。我猜想，她之有今天，不是一时糊涂，就是有什么难言之隐，有什么无法告诉我这个局外人的隐衷。

离开维也纳的前夕，冒着更加刺骨的寒风，又来到施特凡大教堂近旁的步行区，想带给她有饭店同意她去弹琴的消息，可是四处不见她的踪影，只好赶去她在远郊的"家"。站在公寓楼前，发现她的窗户黑洞洞的，一问管理员说是早上刚刚搬走，至于搬哪儿去了他却不知道。

伫立在深秋的寒风里，仰望着无月的幽蓝夜空，我的心猛地沉落入怅惘的无底深渊。也不知过了多久，我口里低吟着唐代诗人李贺描摹箜篌妙音的名句："昆山玉碎凤凰叫，芙蓉泣露香兰笑"，两行热泪却夺眶而出。

我终于清醒过来，抖擞一下精神，快步向我来的地方走去。此时，远远地，远远地，仿佛又飘来那婉转悠扬的旋律，那温暖亲切的歌声：

月亮出来亮旺旺，

亮旺旺……

1991 年 10 月　维也纳

P 先生轶事

P 先生是位货真价实的老外，是位傲睨一世的 M 国国民，别看他穿着随便，待人热情，心里头仍旧界线分明。

P 先生从事的是一种咱们暂时还没有的职业，名之曰："纳税顾问"，说白了，就是一位教人千方百计逃税漏税的专家。

十三年前，P 先生很不情愿地到了退休年龄。可在接受命运安排之前，在像他家乡的老头老太一样地养猫养狗和坐在公园里晒太阳之前，P 先生却横下心做最后一次远游，以使搅动了大半生的脑汁渐渐平静下来。说真的，他当初硬是怀着悲壮的心情，来到了心目中既遥远又神秘的中国。

谁会想到啊，P 先生人还在中国，心情就变了，决定也变了！就像吞了脱胎换骨、返老还童的灵丹妙药，前"纳税顾问"不久便成了在中 M 两国颇有名气的"职业中国旅游者"。大前年，他在北京一家五星级饭店以关系户的友好价格大宴宾客，"庆祝 P 某人旅华十周年"，当众慎重而得意地宣布：他在 M 国与中国之间已来往穿梭二十七次。

P 先生的宣布赢得中外宾客的啧啧称赞。消息在家乡的报纸上一登，令他的那帮同龄人诧异得要命，羡慕得要死。特别是 P 先生带回去一张身穿清帝龙袍拍的大照片，更为他在乡里赢来"中国皇帝"的雅号，大大地提高了本已不低的知名度。

诧异、羡慕之余，乡邻们也窃窃私议，这老家伙一个劲儿往中国疯跑，不知哪儿来那么多的钱，哪儿来那么大的兴趣！

他们是不知道，P先生却心里明白。

那年头儿，咱们久锁的国门终于打开，凡是有胆量跨进来的西洋人、东洋人通通被尊为"外宾"，何况P先生又挺着个大肚皮，还有一大把胡子。

他是生平第一遭受到这么多的尊重、优待和关注 —— 包括老百姓们敬而远之的围观，真使他不禁又惊又喜，也就难怪，P先生无数次地在宴会上对东道主发出赞叹："OK，China is quite human really（好，中国真是富有人情味啰）！"

要问那么大的兴趣从哪儿来？就来自P先生本已贬值的生命一到中国就大大升值，就像他带来的M国钱一样，而且，凭前"纳税顾问"精明的头脑、犀利的目光，他还很快找到了在中国少花钱乃至不花钱的诀窍，用在家时只能节俭度日的花费，到中国过国王一般的生活，又怎能叫他不总是拖着一双老腿往中国跑，一踏上咱们的国土心里就乐滋滋的。

P先生的诀窍在哪里？

在他第一次来华后便破釜沉舟，倾全部积蓄（仅只五位数）去当上一家旅行社的合伙人，有了不少免费来中国的机会。加上他很快便看准中国是人情味儿特重的国度，从此就总随身带着个大公文包。

别以为这包只是增加了P先生的派头和身份，它的作用非同一般！十多年来，P先生像一位奇妙的魔术师，从包里变出了一件件让中国人睁大两眼瞅的东西 ——

头两三年，他变出的是圆珠笔，是镜片上贴着洋文商标的蛤蟆镜；

过了两年，圆珠笔和蛤蟆镜不吃香了，便是好好坏坏的石英电子表；

再过两年，表呀什么的也不再稀罕，P先生的包再大也藏不住彩电、电冰箱，可他并没气馁，手一探又抓出留学经济担保书和出访邀请信之类更有魔力的东西来，因为中国掀起了"出国热"。只不过，P先生的担保和邀请是否能兑现，他不在意。

在那只神秘的大包里，除去一架频频使用的小相机，还有个大黑匣子值得特别一提。

一当P先生选准场合和对象，便塞一张厚敦敦的方纸块到匣子中，手指一揿，电光一闪，方纸块又突突突地冒将出来，接着，P先生让你眼睁睁看见它白色的表面上，一点一点地，由浅而深地，显现出幻化出你的光辉形象，好不神奇矣！

靠着这种在M国几乎已被淘汰的立拍立显"宝丽来"相机，靠着因时而异地从那神奇的包里变出的种种玩意儿，P先生真不知迷惑了咱们不同层次的多少同胞，赚取了他们的多少人情。

十多年来，时过境迁，充满敬意的"外宾"已变作带调侃味儿的"老外"，P先生就连走在小县城里也没多少人注意了，心里反倒隐隐感到有点失落。他仍能顺应潮流，瞄准热点，随机应变，在咱们的人情海洋中悠哉游哉，左右逢源，像一条鱼，一条溜溜滑的老梭子鱼。

瞧，梭子鱼先生今晚又提着他的公文包，出席市长先生的宴会去了。请你猜一猜，他从包中又会变出些什么来？

1993年　成都

从黄河、长江划到莱茵河

—— 关于联邦德国的《龙舟》

　　远在莱茵河畔的联邦德国首都波恩，有一家专事介绍我国现代文艺的刊物，名字叫《龙舟》。它创刊于 1987 年 6 月，半年一期。

　　翻翻至今已出版的两期《龙舟》，除精美的印工、典雅的设计和悦目的编排外，尤令人惊异的是内容的多样和丰富。比我们的大 32 开还大一点的开本，每期 130 页-140 页，在译介和评论文学的同时，还兼及戏剧、电影、美术乃至书法，但重点却仍是我国的当代文学。这样，《龙舟》尽管刊名传统色彩浓厚，却焕发着现代精神。

　　以文学为例，《龙舟》介绍的都是前不久在我国或在联邦德国众所瞩目的作家和作品。一年来，重点评论过的作家有冯至、舒婷、郁达夫、阿城、郑愁予等，译介过的作品则有韩少功的《爸爸爸》、莫应丰的《驼背的竹乡》、王蒙的《活动变人形》、李昂的《杀夫》、王安忆的《小城之恋》、丛维熙的《方太阳》，以及公刘、北岛和其他诗人的诗，除此而外，还发了对王安忆和丛维熙的两篇访谈录，并且每期都登对我国前一阶段文坛景象的素描式回顾，以及一些未能译介的重要作品的内容提要……

　　《龙舟》的创办人和主编，是波恩大学东方语言系的顾彬（Kubin）教授和波恩雅知出版社（Engelgardt-NG Verlag）的黄凤祝博士。

顾彬教授多年来致力于中国现当代文学的研究和介绍，卓有建树，《龙舟》的选题、编辑反映了他研究的成果，体现了他的学术个性。

黄凤祝博士早年攻读中国哲学，是一位热心传播祖国文化的学者和实业家，他不但为《龙舟》提供经济后盾，也亲自动手编稿和写作。

就是在他们和另一些热心人的奋力支撑下，《龙舟》才满载着中国文艺园地的鲜花硕果，越洋跨海，从黄河、长江划到莱茵河、多瑙河……

像《龙舟》似的专门介绍中国文艺的刊物，不知别的国家和别的语种还有没有？至少在德语国家，似乎还是一条"孤舟"。在当代中国文学走向世界的道路既少又艰难的今天，对于小小的、孤独的《龙舟》，我们自然给予更多的关注，怀着更大的期望。

1988 年　波恩

补记：

很可惜，波恩的《龙舟》早已搁浅。收录上面的短文，意在保存对它的纪念。

2000 年 7 月　成都

最后的探戈

—— 格拉斯签名售书亲历记

德国人爱读书，不但爱自己捧着书本静静地读，也爱听别人朗读，尤其是爱听作家朗诵自己的作品，所以在德国，图书馆、文化活动中心、书店以及民众大学等一类机构，都常常举行所谓Lesung（Reading），即朗诵会，也就是邀请作家本人来朗诵自己的作品，特别是其刚出版的新作。这样的Lesung，不言而喻，往往也起到了新书发布会的作用，而朗诵之后，如果听众真的喜欢，自然接着就是作家签名售书。从来不见有任何领导和著名评论家什么的来捧场，读者买书和索取签名也不全冲作家的名气，或某些星们的嘴脸，而乃实事求是地"先尝后买"。一句话，整个过程都理性、实际而富有文化气息，不只是一种以"商业文化"为包装的幼稚、浅薄的追星活动。

其实，本文的副标题应该改作"听格拉斯朗诵新作"才对，也更符合实际。之所以仍突出"签名售书"，实在是担心改了以后我国读者会感到陌生，倒了阅读的胃口。的确，在国内很少听见有作家为发布新书而亲自登台朗诵的，就连那些本来就以朗诵、表演为看家本领且"一本万利"的星们，也不知怎么都没谁抓住这一展其所长的机会。德国与我们正好相反，作家向公众朗诵新作可谓已形成风气和传统，包括年轻的格拉斯在内的不少文学新秀之崭露头角，也是在朗诵自己的处女作时引起前辈和同行注意，受到了好评的结果。

不但德国作家自己，就连近二十多年来我国正式访问过德国的众多作家、诗人，恐怕很少有谁没被要求向公众朗诵自己作品的。要把自己的诗文在大庭广众中念出来且富有表现力和表演性，对多数都只擅长书写不习惯朗诵的中国作家，实在是个严峻的考验。

读者们一定纳闷，德国人听德语译本的朗诵不就完了吗，干吗还非得让作家本人用他们听不懂的原文来朗诵？我以前也同样大惑不解。直到后来亲历了几次朗诵会，自己也赶鸭子上架似的朗诵过两三次后，才明白了过来：人家这时要听的已不是内容，而是原文的风格、情调，韵味，等等。这些东西，当然是作家本人才能更好地掌握和表现。高素质的德国读者进一步地追求文学的原汁原味儿包括音响感觉，所以就特别喜欢听作家的朗诵了。

在德国何止是作家须要朗诵，文学翻译家亦然。在我受聘充任"驻会翻译家"的"欧洲译者工作中心"（EÜK）①，半年来就以各种名目举行过各式各样的朗诵会。除了本文后面将详细记述的格拉斯那次，还有一位专程从汉堡来的女作家朗诵了她以施特拉伦为背景的刑事犯罪小说，还有译者们多次朗诵自己新完成的译作的精彩片断。在所有这些带有同行们交流工作性质的小型朗诵会中，给我留下深刻印象的是美国教授马克·哈尔曼（Mark Harmann）用原文朗诵的《尤利西斯》。他不但念得流畅、清晰，长长的句子一句接一句总能一气呵成，而且声调还那样地抑扬顿挫、富有感染力。我的英文水准虽说远远够不上理解原文的意义，却也感受和欣赏到了乔伊斯那不打标点的意识流文风的独特魅力和韵味。我真是羡慕马克这不是演员胜似演员的朗诵本领。事后从他口里知道，原来他出生在都柏林，虽说国籍填写的是美国，

---

① 请参阅《译林》2004 年第 6 期所载拙文《与格拉斯一起译格拉斯》。

根却仍在爱尔兰，而乔伊斯及其《尤利西斯》，更是他这个都柏林人的骄傲和魂之所系。

和马克相比我不能不感到惭愧。在做报告和接受采访时实在没法拒绝主持人的盛情邀请，我也用汉语朗诵了译作的片断以及为《格林童话全集》写的序诗，尽管听众也给予了礼貌的掌声，可自己却总感觉念得挺寒碜，听起来一点不是滋味。由此我想到，在朗诵乃至一般的口头表达方面，我们现在强调的素质教育也有许多工作要做哩。

言归正传，再来说说获得了诺贝尔文学奖的大作家格拉斯和他的朗诵会。

2004 年 6 月 3 日晚上，施特拉伦文科中学的礼堂内座无虚席，15 欧元一张的入场券一个多月以前就卖完了。八点整，格拉斯在主持人，即欧洲翻译家协会会长施普里克教授（Prof. Claus Sprick）的陪同下准时走上舞台。在主持人的简单几句开场白之后，格拉斯便面对三百多位听众气定神闲地开始了朗诵。首先朗诵的是他 2002 年出版的中篇小说（Novelle）《蟹行》① 第六章的几节，讲的是二战临近结束时原住在波兰的德国人从海上逃亡回德国的经历。小说的叙事手法挺特别，整个故事像马赛克似的由许多零碎的回忆、调查、图片以及网上查找出来的资料拼凑而成，主要情节是临时充作客船的德国军舰搭载着近千难民在海上遭遇苏联潜艇袭击的经过。故事的叙述者是船上一位身怀六甲的母亲死里逃生后所生的儿子。不过小说并不像写泰坦尼克海难似的极力渲染沉船时的凄惨、绝望，而更注重事件前因后果的分析，语

---

① 原题名为 Im *Krebsgang*，国内似乎尚无中译本，笔者没读全文，《蟹行》这个译名很可能不准确。

调因此显得冷静甚至带有一些调侃味儿。

好个格拉斯，七十多岁的老头儿先与译者们开了一下午会，现在又来精神抖擞地朗诵，一朗诵就半个多小时不但一次没有出现停顿或结巴，而且语气语调变化自如，绘声绘色，让一礼堂的听众听得来聚精会神，津津有味，在半个多小时内除了作家的娓娓述说，听不见任何一点别的声音。如此卖力而又成功的朗诵，自然赢得了经久不息的掌声。可是更精彩的还在后头，格拉斯朗诵完小说又朗诵诗歌。

诗歌选自他2003年才出版的诗集《最后的舞蹈》。我现在手边正翻着的是一个8开的特大版本。共收了三十五六首诗，并且配上了不少作家自己的铅笔或炭精素描。诗跟画的大约一半确实是表现跳舞，男女一块儿跳的交谊舞，另一半也写的是男女之事，只是语言比较隐晦含蓄，不过语言的"损失"完全由一幅幅粗放的绘画弥补起来。格拉斯用语言在台上跳的都是探戈，此时，他高超、非凡的朗诵本领才真得到了淋漓尽致的发挥和展现。只见在明亮的灯光中，他不只神采飞扬，眉飞色舞，而是整个身心都像随着舞曲的节奏活动起来了。台上的他完全陶醉在艺术创造的愉悦里，台下的三百多听众也听得如醉如痴，大饱耳福、眼福。等到朗诵的最后一句戛然而止，音沉响绝，全场顿时爆发出如雷的掌声，经久不息……

"现在请格拉斯先生签名售书！"主持人刚一宣布，迫不及待的人们立刻排起了长队。书是一家与译者工作中心长期合作的书店提供的，且不限于上述新出版的两种，还有格拉斯各个时期的十多种作品，事先已陈列在大厅入口旁边的展台上，供公众随意翻阅、选购。格拉斯坐在舞台上先已摆好的长桌前，等待签名的队伍则从台上延伸到台下再转了好几个圈。人们手里捧着的书少则一二本，多则一纸袋。相信售书的人和购书的人最后都是高高兴兴，满载而归。

朗诵历时刚好一个小时，签名售书的时间稍短一点，不过书店准备的书，包括售价不菲的大开本画册，都悉数卖完。我想，如果没有前边的精彩朗诵，在德国经济已经不景气十多年的今天，恐怕不大会有人肯花许多钱购买像诗集、小说之类的闲书吧。

在签名的过程中，格拉斯不时地和他的仰慕者拉拉话，过一阵也歇上口气，端起高脚玻璃杯来像饮水似的喝口葡萄酒。也许就靠这基督徒视为耶稣鲜血的红色液体的支撑吧，两个多小时的朗诵加签名结束了，老先生仍未现一点疲态。他接下来又到译者工作中心跟大伙儿聊天一直聊到深夜，让我了解了他年轻时确实是位舞场高手，而"当年'四七社'① 开会，除了会员们朗诵新作，还总是要尽兴地跳舞的。"格拉斯说。

作者与君特·格拉斯的合影

附记

在修订这篇文字的时候，与笔者有过不止一面之缘的格拉斯已不在人世。他 2015 年 4 月 13 日逝世，享年 87 岁。

───────────

① 二次世界大战后德国最著名的作家团体，其成员如伯尔、格拉斯等后来大都成了德国当代重要的作家或评论家。

光荣纳税在德国

学友黑马（毕冰宾）电邮发来妙文《德国版税没商量》，说的是他为小说《混在北京》的德译本领取稿酬和照章纳税的情况。文中详述德国计税规定的烦琐、"不合情理"，然而法不容情，我读后长了不少见识。只是对他以调侃的笔墨表露的无奈和不快，我却忍不住哈哈一笑，同时想对他讲：知足吧，小兄弟！能在德国实打实地拿到几千马克的稿费，已经算不错啦。

为什么就该知足？为什么说已经不错？

因为德国人肯花力气把你的处女作译出去，还有大出版社愿意替你出版 —— 这难道不比什么都重要么？试问，中国像你一样刚刚跃上文坛的小马驹子，甚或在国内已享有一定名声的老中青作家，几人能如你自己说的这么"走运"！

更何况纳税光荣，在德国当纳税人更是如此。君不见，人家那里大小的公务员和高官，口口声声讲的都是"要向纳税人负责"，小兄弟你可是光荣到了极点不是？也许正因此，外国人想要光明正大地在德国获得永久居留权，就得老老实实地纳税。等你缴满五年的税，照规定就不用再老跑移民局延签证，并且从此来去自由啦。

还有，不比不知道，一比气全消。须知笔者也曾在德国当过光荣的纳税人，情况远远不如冰宾你。去年8月底，我应邀就歌德在中国的译介问题接受"德国之声"电台的专访，按事先约定该给我150马克酬劳。150马克约莫等于一位德国教授税后工资的 40 分之一，充其量相当于 100 元人民币而已。不能付现就不说了，为转到我指定的账号上还得填颇复杂的表格。三个月后终于到账，一了解却只剩下了 100 马克零几十分尼。再过十来天才在成都收到付酬通知单，果然是扣了这样那样的税，税率之高真叫出乎意料，怎么算也远远超过了你缴的 25％？对于经办此事的德国朋友来讲自然理当如此，而且肯定算得不错，没什么好说的，加之数目本来不大，便没再细算，白白放过了一次学习德国税法的机会。

说起德国税法，那可真是精细、严谨到了烦琐的程度，别提外国人，多数德国人恐怕也闹不醒豁，于是一个挣大钱的行道应运而生，美其名曰 Steuerberater（纳税顾问）。这纳税顾问，说白了，就是一些精研税法，以帮助顾主少纳税甚或合法地免纳税 —— 说偷税太难听 —— 为职业的高人。除了这些专家，书店橱窗里还摆着一些《纳税诀窍 100 条》之类的小册子，谁要是不稀罕那份光荣，也尽可以去买来学习。当然，书名中的纳税二字真正的含义是免税、逃税，乃至偷税，无须明眼人也看得出来。

凡此种种，都说明德国是个发达、成熟的法治国家，我等不发达地区去的人，面对那一本一本不厌其详的法典，听着那一套一套振振有词的解释，确实丈二和尚摸不着头脑。

不过话又说回来，德国如此认真、小气地征外国人的税，小气得连我可怜的几十马克都不放过，恐怕也是近几年的事，也是不得已而为之。两德统一后负担确实太重，加之还收容了不少难民，本身经济又不怎么景气，不精打细算行么？记得十多年前，笔者也在德国挣过这样那样的稿酬，根本没有纳税一说。所以对人家的"法不容情"，我看还是该理解第一。

正所谓，此一时矣，彼一时矣。随着税种的增多，税法的完善，可以想象，咱们这里不久也会有"纳税顾问"什么的粉墨登场，也会有《纳税诀窍 100 条》之类的读物闪亮书市。想发大财的伙计们，准备好捷足先登啊！

2000 年 4 月　四川大学

墙

一

它是墙 —— 奇特而又奇特的墙。一夜间，横亘在城市的胸脯上。墙这面，涂满油漆的画和话，墙那面，设置着布雷带，铁丝网……

高高的墙啊，多少人望着你，得意地笑；多少人望着你，黯然神伤。长长的墙啊，多少人为了你，煞费苦心；多少人为了你，家破人亡。顺着墙边流过的史普里河哟，日复一日地发出呜咽，掀起血色波浪。

同一道墙，有人骂它是民族的耻辱，有人赞它是正义的屏障。我 —— 一个普普通通的中国人，头脑正常的中国人，也曾多少次登上高台，凝视大墙，沉思默想，总觉得：

它是地球脸颊上难看的刀疤！

它是人类心灵上不愈的创伤！

望着它，不由得想起硝烟犹存的"三八线"，不由得想起波涛汹涌的台湾海峡，不由得想起地球上种种分裂国家、离间骨肉的墙，有形的和无形的墙。

我 —— 一个富有情感的中国人，懂得大墙两边普通人的感情，理解他们蕴藏在心中的愿望。

作者在柏林墙前的留影

二

物换星移三十载，大墙突然消失，在一个秋风萧瑟的平常的早上。

想当初，是一位政治家的秃头冒出的奇思异想，混合着水泥和钢筋，筑成这道面孔铁青的墙，"坚不可摧"的墙。

看如今，是另一位秃头政治家的异想奇思，假两面民众的手，轰隆隆推倒大墙，让大墙被美元的刀片分割、肢解，变为历史的收藏。

可悲的墙哟，可怜的墙哟，看着你不幸的结局，我 —— 一个平平常常的中国人，暗自祝祷，在远方：

祝愿历史，少产生几个政治秃头！

祝愿秃头，少冒出些异想奇思奇思异想，少玩些用血泪混合水泥筑墙的游戏，少生些"英雄造时势"的狂妄！

三

　　大墙消失一周年，我又来到那个历史几番驻足不前，人们时常大喜大悲的地方。夕阳下，游客和着街头艺人演奏的古老舞曲，自由穿行于勃兰登堡门。著名的菩提树下大街再也不清丝雅静，已变成一个赚取游客金钱的跳蚤市场。杂沓的市声中，德语、俄语、土耳其语、罗马尼亚语共鸣齐响；斑驳的旧货里，旗帜、钢盔、军服、枪套，大墙的一块块残骸，一枚枚不值钱的勋章，还有历史、信念、荣誉和信誓旦旦，在挤挤挨挨，并列陈放。

　　我买了一架苏制望远镜，为它玲珑小巧，还买了一部德文版《红楼梦》，不忍看它遭连累，受凄凉。

　　正当我在大墙的旧址边悠游，不远处突然火光冲天，火光中冲出一群狂呼乱叫、猛扔石块的光头党，也说不清他们与逝去的政治秃头有何牵连，也说不准他们可是当今的褐衫党，只是我又看见了一道更高更厚的墙赫然矗立，在东部仔和西部仔之间，在光头党及其同情者和外国人之间，在千千万万德国人的心上！

　　面对这道无形的墙，我 —— 一个视德国为第二故乡和精神家园的中国人，忍不住又一次发出祝祷。虽然我不信仰上帝，我却要向他祈求：

　　仁慈的主啊，求求你，求你保佑他们，

　　使他们不愧为歌德席勒贝多芬的后代，

　　使他们不愧为马克思爱因斯坦的同胞，

　　让他们吸取历史教训，别再筑构新墙，

　　让他们生活得更自由、更理智、更健康！

1993 年　柏林

钟　声

旅德第一天遇上秋雨绵绵的礼拜日，困在宽敞的房里，
百无聊赖，唯听见邻近教堂不时传来的阵阵钟声⋯⋯

当当 ── 当当 ──

雨雾迷蒙的灰色天幕
把钟声擦拭得格外清亮
一缕一缕，一片一片
回荡在我耳际　心房
我无处逃避　无地躲藏

当当 ── 当当 ──

钟声引导虔诚的灵魂
飞向高塔穹顶的厅堂
那儿住着永生的上帝
上帝的家里灯火辉煌
纯洁的天使翩翩翱翔

当当 ── 当当 ──

清亮悠长的钟声哟

你给信徒们

慰藉　皈依　希望

却为何给我

空虚　寂寞　惆怅

当当 ——— 当当 ———

啊　可怜可悲的天涯孤旅

你身在异国他乡……

当当 ——— 当当 ———

天涯孤旅　异国他乡

异国他乡　异国他乡

……

1983 年秋 海德堡

夜游丽佩浜

丽佩浜（Reeperbahn）是汉堡著名的红灯区

平淡的语调
严肃的表情
女导游介绍
丽佩浜 —— 汉堡的
城中之城
名传遐迩
不过嘛
耳闻不如眼见
女士们 先生们
最好身临其境

女导游话不多
然而中肯
朋友们于是
相邀结伴
观光汉堡的
不夜城

但只见

大街小巷

红黄蓝绿

窜动着

是蛇

眨巴着

是狐媚眼

闪烁着

是迷人的鬼火

丽佩浜展览着

肥硕的

巨大的

赤裸的

妖冶的

疯狂的

肆无忌惮的

声嘶力竭的

sex　sex　sex

性　　性　　性

丽佩浜是一团

熊熊燃烧的

原初的欲

来吧

来享受

"大自由"

来参观

音乐伴奏的

床上表演

亮晃晃的门洞

衣冠齐楚的绅士

殷勤向你呼喊

"让我陪陪您　先生

陪您玩儿玩儿

不贵的　一百马克

我们都有执照

并且经过体检"

晦暗的巷口

蓝眼圈的倩女

软语腻又甜……

归途中

朋友们

默然无语

并非疲倦

只是想不通

这丽佩浜

这红灯区

何以叫

"大自由"

咫尺之外

一座高大的

俾斯麦像

夜夜俯瞰着

恣情纵乐的

丽佩浜

也不知他心中

是喜是忧 ……

1984 年秋　汉堡

问　题

那是好几年以前，我在慕尼黑见过一位妇女，不知她姓甚名谁，也忘了她的模样，但她的声音我却始终不曾忘记……

　　一个春天的傍晚
　　我和她不期而遇
　　她慢慢走上前来
　　说要向我提个问题

　　"先生 请您 千万
　　千万原谅
　　请您一定一定
　　别生气
　　我是一个好人
　　不会太难为您
　　我只有一个
　　小小的问题
　　小小的问题

　　"不知先生您
　　身边儿是不是
　　正好有一个马克

仅仅一个马克

不知先生您

愿不愿送给我

让我拿它去——

拿它去充饥

我说过　我是好人

我请先生您

千万千万原谅

我请先生您

一定一定别生气

我请先生……

我请……

礼貌的举止

文雅的措辞

齐楚的衣着

只是嗓音

那么凄楚

那么可怜巴巴

欲言又止

她拿着一个马克

仅仅一个马克

头也不回地去了

望着她的背影

我愕然　怅然

不知如何看这
富裕中的贫穷
不知找谁解答
她给我留下的
这小小的问题

1988 年夏　波恩

寄 托

一只银白色小箱
嵌在我寓所门旁
每当我从跟前走过
都向它深情注望

一日两次将它开启
禁不住心潮激荡
好似这小小的箱儿
装着无价的宝藏

这小小的箱儿啊
它托付着
我对亲人的怀想
从这小小的箱儿里
我渴望取出
妻子的软语温馨
我渴望看见
女儿红红的脸庞

日复一日　月复一月
我将它打开又锁上

纵然失望多于欣喜
游子心中徒增惆怅

久已回到亲人身边
我仍不能将它遗忘
别说它脸儿似霜冷
没它啊　不定我
已客死在异乡

1988 年夏　波恩

高速公路

在德国，乘坐旅游车风驰电掣在城市与城市之间，
体会到了什么是现代化和高速度……

高速公路
现代人风度
争分夺秒
你追我逐
受不了
磨蹭拖拉
犹豫踌躇

高速公路
德意志风度
匠心设计
严格施工
容不得
丝毫差错
半点马虎

高速公路
千里坦途

没有

刺眼红灯

挡道毛驴

只闻

车轮滚滚

风声呼呼

合着

快节奏的

摇滚乐曲

1984 年　作于洪堡学者旅行团旅途中

心　曲

德国民歌："在海德堡，我丢失了我的心……"

在古老而美丽的海德堡
难道我也丢失了我的心
丢失在
海岱山上的哲人之路
丢失在
内卡河畔的青青草坪
丢失在
夕阳中的故宫废苑
丢失在
晨曦里的钟楼塔顶
丢失在
咖啡座轻轻的乐声里
丢失在
老大学静静的阅览厅
丢失在
博物馆古色古香的画上
丢失在
步行区摩肩接踵的人群
丢失在

情痴歌德的银杏树下
丢失在
浪漫才子的流风余韵
丢失了吗
真的丢失了吗　你可怜的心

异国的文物纵然鼎盛
异国的风光尽管媚人
却没有祖国的高山大河
更缺少故乡的融融亲情
世间最难耐莫过于孤寂哟
老树昏鸦　夕阳西下
谁来伴我断肠旅人
谁来慰我游子乡情
若想探询我的心曲
若问我可丢失了心
请听檐前呢喃的燕儿
请看空中悠悠的白云……

作者在海德堡的留影

1984 年　海德堡内卡河畔

思　念

一只眼带着笑
一只眼含着泪
我又告别了你　告别了
德意志美丽的土地

回到渴念已久的家
多么幸福　亲人团聚
却不知平静的心湖
何时又漾起了涟漪

春来了　我问她
可曾吻绿了莱茵河岸
秋来了　我问她
可替海岱山换上彩衣

德意志啊　我想念你　想念你
伟岸的橡树　端庄的菩提
可每当我来到你的身旁
却更眷念生养我的土地

一只眼带着泪

一只眼含着笑

然而我只有一颗心啊

怎能同时装下

两片土地　　两种相思

1989 年元月　重庆　川外　斑马楼

永远的温馨

——《格林童话》译后记

奇妙啊，这哥儿俩的小宝盒！

你听，孩子，听它给你唱

一支支婉转动人的歌 ——

歌唱勤劳善良，歌唱忠诚正直，

歌唱助人为乐的勇士，

为唤醒长睡不醒的女孩，

他一往向前，不怕挫折……

奇妙啊，这哥儿俩的小宝盒！

你瞧，孩子，瞧它的收藏

精美绝伦，五光十色 ——

闪光耀眼的水晶鞋，

自动上菜的小木桌，

巧克力蛋糕做成的林中小屋，

还有一把金钥匙哩，

它会帮你开智慧之锁！

你，我，他 —— 你们和我们，

今天的孩子们和过去的孩子们，

一代又一代枕着这只小宝盒，

进入梦乡，进入幻想的天国，
变成美丽的公主，勇敢的王子，
变成聪明又机智的小裁缝，
变成害怕也得学的傻大个，
去球游世界，去历经坎坷，
去斗巨人，斗大灰狼，斗老妖婆！

即使在严寒的冬夜，
不慎落入食人者的凶窟，
多么的紧张，多么的恐怖！
可恶梦总会在曙光中消逝，
醒来，我们更爱身边的一切。
即使多少年过去了，
我们已成为老头儿老太婆，
每当想起善良的小矮人儿，
想起灰姑娘和白雪公主，
我们心中仍会感到温馨，
感到慰藉，充满欢乐——
多么幸运啊，这奇妙的小宝盒，
它曾经进入我的家庭！
它永远永远属于我！

1993 年　川大　华西新村　零栋

杨译格林童话的部分版本

2017年5月，重庆图书馆第一届"格林童话之夜"。

后　记

　　十多年前，许钧学友邀我参加他主编"译家文丛"写作，在我可谓正中下怀。我做文学翻译的目的，原本就在最终成为作家，只因连年译事缠身，一个合同接着一个合同，加之还要完成科研和教学任务，写作便只能看年看月偶尔为之。正在心有不甘却又踟蹰忧郁之时，许钧的约稿让我坚决抛下译事，专心致志于《圆梦初记》这本小书的编选、修订和写作。我的这位忘年之交真帮了我一个大忙！

《圆梦初记》，湖北教育出版社 2002 年第一版。

　　诚如本书开篇的题记所说，"念高中时便开始做一个梦，尽管这个梦渺小又平凡。我无比地珍爱自己的梦，为了实现它、圆它，已艰苦跋涉了大半辈子……"我称自己的梦渺小又平凡，因为我追求的仅仅是当一个文学翻译家而已，于国于民有多大意义？能聊以自慰的仅仅是，我这梦尽管渺小，尽管平凡，也无异于我个人的"中国梦"啊，经过不懈的努力终于实现了，便也融入了习总书记倡导的彪炳史册的伟大事业，哪怕只是它微乎其微的一个小小分子、原子、粒子。

感谢四川文艺出版社社长吴鸿和总编辑张庆宁，是他俩委托我新编一套"译家文丛"。就在吴鸿永远离开我们的前几天，他还在办公室里跟我促膝长谈，商讨文丛选编的有关问题。文丛的出版，无疑是对英年早逝的作家和出版家吴鸿实实在在的纪念。

眼前这本散文随笔集，对旧作《圆梦初记》做过增删、润色，并更名为了《译海逐梦录》。我以为新书名更紧贴译家文丛的定性，也切合当下的时代精神。

笔者一贯主张，真正的翻译家应该集作家、学者、译家于一身，可是三者之中，年近耄耋的笔者本人最看重的却是翻译家身份，所以自号"巴蜀译翁"。

若问译翁何以执着于巴蜀这个过时的称谓，因为他虽出生在烈日炎炎的山城重庆，却成气候于人文环境温润宜人的蜀地，精神情感都跟蜀地难分难舍。在他身上巴蜀一体，不可分割！

顾名思义，《译海逐梦录》乃是译翁六十年逐梦圆梦历程的深情回顾。读者在书中除去感受体味翻译家劳作的酸甜苦辣，还将知悉一部部德语文学的经典译著，诸如《少年维特的烦恼》《格林童话》《浮士德》《魔山》《永远讲不完的故事》等的成书始末，以及译家和译坛一个个鲜为人知的有趣故事。

2017 年仲夏　重庆武隆仙女山 标美 1268